논 어 / 번 역 과 / 해 석

논어역보

논어 / 번역 과 / 해석

논어역보

강동석 지음

기원전 7세기와 6세기는 인류의 많은 문명들이 태동했다. 고대 오리엔트 세계의 중심인 바빌론에서는 기독교의 뿌리가 되는 유대교[Judaism]가 시작됐고, 인도에서는 힌두교[Hinduism]가 형성되어 불교가 탄생했으며, 그리스에서는 헤라클레이토스[Herakleitos]에 의해 서양 철학이 태어났다. 중국에서는 노자(老子)가 탄생하여 도가(道家)가 창시되었는가 하면, 공자에 의해 유가(儒家)가 태동되었다.

그 가운데 한국의 정서와 문화에 적지 않은 영향을 끼친 사상이 바로 유가이다. 일례로 식사를 할 때 어른이 먼저 수저를 들면 밥을 먹기 시작한다거나, 윗사람이 물건을 들면 아랫사람이 짐을 대신 드는 일이 그러하다. 이러한 행동 양식이나 규범, 사유 등이 『논어』에 기록되어 오랜 시간 전해져 우리의 문화에 자리 잡은 것이다.

그런데 이 『논어』라는 책은 처음 몇 번 읽었을 때와 달리 시간이 지나 다시 보면 또 다른 의미로 다가올 때가 있다. 평생 『논어』를 읽고 공부했던 송나라 학자 정자는 "나는 나이가 17, 8세 때부터 『논어』를 읽었는데 당시에도 이미 글 뜻을 알고 있었다. 읽기를 더욱 오래 할수록 다만 의미가 심장함을 느낄 뿐이었다."고 했다. 필자가 『논어』를 읽으면 읽을수록 더욱 뇌리에 박히는 말이다. 즉 "온고지신(溫故知新 -

「위정」제11장)"이라는 말처럼 시간이 거듭되고, 글을 반복하여 읽을수록 더욱 새롭게 느껴지는 책이 『논어』라고 생각된다.

현재까지도 여전히 의문이 나는 구절도 더러 있고, 더욱 천착해야 하는 글도 몇몇 있다. 그러나 더 늦기 전에 이 책의 번역과 해석을 내놓고자 한다. 이는 당장 정리하지 않으면 이전에 했던 공부마저도 잊어버릴까 두려워서이니 자신에 대한 점검이라고 할 수 있을 것이다.

필자는 몇 년 전에 『맹자』를 번역하고 뜻을 보충하여 출간한 적이 있다. 수준 높은 독자를 위함도 아니었고, 그렇다고 너무 쉽게 쓴 책도 아니었다. 그 중간쯤의 형태를 취하여 모두에게 『맹자』를 접할 수 있도록 했다. 본서 또한 이 취지를 그대로 유지했다.

차이점은, 『맹자』는 장이 길기 때문에 분절하여 뜻을 풀이했다면, 『논어』는 장이 짧기 때문에 분절하지 않고 장의 이해와 자의의 해석을 함께 적는 방식을 택했다. 이는 단장으로 되어 있는 『논어』에 맞게 체제를 달리하여 분절하지 않은 것이다.

사실 우리가 보고 있는 『논어』는 송나라 학자 주희의 『논어집주』이다. 분장, 분절, 주석 등 거의 대부분을 주희의 글에 의존하기 때문이다. 필자 역시 『논어집주』에 대한 참고는 절대적이었다. 다만 여기에 더할 것은 더하고 뺄 것은 빼서, 한국의 정서에 맞고 또 독자의 이해를 돕는 데 오로지 전념하여 고쳤다.

이 책을 내놓는 데에는 박완식 선생님의 도움이 크다. 여러 번의 강의를 통해 학식이 낮은 제자를 끌어주신 고마운 은사님이시다. 많은 부분 선생님의 강의 내용이 담겨 있기에 여기에서 밝히지 않을 수 없다.

2,500년간 공자의 사상과 교육 그리고 정치관 등을 알기 위해, 많은 학자들은 저마다의 학식으로 『논어』에 관한 저서를 썼다. 수많은 책들 속에서 본서가 어떠한 역할을 할 수 있을지 심한 염려가 앞선다. 그러나 적어도 한국에서 『논어』를 보고 싶어 하는 이들을 위한 마음으로 작성하였으니 작은 보탬이 되기를 간절히 빌어본다.

역저자 강동석 씀

목차

머리말 • 4

1. 학이(學而) / 9
2. 위정(爲政) / 25
3. 팔일(八佾) / 45
4. 이인(里仁) / 67
5. 공야장(公冶長) / 85
6. 옹야(雍也) / 109
7. 술이(述而) / 133
8. 태백(泰伯) / 161
9. 자한(子罕) / 179
10. 향당(鄕黨) / 203
11. 선진(先進) / 221
12. 안연(顏淵) / 247
13. 자로(子路) / 269
14. 헌문(憲問) / 295
15. 위령공(衛靈公) / 333
16. 계씨(季氏) / 361
17. 양화(陽貨) / 377
18. 미자(微子) / 401
19. 자장(子張) / 415
20. 요왈(堯曰) / 437

1
학이(學而)

【보】 '논어(論語)'의 글자를 먼저 풀이하면 여러 사람과의 의논을 '논(論)'이라고 하고, 한 사람이 얘기하는 것을 '어(語)'라고 한다. 곧 공자와 제자들의 이야기에 공자 자신의 이야기를 합쳐 '논어'로 서명을 삼은 것이다.

여기에서 『맹자(孟子)』와 차이가 있음을 알 수 있다. 즉 노자의 『도덕경(道德經)』이나, 공자의 『논어』는 모두 춘추시대(春秋時代)의 저작이기에 자신의 이름을 서명으로 삼은 것이 없다. 그러나 『맹자』를 비롯한 『순자』, 『한비자』, 『묵자』 등 자신의 이름을 서명으로 삼은 것은 전국시대(戰國時代)로부터 시작되었다.

『논어』의 첫 편은 「학이」이다. 배우는 자들이 가장 먼저 해야 할 일이 기록되어 있는 편으로, 특히 공자가 중시하는 것 가운데 정수라 할 수 있는 '학(學)' 자가 처음 등장한다. 『논어』뿐 아니라 『노자』는 '도(道)'로 시작되며, 『맹자』는 '인의(仁義)'로 시작되는 등 수장(首章)은 책의 핵심을 담고 있다.

또한 '학이'로 편명을 삼았는데, 이는 편의 처음 두 글자를 취한 것이다. 1편부터 20편까지 동일한 방식을 사용했다. 간혹 하나의 편에는 관련이 있는 주제들로 묶기도 했지만, 이는 일부에 해당될 뿐 개연성이 있는 것으로 보지는 않는다. 따라서 편 전체를 하나의 주제로 묶기도 어려우며, 또한 편의 순서도 중요하지 않다. 학이편은 모두 16장이다.

학이 제1장

子曰 "學而時習之면 不亦說(열)乎아! 有朋이 自遠方來면 不亦樂(락)乎아! 人不知而不慍이면 不亦君子乎아!"

공자가 말했다.

"배우고 때때로 그 배운 것을 익힌다면 또한 기쁘지 않겠는가! 벗이 먼 곳으로부터 온다면 또한 즐겁지 않겠는가! 남들이 알아주지 않더라도 섭섭해 하지 않는다면 또한 군자가 아니겠는가!"

【보】 자신을 먼저 수양하고[修己], 이를 남에게 전수하며[治人], 다시 인격의 완성체인 군자의 경지[達到聖人]에까지 이르는 삼 단계로 구성되어 있다. 이는 『대학』의 삼강령(三綱領) 즉 '명명덕(明明德)', '신민(新民)', '지어지선(止於至善)'의 단계와 유사하다. 아울러 이 첫 장에 '삼호(三乎)'가 있으며, 『논어』 마지막 20편 3장에 '삼지(三知 - 知禮, 知言, 知人)로 책을 맺고 있다.
  '자(子)'는 '스승'이라는 뜻으로, 여기서는 '공자'를 지칭한다. 이를테면 노자(老子), 맹자(孟子), 묵자(墨子), 한비자(韓非子) 등이 모두 그러하니, 제자백가(諸子百家)라는 말 역시 같은 뜻이다. 『논어』에는 공자 외에도 유자(有子-有若)와 증자(曾子-曾參), 민자(閔子-閔騫) 등에게 모두 '자(子)' 자를 붙였으니, 이를 통해 『논어』가 유자, 증자, 민자의 제자들에 의해 지어진 것임을 알 수 있다.
  '학(學)' 자가 처음 등장하며, 이는 공자가 매우 중시했던 것이자 『논어』의 핵심 글자이기도 하다.
  '지(之)'는 배운 것을 가리킨다.
  '역(亦)'은 '또한' 이외에도 감탄사로서의 의미가 있으니 '얼마나' 정도로 보는 것이 좋다. 특히 첫 구절에 앞서 아무 것도 나오지 않았는데 처음부터 '또한'이라고 하는 것은 매끄럽지 않기 때문이다.

'열(說)'은 '기쁠 열(悅)' 자와 같은 뜻으로 쓰였다. 주나라 당시만 해도 한자가 그리 많지 않았기 때문에 '말씀 설, 유세할 세' 자와 함께 전주(轉注)라는 육서 원칙에 의거 통용한 것이다.

'호(乎)'는 감탄어조사로 '!' 정도의 의미로 쓰인 것이다.

'벗[朋]'은 가까운 사람을 일컫는 것으로 여기에서는 '공부하는 사람', 즉 학자를 지칭한다. 벗이 될 수도 있고, 제자가 될 수도 있다.

원문 '自遠方來'는 '自遠 方來'와 '自遠方 來'로 띄어 읽는 것에 따라 해석이 다르다. 전자의 경우 '멀리로부터 바야흐로 와서'라는 뜻이며, 후자의 경우 '먼 곳으로부터 와서'의 뜻이다. 하나는 '막'이라는 부사로 쓰였으며, 하나는 처소격 조사인 '장소'를 뜻하는 의미로 쓰였다. 대개는 전자를 따른다.

'락(樂)'은 즐겁다는 뜻이니, 이는 몸이 즐거운 것이다. 이 외에 '요(樂)' 자로 독음하기도 하는데, 이때는 마음으로 즐거워하는 것을 말한다. 예컨대 '지혜로운 사람은 물을 좋아하고, 어진 사람은 산을 좋아한다. [知者, 樂水, 仁者, 樂山.]「옹야」 제21장)'의 경우가 이것이다.

'남들이 알아주지 않더라도 섭섭해 하지 않는다.'라는 말은 남들에게 인정을 받지 못한다 하더라도 그것에 연연하지 않고 자신의 마음과 몸을 수양해 나간다는 뜻이다.

'군자(君子)'는 도를 온전히 갖추고 덕을 겸비한 사람[道全德備]을 가리킨다. 내면에 있는 훌륭한 덕목을 '덕'이라고 하며, 그것이 의로운 행동으로 나타났을 때 '도'라고 하는 것이다. 문맥에 따라 위정자(爲政者)를 지칭하기도 하고, 공부하는 선비를 가리키기도 한다.

학이 제2장

有子曰 "其爲人也 孝弟(悌)요 而好犯上者 鮮矣니 不好犯上이요 而好作亂者 未之有也니라. 君子는 務本이니 本立而道生하나니 孝弟也者는 其爲仁之本與인저."

유자가 말했다.

"그 사람 됨됨이가 효도와 공경을 잘 실천하고 윗사람 범하기를 좋아하는 자는 거의 없다. 윗사람 범하기를 좋아하지 않고서 반란 일으키기를 좋아하는 자는 있지 않다. 군자는 근본을 힘쓰며, 근본이 확립되면 도가 생겨나니, 효제는 그 인을 행하는 근본일 것이다."

【보】 공자의 사상을 한 글자로 요약한다면 '인(仁)'이라 할 수 있을 것이다. 여기서는 인의 근본이 되는 효와 제에 대해 설명하고 있다. '인'은 사랑[love]과 같은 말로 부모님을 사랑하는 것을 '효'라고 하며, 웃어른을 사랑하는 것을 '제'라고 한다.

'유자(有子)'는 공자의 제자로, 이름은 약(若)이다. 공자와 생김새가 매우 닮았다고 하여, 공자가 돌아가시자 그의 제자들이 유약을 공자처럼 섬기려고 했지만, 증자의 반대로 무산되었다는 기록이 보인다. (『맹자』, 「등문공 상」 제4장) 이 장에서처럼 '유자'라고 쓴 것을 보면, 유자의 제자들이 『논어』를 기록한 부분이 있음을 확인할 수 있다.

원문 '其爲人也'은 '그 사람의 됨됨이'라는 말이다.

'효(孝)'는 부모를 잘 섬기는 것을 말한다.

'제(弟)'는 형과 어른을 잘 섬기는 것을 말한다. '제(弟)'는 '제(悌)' 자와 같은 뜻으로 쓰였다.

'범상(犯上)'은 윗자리에 있는 사람을 침범하여 자리를 빼앗는 것을 말한다.

'선(鮮)'은 '드물다'라는 뜻이니, '거의 없다'와 같은 말이다. 공자가 이러한 표현을 쓴 것은 그가 평소 '절대 긍정, 절대 부정도 하지 않는[君子之於天下也, 無適也, 無莫也. 「이인(里仁)」 제10장]' 데에 기저 한다.

'난(亂)'은 상하(上下) 질서를 무너뜨리고 나라를 어지럽히는 행위 등을 가리키니 앞서 '범(犯)'보다 그 범위가 크다. 참고로 대개 국내의 난은 '난(難)' 자를 사용하고, 국외의 난은 '난(亂)' 자를 쓴다.

'여(與)'는 어조사로 해석하지 않는다. 여기에서는 확정짓지 않는 형태로 쓰인 글자이다.

학이 제3장

子曰 "巧言令色이 鮮矣仁이니라."

공자가 말했다.

"말을 교묘하게 하여 그럴듯하게 꾸미고 얼굴빛을 좋게 하여 그럴듯하게 꾸민 사람 가운데 어진 사람이 드물다."

【보】 외면에 꾸미기를 지극히 하여 그것으로써 남을 대하는 것에 힘쓴다면, 이는 외면으로써 남을 속이는 행위에 지나지 않는다.

'교(巧)'는 좋은 뜻으로는 '아름답다'라는 말이지만, 여기에서는 외적으로 그럴듯하게 잘 꾸미는 행위를 말한다.

'영(令)' 자 또한 '잘하다, 좋다[善]'의 원의가 있으나, 여기에서는 얼굴빛만 그럴듯하게 꾸미는 것을 말한다.

원문 '鮮矣仁'은 '仁(者), 鮮矣.'를 도치시킨 형태로 어진 사람이 거의 없음을 강조하기 위하여 그렇게 쓴 것이다.

학이 제4장

曾子曰 "吾 日三省(성)吾身하노니 爲人謀而不忠乎아? 與朋友交而不信乎아? 傳不習乎애니라."

증자가 말했다.

"나는 매일 세 가지를 가지고 내 자신을 반성한다. 남을 위하여 도모함에 충성을 다하지 못했던가? 벗과 더불어 사귐에 믿음으로써 하지 않았던가? 전수받은 것을 복습하지 않았던가?"

【보】증자는 '충, 신, 전습'이라는 세 가지 일로써 날마다 자신을 반성하여 수양했음을 말하고 있다.

'일(日)'은 '날이면 날마다'라는 복수사로 쓰였다. '하루[一日]'라는 뜻으로 쓰이지 않음에 주의해야 한다.

'증자(曾子)'는 공자의 제자이며, 이름은 삼(參)이다. 그의 자(字)가 자여(子輿)이므로 참(驂) 자와 연관 지어 '참'으로 독음해야 한다는 설도 있으나, 언해본에 의해 본서에서는 '삼'으로 하였다. 또 '모(某)'로 읽는 경우도 있는데, 이는 공자의 이름 구(丘), 안자의 이름 회(回), 맹자의 이름 가(軻)를 휘(諱)하는 것과 같은 경우이다. 아울러 증삼은 효와 관련된 글귀를 많이 남겨 효성이 지극한 인물로 알려져 있다. 증자의 부친인 증점(曾點, 자는 석(晳))도 공자의 제자이다. 부자(父子)가 모두 공자의 문하에서 공부했다.

'성(省)'은 '자신을 되돌아보다, 살펴 보다'라는 뜻이다. '생략(省略)'이라는 말에서는 '줄이다'라는 뜻으로 쓰이며 독음이 '생'으로 바뀐다.

'위(爲)' 자 다음에 인물이 나오면 '위하다'라는 뜻으로 대개 쓰이며, 국명이 나오면 '다스리다[治]'의 뜻이고, 서명이 나오면 '짓다[作]' 등으로 쓰인다.

'충(忠)'은 오늘날 국가의 충성이 아니라 개인 자신의 마음을 다하는 것[盡己之謂忠]을 말한다.

 '여(與)'는 앞선 어조사와 달리 '더불어'라는 뜻으로 쓰였다.

 '붕우(朋友)'는 '벗' 뿐 아니라 지인 등 가까운 사람을 가리킨다.

 '신(信)'은 마음을 성실하고 진실하게 하는 것을 말한다.

 '전(傳)'은 스승에게 전수받은 것을 말하는데, 도를 비롯하여 지적인 학습 모두를 포함한다.

 '습(習)'은 단순한 복습의 의미가 아니라 자기 몸에 익숙할 때까지 익히는 것을 말한다.

학이 제5장

子曰 "道千乘之國호되 敬事而信하며 節用而愛人하며 使民以時니라."

공자가 말했다.

 "천승의 나라를 다스리되 일을 공경하고 믿게 하며 쓰기를 절도 있게 하고 백성을 사랑하며 백성을 부릴 때에는 때에 맞게 해야 한다."

 【보】 나라를 다스리는 자가 어떻게 행해야 하는지 그 덕목을 설명하고 있다.

 '도(道)'는 '다스림[治]'의 뜻으로 쓰였다.

 '천승(千乘)'은 제후(諸侯)의 나라를 가리킨다. '사방 안에 수레 천승을 놓을 수 있는 땅이라는 뜻이다.

 '경(敬)'은 다른 곳에 신경을 쓰지 않고 오로지 그것만을 행하는 것을 뜻한다.

 '시(時)'는 농한기(農閒期)를 뜻한다. 농사철에는 백성을 부리지 말고 농한기에만 부려야 하니 정사에서의 백성을 부림에 때에 맞게 해야 함을 말한다.

학이 제6장

子曰 "弟子 入則孝하고 出則弟하며 謹而信하며 汎愛衆호되 而親仁이니 行有餘力이어든 則以學文이니라."

공자가 말했다.

"제자가 집에 들어가면 부모님께 효도하고 집을 나서면 공손하며 행동을 조심하고 말을 믿음직하게 하며 널리 사람들을 사랑하되 어진 사람을 가까이 해야 하니, 이러한 것들을 행하고 남은 힘이 있으면 글을 배워야 한다."

【보】 덕행이 근본이며 글은 지엽적이라는 말이다. 그러나 지엽적이라 하여 멀리한다면 문장을 이루지 못하는 결과가 되니 이른바 문질빈빈(文質彬彬-내면과 외면 모두 아름답게)을 성취해야 함을 말하고 있다. 특히 효제(孝悌)는 인의 근본이 되므로 효제충신(孝悌忠信)을 갖춘 뒤에 남은 힘이 있다면 반드시 글을 배워야 하는 것이다.
'제(弟)'는 '제(悌)' 자와 통한다.
'이(以)'는 '용(用)' 자와 통한다.

학이 제7장

子夏曰 "賢賢호되 易(역)色하며 事父母호되 能竭其力하며 事君호되 能致其身하며 與朋友交호되 言而有信이면 雖曰未學이라도 吾必謂之學矣라하리라."

자하가 말했다.

"현자를 어질게 여기되 여색을 좋아하는 마음과 바꾼 듯하고, 부모를 섬기되 능히 그 힘을 다하며, 임금을 섬기되 능히 그 몸을 바치고, 벗과 더불어 사귀되 말에 믿음이 있으면, 비록 배우지 않았다고 말하더라도 나는 반드시 그를 배웠다고 말할 것이다."

【보】 이 네 가지 즉 현자를 예우하며, 부모를 힘써 섬기고, 임금에게 충성을 다하여 목숨까지 바치고, 벗과는 믿음으로써 하는 것 등이 모두 인륜을 밝힌 것이며 인간의 기본적인 일이다. 실상 자하의 말은 다소 지나친 바가 있다. 그러나 인륜을 밝히고 이 안에 인 사상이 담겨 있음에 의의를 두고 보면 그래도 괜찮을 것이다.

'자하(子夏)'는 공자의 제자이다. 성은 복(卜)이고, 이름은 상(商)이다.

'색(色)'은 여색을 가리킨다.

'치(致)'는 '목숨을 바치다'라는 뜻으로 쓰였다.

학이 제8장

子曰 "君子 不重則不威니 學則不固니라. 主忠信하며 無友不如己者요 過則勿憚改니라."

공자가 말했다.

"군자가 중후하지 않으면 위엄이 없으니, 그러한 군자는 배워도 견고하지 못하다. 충신을 주장하며 자기만 못한 자를 벗 삼으려 하지 말고 잘못이 있으면 고치기를 꺼려하지 말아야 한다."

【보】 성인(聖人)이, 성인이 되는 이유 가운데 하나는 외형과 내면이 잘 조화됨에 있다. 만일 성인이 외형을 함부로 하여 전아하지 못한 행위를 한다면 이를 성인이라 부를 수 없을 것이다. 또한 공부를 하는 이유 가운데 하나는 자신의 부족함을 알아 속히 고치는 데 있으니 잘못이 있으면 꺼려하지 말고 속히 고쳐야 함을 말하고 있다.

'벗[友]'은 인을 돕는 자이다. 따라서 자신보다 나은 사람을 벗으로 삼아야 하는 것이다. 그러나 언제나 자신보다 나은 사람만이 곁에 있는 것은 아니다. 따라서 만일 자기보다 못한 사람이 벗이라면 손해가 있을 것이기에 이렇게 말한 것이지, 자기보다 못한 사람이 다가올 때 박절하게 거절해야 한다는 말은 아니다.

학이 제9장

曾子曰 "愼終追遠이면 民德이 歸厚矣리라."

증자가 말했다.

"초상을 신중하게 하고 조상을 추모하면, 백성의 덕이 두터운 곳으로 돌아갈 것이다."

【보】 초상과 제사에 예와 정성을 다하면 자신의 덕뿐만이 아니라 교화되어 덕이 있는 사람들이 될 것이라는 말이다.

'신종(愼終)'은 초상(初喪)에 그 예를 다하는 것을 말한다. 사람에게 있어 초상은 일생에 한 번 뿐이므로 최선을 다하지 않을 수 없는 것이다.

'추원(追遠)'은 제사(祭祀)에 그 정성을 다하는 것을 뜻한다. 예의 근본은 마음에 있으므로 단순한 예식이 아닌 마음을 다해야 하는 것이다.

학이 제10장

子禽이 問於子貢曰 "夫子 至於是邦也하사 必聞其政하시나니 求之與아 抑與之與아?" 子貢이 曰 "夫子는 溫良恭儉讓以得之시니 夫子之求之也는 其諸異乎人之求之與인저."

자금이 자공에게 물었다.

"스승님께서 이 나라에 오셔서는 반드시 그 정사를 들으실 것이니 구해서 되는 것입니까? 아니면 알려 주어서 그렇게 되는 것입니까?"

자공이 말했다.

"스승님께서는 온순하고 어질고 공손하고 검소하고 겸양하여 정사를 얻어 들으신 것이니 스승님의 그것을 구해서 들은 것은 다른 사람들이 구하는 것과는 다릅니다."

【보】 공자의 훌륭한 인품과 학문의 명성을 듣고 그 나라의 임금이 제 발로 찾아와 정사에 대해 물었으니, 이러한 점은 다른 사람들과는 확연히 다르다. 아울러 그러한 점은 온화, 곧음, 장엄, 절제, 겸양이라는 덕목에 의해 완성되었음을 말하고 있다.

'자금(子禽)'은 공자의 제자로, 성은 진(陳)이고, 이름이 항(亢)이다.

'자공(子貢)'은 공자의 제자로, 성은 단목(端木)이고, 이름이 사(賜)이다.

'억(抑)'은 반어사(反語辭)로서, '아니'라는 뜻이다.

원문 '抑與之與'에서 앞의 '여(與)' 자는 알려주다는 말이고, 뒤의 여 자는 의문조사이다.

'기저(其諸)'는 어조사(語助辭)이므로 해석하지 않는다.

학이 제11장

子曰 "父在에 觀其志요 父沒에 觀其行이나 三年을 無改於父之道라야 可謂孝矣니라."

공자가 말했다.

"부모님께서 살아 있을 때에는 그의 뜻을 살피고 부모님께서 돌아가셨을 때에는 그의 행동을 살피는 것이니, 삼 년간 부모님의 도를 고치지 말아야 '효'라고 말할 수 있다."

【보】 부모님이 살아 계실 때에는 자식이 마음대로 할 수 없지만, 그의 의중을 살펴 알 수가 있다. 그러나 부모님이 돌아가시면 그의 행동을 볼 수 있으니, 이를 통해 그 사람의 선악을 알 수 있다. 또한 반드시 삼 년 동안 부모님의 도를 고치지 말아야 효성을 볼 수 있다. 만일 부모님의 행위가 도리에 맞는다면 평생 고치지 않아야 하지만, 도리에 어긋난다면 삼 년까지 기다리지 않고 한시라도 빨리 고치는 것이 옳다.

'기(其)' 자가 전후에 두 번 나오는데 모두 자식을 가리킨다. 혹 전자는 부모를, 후자는 자식을 가리키는 것으로 보기도 하니 참고로 적어둔다.

학이 제12장

有子曰 "禮之用이 和爲貴하니 先王之道 斯爲美라 小大由之니라. 有所不行하니 知和而和요 不以禮節之면 亦不可行也니라."

유자가 말했다.

"예의 쓰임은 조화를 귀함으로 삼으니, 선왕의 도는 이를 아름답게 여겼기 때문에 작은 일과 큰 일에 이를 따랐다. 하지 못할 바가 있으니 조화만을 알아 조화로움만 하고 예로써 절제하지 않는다면 이 또한 행할 수 없는 것이다."

【보】 예를 지나치게 강조한다면 이는 예의 본 목적을 상실한 것이다. 즉 예의 본체란 준엄함에 있고 그 작용은 자연스러움에 있다. 조화를 통해 그 절제를 치우치거나 편벽되게 하지 않아야 한다. 외면과 내면의 조화[文質彬彬]를 강조한 말이다.

학이 제13장

有子曰 "信近於義면 言可復(복)也며 恭近於禮면 遠恥辱也며 因不失其親이면 亦可宗也니라."

유자가 말했다.

"신의가 의리에 가깝도록 하면 그 약속한 말을 실천할 수 있고, 공손함이 예에 가깝도록 하면 치욕을 멀리할 수 있으며 주인을 정할 때에 그 친할 만한 사람을 잃지 않으면 또한 그 사람을 주인으로 삼을 수 있다."

【보】 말과 행동과 인연, 이 세 가지를 어떻게 해야 하는가에 대한 장이다.
'신(信)'은 '말이'라는 주어가 생략된 형태이다.

'복(復)'은 '실천할 복'으로 쓰였다. 따라서 여기에는 '행동으로'라는 보어가 생략된 형태이다.

'인(因)'은 '의지하다[依]'라는 뜻으로 쓰였으니 인연이나 교제를 뜻하므로 여기에서는 주인을 정함을 가리킨다.

'종(宗)'은 '주인[主]'이라는 말이다.

학이 제14장

子曰 "君子 食無求飽하며 居無求安하며 敏於事而愼於言이요 就有道而正焉이면 可謂好學也已니라."

공자가 말했다.

"군자는 먹을 때 배부른 것을 구하지 않고 거처할 때 편안한 것을 구하지 않으며 일을 민첩하게 하고 말을 신중하게 하며 도가 있는 사람에게 나아가 질문하고 바로잡는다면 '학문을 좋아한다'고 말할 만하다."

【보】호학(好學)의 삼 단계에 대해 말하고 있다. 즉 학자란 첫째 배부름을 비롯한 안일함을 생각해서는 안 되고, 둘째 말보다는 행실에 초점을 두어야 하며, 셋째 자신이 생각한 시비에 대해 도가 있는 사람에게 나아가 증험해야 한다.

학이 제15장

子貢이 曰 "貧而無諂하며 富而無驕호되 何如하니잇고?" 子曰 "可也

나 未若貧而樂(락)하며 富而好禮者也니라." 子貢이 曰 "詩云 '如切如磋하며 如琢如磨라.'하니 其斯之謂與인저?" 子曰 "賜也는 始可與言詩已矣로다 告諸往而知來者온여."

자공이 말했다.

"가난하지만 아첨하지 않으며 부유하지만 교만하지 않는다면 어떻습니까?"

공자가 말했다.

"미진하지만 괜찮다. 그러나 가난하면서도 즐거워하며 부유하면서도 예를 좋아하는 자만 같지 못하다."

"『시』에 '자른 듯하고 간 듯하며 쪼아놓은 듯하고 연마한 듯하다.'라고 했으니 이것을 말한 것이겠지요?"

"단목사는 비로소 더불어 시를 말할 만하구나, 지나간 것을 말해주자 앞으로 올 것을 알고 있으니!"

【보】 자공은 자신의 수양 즉 가난하지만 아첨하지 않고 부유하나 교만하지 않음에 대해 물었으나, 공자는 빈부를 초월한 더 큰 수양이 어떻겠느냐며 이를 권했다. 이에 대해 자공은 여러 해석이 가능한 시를 인용하여 상황에 맞게 해석하니, 이에 공자가 감탄하며 칭찬한 장이다.

'첨(諂)'은 자신을 낮추는 것이나, '교(驕)'는 자신을 높이는 것이다. '가(可)'는 『논어』에서 대개 "겨우 괜찮다고 할 뿐 미진하다[僅可未盡]"는 말로 쓰인다.

인용된 시는 『시경』 「위풍(衛風)」 「기욱(淇奧)」에 보인다.

'절(切)'은 뼈나 뿔 등의 골각류를 절단하는 것이고, '차(磋)'는 그것을 가는 것을 말한다. '탁(琢)'은 옥이나 보석 등 옥석류를 쪼개는 것이고, '마(磨)'는 그것을 가는 것이다. 이 네 가지는 이른바 '절차탁마(切磋琢磨)'로 이미 정밀한데도 더욱 그 정밀함을 구하는 것을 뜻한다.

'왕(往)'은 이미 말해준 것을, '내(來)'는 아직 말해주지 않은 것을 뜻한다.

학이 제16장

子曰 "不患人之不己知요 患不知人也니라."

공자가 말했다.

"남이 자신을 알아주지 못함을 걱정하지 말고, 내가 남을 알지 못함을 걱정해야 한다."

【보】 남이 자신을 알아준다는 것은 대접받기를 원하는 것이고, 내가 다른 사람의 선악을 알아 살피는 것은 자신의 도를 위해 더 나은 행위이므로 이를 경계시키고자 한 말이다.

2
위정(爲政)

【보】 위정자의 몸가짐, 『시경』의 설약(說約), 효(孝), 군자와 소인, 지(知), 녹(祿), 인재등용 등의 내용이 24장에 걸쳐 있다.

위정 제1장

子曰 "爲政以德이 譬如北辰(신)이 居其所어든 而衆星이 共(拱)之니라."

공자가 말했다.

"정사 다스림을 덕으로써 하는 것이, 비유하면 북극성이 제자리에 있거든 모든 별들이 북극성을 향해 있는 것과 같다."

【보】 임금의 몸가짐에 대해 말하고 있다. 즉 정치란 '바로잡다'는 뜻이니 자신이 우선 바른 말과 행동을 실천하여 다른 사람들에게 본보기가 되며 그렇지 못한 사람을 바로잡는 것이라는 말이다.

'북신(北辰)'은 북극성을 뜻하는데, 여기서는 '임금'을 비유로 쓴 것이다.

원문 '居其所'는 있어야 할 제자리에서 움직이지 않고 머물러 있는 것이다.

'공(共)'에 대해서는 두 가지 뜻으로 풀이할 수 있다. 첫째, '공 (拱)'의 뜻으로 팔을 벌려 '한 아름'처럼 별들이 북극성 주변을 빙 두른 것을 가리킨다. 둘째, '향(向)' 자의 뜻으로 북극성을 향해 별들이 있음을 가리킨다. 본서는 후자를 따랐다.

위정 제2장

子曰 "詩三百에 一言以蔽之하니 曰 '思無邪'니라."

공자가 말했다.

"『시』 삼백 편을 한 마디의 말로 덮을 수 있으니 '생각에 사악함이 없다.' 이다."

【보】 이를 '설약(說約)'이라고 한다. 이를테면 경례(經禮) 삼백과 곡례(曲禮) 삼천 조목을 한 마디 말로써 그 뜻을 다 덮을 수 있는데 '공경하지 않음이 없다[無不敬].'와 같은 유(類)이다.

시의 효용은 선한 마음을 이끌어 유도하고 악한 마음을 경계하는[感發懲創] 데에 있다고 볼 수 있다. 따라서 공자는 『시경』 「노송(魯頌)」 「구(駉)」에 "駉駉牡馬, 在坰之野. 薄言駉者, 有驈有皇, 有驪有黃, 以車祛祛. **思無邪**, 思馬斯徂."라고 한 구절을 인용하여 시 전체를 대변한다고 본 것이다.

'『시경』'은 원래 3,000여 편이었다고 한다. 동양 문헌 중 가장 오래된 것인데, 공자가 이를 산삭하여 모두 311편으로 만들었다. 이 중 6편은 잃어버렸고 305편만이 전하고 있다. 300편이라

고 말한 것은 큰 수를 든 것이다.[四捨五入]

'언(言)'은 '구(句)'의 뜻으로 쓰였다. '자(字)'의 뜻으로 쓰일 때도 있는데 예를 들면 「위령공」제23장의 "有一言而可以終身行之者乎"와 같은 경우가 그렇다.

위정 제3장

子曰 "道之以政하고 齊之以刑이면 民免而無恥니라. 道之以德하고 齊之以禮면 有恥且格이니라."

공자가 말했다.

"백성을 이끌기를 법으로써 하고 백성을 가지런히 하기를 형벌로써 하면, 백성은 형벌을 면할 수는 있지만 부끄러움은 없을 것이다. 백성을 이끌기를 덕으로써 하고 가지런히 하기를 예로써 하면, 백성은 부끄러움도 있고 또 선에 이르게 될 것이다."

> 【보】 외적으로 하는 정치와 내적으로 하는 정치의 올바름에 대해 말하고 있는 장이다. 즉 백성을 법과 형벌이라는 외적 수단으로써 한다면 그들은 형벌을 면하려 노력할 뿐 부끄러움은 모르지만, 도덕과 예라는 내적 수단으로써 대한다면 부끄러움뿐 아니라 선함에 도달할 것이라는 말이다. 이로 보면 정치의 근본은 도덕과 예에 있음을 알 수 있다.
> '도(道)'는 '이끌다[引導]'라는 뜻이다.
> '정(政)'은 법과 제도, 금지령 등을 뜻하는 말로 쓰였다.
> '제(齊)'는 이끌어도 따르지 않는 자를 형벌을 가하여 가지런하게 만드는 것으로 '정돈, 통일'의 뜻이다.
> '예(禮)'는 '절제[節]'의 뜻이다.

'격(格)'은 '(선에) 도달, 이름'의 뜻으로 쓰였다. 일설에는 '바로 잡다[正]'라는 뜻으로 보기도 하니 참고로 적어 둔다.

위정 제4장

子曰 "吾 十有五而志于學하고 三十而立하고 四十而不惑하고 五十而知天命하고 六十而耳順하고 七十而從心所欲하야 不踰矩호라."

공자가 말했다.

"나는 열다섯 살에 학문에 뜻을 두었고, 서른 살에 자립하였으며, 마흔 살에 의혹하지 않았고, 쉰 살에 천명을 알았으며, 예순 살에 귀로 들으면 그대로 이해되었고, 일흔 살에 마음에 하고자 하는 바를 좇아도 법도를 넘지 않았다."

【보】 자신을 수양하는 점진적 발전과정[獨學其進]에 대해 말하고 있다. 공자가 자신의 경험을 시간적 순서로 말한 것은 학자들이 법으로 삼기를 바라는 마음으로 그러한 것이다. 아울러 단계 없이 뛰어넘으려는 마음[躐等]을 경계시키려는 데 의도가 있다.
'유(有)'는 '또[又]'의 뜻으로 쓰였다. 숫자와 숫자 사이에 유(有) 자가 있으면 대개 이러한 뜻으로 쓰인다.
'열다섯 살은 대학(大學)에 입학할 나이를 뜻한다.
'지(志)'는 마음이 가는 바이며 또한 변하지 않음을 뜻한다.
'학(學)'은 『대학(大學)』의 도를 가리킨다.
'립(立)'은 '『대학』의 도에 몸을 세움'이라는 뜻이다. 현대에 이를 '독립'의 뜻으로 보기도 하는데 사세로 살펴보면 대의에 어긋나지 않는다.

'혹(惑)'은 사물의 당연한 도리에 대한 의혹을 말한다. '사십의 불혹'은 『맹자』의 부동심(不動心)과 궤를 같이 한다.

'천명(天命)'을 일러 성(性)이라고 하니 오십에는 앎이 정밀해져서 인간의 본성과 천명을 알 나이이다.

'순(順)'은 듣는 대로 마음에 깨닫는 것을 가리킨다.

'구(矩)'는 네모난 것을 그리는 도구로서 오늘날로 치면 삼각자 같은 것을 가리키며, '법도'라는 의미이다.

위정 제5장

孟懿子 問孝한대 子曰 "無違니라." 樊遲 御러니 子 告之曰 "孟孫이 問孝於我어늘 我對曰 '無違라' 호라." 樊遲曰 "何謂也니잇고?" 子曰 "生事之以禮하며 死葬之以禮하며 祭之以禮니라."

맹의자가 효에 대해 묻자, 공자가 말했다.

"어김이 없어야 합니다."

번지가 수레를 몰고 있었는데, 공자가 그에게 말했다.

"맹손씨가 나에게 효를 물어, 나는 '어김이 없어야 합니다.'라고 대답했다."

번지가 말했다.

"무엇을 말씀한 것입니까?"

"부모님께서 살아 계시면 예로 섬기고 돌아가시면 예로 장사지내고 이후에는 예로 제사지내는 것이다."

【보】 '해야 할 것을 하는 것'이 바로 효라는 덕목임을 말하고

있다. 이 제5장부터 제8장까지는 모두 효에 대한 문답인데 듣는 사람에 따라 답을 달리 하였으니 여기에서 피교육자의 그릇에 따라 답을 달리 하는 교육법[隨才敎育]을 살펴 볼 수 있다.

'맹의자(孟懿子)'는 노나라 대부 중손씨(仲孫氏)이다. 노나라의 권력을 쥐고 있었으며 천자의 예악을 사용하는 등 법도에 어긋난 행위를 한 인물이다.

'무위(無違)'는 도리에 어긋나지 않음을 말한다. 이에 대해 맹의자는 이해하지 못하여 다시 묻지 않자, 번지에게 다시 말한 것이다. 즉 맹의자는 '어기지 말라'는 말에 대해 부모님의 뜻을 거역하지 말라는 의미로 이해했는데, 공자의 의도는 도리에 어긋나지 않아야 한다는 말로 현재 맹의자의 잘못을 지적한 말인 것이다.

'번지(樊遲)'는 공자의 제자이다. 이름은 수(須)이다.

'부모님께서 살아 계시면 예로 섬기고 돌아가시면 예로 장사지내고 이후에는 예로 제사지내는 것'은 부모님을 섬기는 처음과 끝이 모두 갖추어진 것이다. 당시 노나라의 권력을 쥔 채 천자의 예를 참람하게 한 삼가(三家)에 대한 말이지만, 여기에서 그치지 않고 온 사람들의 법도가 되는 말까지 그 의미가 확장된다.

위정 제6장

孟武伯이 問孝한대 子曰 "父母는 唯其疾之憂시니라."

맹무백이 효에 대해 묻자, 공자가 답했다.

"부모님께서는 오직 자식에게 질병이 있을까를 근심할 뿐입니다."

【보】 이는 부모님의 마음을 잘 헤아리는 것이 또한 효도라 말할 수 있음을 뜻한다. 즉 부모님은 자식을 사랑하는 마음이 이르지 않는 곳이 없지만 그 가운데 유독 자식이 아플까 늘 걱정하니, 자식이 이러한 마음을 잘 헤아려 자신의 몸을 소중하게

잘 지키는 것이 효가 된다는 말이다.

'맹무백(孟武伯)'은 윗장에 등장한 맹의자의 아들이다. 그가 부모님께 걱정을 끼친 것이 많았다고 봤기에 본문과 같이 말한 것이다.

위정 제7장

子游 問孝한대 子曰 "今之孝者는 是謂能養이니 至於犬馬하여도 皆能有養이니 不敬이면 何以別乎리오."

자유가 효에 대해 묻자, 공자가 말했다.

"오늘날의 효는 '잘 봉양한다.' 만을 말하지만 개나 말조차도 모두 길러주는 일이 있으니, 만일 공경하는 마음이 없다면 무엇으로써 구별하겠는가."

【보】 부모님을 외면으로 사랑하여 표현하는 것만을 일삼는 것[徒愛]에 대한 폐단을 지적한 말이다. 즉 겉으로 표현하는 것도 좋지만 내면에 존경하는 마음 또한 중요함을 말하고 있으니 모두 함께 행해야 한다.

'자유(子游)'는 공자 제자이다. 성은 언(言)이고, 이름은 언(偃)이다. 그에게는 겉으로 사랑을 잘 표현한 물질적 봉양은 있으나 마음의 존경심은 다소 부족했기에[愛而不敬] 이를 경계하고자 한 말이다.

'양(養)'은 음식으로 봉양(양육)함을 말한다. 이 글자로 인하여 이 글 전체의 주체와 객체를 달리 보는 설들이 존재한다. 즉 '인간-동물, 동물-동물, 인간-인간 등이 그것이다.

위정 제8장

子夏 問孝한대 子曰 "色難이니 有事어든 弟子 服其勞하고 有酒食
(사)어든 先生饌이 曾是以爲孝乎아."

자하가 효에 대해 묻자, 공자가 말했다.

"얼굴빛을 온화하게 하는 것이 어려우니 부형에게 일이 있으면 제
자가 그 수고로움을 대신하고 술과 밥이 있으면 윗사람을 우선 먹게
하는 것을 일찍이 효라고 할 수 있다."

【보】 이는 윗장과는 반대로 마음으로는 존경심을 갖고 있으나
겉으로 표현을 하지 못하는 폐단[徒敬]에 대해 지적한 것이다.
자하는 자유와 반대로 마음 속 공경심은 많았으나 그 사랑을
표현하는 데[敬而不愛]에 있어서는 부족했다. 따라서 공자가 이
를 경계시킨 것이다.
'색난(色難)'은 부모님을 섬길 때 얼굴빛을 온화하게 하는 것
이 어렵다는 것을 말한다.
'선생(先生)'은 부형(父兄)을 가리킨다.
'찬(饌)'은 명사가 아닌 동사로서 '마시게 하고 먹게 하는 것'
을 뜻한다. 현대에 '반찬(飯饌)'은 '음식'의 뜻으로 쓰이는데 이는
'밥 반(飯)' 자의 뜻이 소멸된 형태이다.

위정 제9장

子曰 "吾 與回로 言終日에 不違如愚러니 退而省其私한대 亦足以發
하나니 回也 不愚로다."

공자가 말했다.

"내가 안회와 더불어 하루 종일 말해 보니 내 말을 어기지 않으니, 그는 어리석은 사람인 듯했다. 그가 물러간 뒤에 그의 사생활을 살폈더니 도를 실천하는 데 충분한 것으로 보아 안회는 어리석지 않다."

【보】 공자의 제자 안연의 훌륭함을 칭송한 장이다. 안연은 평소 스승의 가르침에 모르는 것을 질문하거나 혹은 응용하여 질문하지 않는 묵묵한 제자였다. 그래서 마치 어리석은 사람인 듯 보였다. 그러나 이미 마음속으로 터득하여 그것을 몸소 실천한 제자의 사생활을 살펴보고는 극찬한 말이다.

'회(回)'는 공자의 제자이다. 성은 안(顔)이고, 자는 자연(子淵)이다.

'하루 종일 말하는 것'은 바로 도에 대한 논의를 말한다.

'불위(不違)'는 생각한 바가 맞아 듣기만 하고 질문과 논란이 없는 것을 뜻한다.

'발(發)'은 말한 바의 이치를 밝게 드러내는 것이니 '실천'의 뜻이다.

위정 제10장

子曰 "視其所以하며 觀其所由하며 察其所安이면 人焉廋哉리오 人焉廋哉리오!"

공자가 말했다.

"그 하는 것을 보며 그 이유를 살피며 그 편안히 여김을 살펴본다면, 사람들이 어떻게 자신을 숨길 수 있겠는가, 사람들이 어떻게 자신을 숨길 수 있겠는가!"

【보】 거친 부분으로부터 시작하여 보이지 않는 정밀한 곳에 이르기까지 사람을 살펴보는 방법에 대해 말하고 있다. 즉 사람의 행위에 대해 보이는 선악을 우선 살피고, 그 다음으로 그 동기의 발단이 되는 내면을 살피며, 그 다음으로 편안한 마음으로 받아들여 변하지 않는가를 살펴야 된다는 말이다.

‘이(以)’는 ‘하는 것’을 말하는데 선을 하면 군자가 되고, 악을 하면 소인이 된다.

‘관(觀)’은 ‘시(視)’보다 자세히 살펴보는 것을 말한다.

‘유(由)’는 따르는 것이다. 이를테면 하는 일은 비록 선하다 해도 그 마음의 원인이 선하지 못하다면 군자가 될 수 없다.

‘찰(察)’은 시(視)나 관(觀)보다도 더 자세히 살피는 것이다.

‘안(安)’은 마음이 편하여 즐거워하는 것이다. 이를테면 그 원인이 비록 선하다 해도 마음에 즐기는 것이 없다면 거짓일 뿐이니 오래갈 수 없다.

‘언(焉)’은 ‘어찌[豈]’라는 말이다.

‘수(廋)’는 ‘숨기다[隱]’라는 말이다.

원문 ‘人焉廋哉’를 반복하여 말한 것은 깊이 밝힘과 강조의 의도가 있다.

위정 제11장

子曰 "溫故而知新이면 可以爲師矣니라."

공자가 말했다.

"옛 것을 익히고 새 것을 알면 스승이 될 수 있다."

【보】 스승의 자격과 역할에 대해 말하고 있다. 즉 스승이란 쉬지 않고 예전에 배웠던 것을 더듬어 반복해서 공부하고 이를 통해 더욱 새로운 사실을 알아 가야 할 의무가 있는 자이다. 또

한 기송(記誦)을 통해 학업을 전수하기보다는 마음의 터득함[心得]을 일깨워 주는 자가 바로 스승이라 본 것이다.

'온(溫)'은 예전에 알았던 것에 대해 생각을 더듬어 보는 것을 말한다. '따뜻한 온' 자를 쓴 것은 마치 국을 따뜻하게 데우듯이 한다는 의미인 것이다. 참고로 주자는 '찾고 연역(演繹)하는 것'이라고 했다.

'고(故)'는 예전에 배운 것을 가리키며, '신(新)'은 지금에 새로 터득한 것이다.

위정 제12장

子曰 "君子는 不器니라."

공자가 말했다.

"군자는 그릇처럼 국한되지 않는다."

【보】도와 덕을 온전히 갖춘 군자는 그 쓰임이 무궁하기 때문에 하나의 재주나 하나의 기예에 그치지 않음을 말한다.

위정 제13장

子貢이 問君子한대 子曰 "先行其言이요 而後從之니라."

자공이 군자에 대해 묻자, 공자가 말했다.

"그 말하고자 하는 것을 우선 실행하고, 이후에 말이 실행을 따르게 해야 한다."

【보】이는 "행동으로 말해라!"와 같은 말이다. 공자의 수재교
육법(隨才敎育法)에 따르면 아마도 자공은 말이 우선이고 실천
이 부족했기에 이와 같이 말한 것으로 보인다.

위정 제14장

子曰 "君子는 周而不比하고 小人은 比而不周니라."

공자가 말했다.

"군자는 교제를 두루 하고 편당하지 않으며, 소인은 편당하고 두루
하지 않는다."

【보】군자의 교제 방법에 대해 말하고 있다. 군자는 빠짐없이
골고루 하고 이끗을 위해 편당하지 않지만, 소인은 이와 반대로
하는 자이다.
  '주(周)'는 빠짐없이 골고루 교제하는 것을 가리키니 '공(公)'의
뜻이다.
  '비(比)'는 이끗을 위해 아당(阿黨), 편당(偏黨)하는 것을 가리
키니 '사(私)'의 뜻이다.

위정 제15장

子曰 "學而不思則罔하고 思而不學則殆니라."

공자가 말했다.

"배우기만 하고 생각하지 않으면 얻는 것이 없고, 생각만 하고 배우지 않으면 위태롭다."

【보】 생각이 없는 실천이란 마음이 없어 공허할 뿐이고, 반대로 실천이 없는 개념이란 마음이 불안하여 위태롭게 된다는 말이다.
'학(學)'은 '아는 것과 실천' 두 가지를 아우르기도 하고 각기 하나만 취할 때도 있는데, 여기서는 '실천'의 뜻으로 쓰였다.
'사(思)'는 학(學)의 상대적 말로 '개념'의 뜻으로 쓰였다.

위정 제16장

子曰 "攻乎異端이면 斯害也已니라."

공자가 말했다.
"이단을 전공하면 해가 될 뿐이다."

【보】 성인의 도 이외의 학문을 공부하면 해가 될 뿐이라는 말이다. 여기서 말하는 '성인의 도 이외의 학문[異端]'은 도가의 사상을 지닌 은자들을 비롯하여 위아설(爲我說)을 주장하는 양주(楊朱)와 겸애설(兼愛說)을 주장하는 묵적(墨翟) 등을 가리킨다.

위정 제17장

子曰 "由아 誨女(汝)知之乎인저. 知之爲知之요 不知爲不知 是知也니라."

공자가 말했다.

"중유야, 너에게 앎이란 것을 가르쳐 주겠다. 아는 것을 안다고 하고 모르는 것을 모른다고 하는 것이 이것이 참다운 앎이다."

【보】 '지(知)'의 개념에 대해 말하고 있는 듯하나, 실제 이는 제자 중유의 '남 이기기를 좋아하는 잘못된 습관[好勝之癖]'을 경계하고자 하는 말이다.

'유(由)'는 공자의 제자이다. 성은 중(仲)이고, 자는 자로(子路)이다. 그는 용맹을 좋아하였으니, 아마도 알지 못하는 것을 억지로 우겨 안다고 했던 일이 있었을 것이다. 『논어』 전편을 통해 살펴보면, 자로는 공자의 애증이 교차된 인물이다.

'녀(女)'는 '여(汝)'와 통한다.

위정 제18장

子張이 學干祿한대 子曰 "多聞闕疑요 愼言其餘則寡尤며 多見闕殆요 愼行其餘則寡悔니 言寡尤하며 行寡悔면 祿在其中矣니라."

자장이 '녹을 구하는 방법'에 대해 배우려고 하자, 공자가 말했다.

"많이 듣고 의심나는 것을 빼고 그 나머지를 조심해서 말하면 잘못이 적어진다. 많이 보고 위태로운 것을 빼고 그 나머지를 조심해서 행동하면 후회가 적어질 것이다. 말에 잘못이 적고 행동에 후회가 적으면 녹은 그 가운데에 있다."

【보】 공자의 제자 자장은 외모가 준수했으나 성실함이 부족했다. 따라서 외적인 면보다 내면지향을 위해 언행을 삼가는 것부

터 시작할 것을 당부하고 있다. 만일 그렇게 한다면 저절로 녹이 이를 것이라는 말이다.

'자장(子長)'은 공자의 제자로, 자장은 그의 자이다. 성은 전손(顓孫)이고, 이름은 사(師)이다.

'간(干)'은 '구할 간' 자로 쓰였다.

'녹(祿)'은 국록으로 벼슬과 같은 말이다.

'의(疑)'는 자신할 수 없는 것을 말하고, '태(殆)'는 불안한 부분을 가리킨다.

'우(尤)'는 죄가 밖으로부터 이르는 잘못이고, '회(悔)'는 이치가 마음으로부터 나오는 후회이다.

위정 제19장

哀公이 問曰 "何爲則民服이니잇고?" 孔子對曰 "擧直錯諸枉則民服하고 擧枉錯諸直則民不服이니이다."

애공이 물었다.

"어떻게 하면 백성이 복종합니까?"

공자가 대답했다.

"정직한 사람을 들어 쓰고 모든 부정한 사람을 버려두면 백성이 복종하며, 부정한 사람을 들어 쓰고 모든 정직한 사람을 버려두면 백성이 복종하지 않습니다."

【보】통치자의 인재 등용에 관한 장이다. 즉 통치자란 명석하고 통철한 머리를 가지고 있어야 하며 의연함과 과단성 모두를 겸비하여 인재를 등용해야 함을 말하고 있다.

'애공(哀公)'은 노나라 임금이다.

'공자대왈(孔子對曰)'이라고 쓴 것은 신하로서 임금을 높인 말이다.
'조(錯)'는 '두다, 버리다'의 뜻으로 쓰였다.
'왕(枉)'은 '굽었다'는 뜻이니 간사하고 사악한 사람을 가리킨다.

위정 제20장

季康子問 "使民敬忠以勸호되 如之何리잇고?" 子曰 "臨之以莊則敬하고 孝慈則忠하고 擧善而教不能則勸이니라."

계강자가 물었다.

"백성으로 하여금 공경과 충성으로써 힘쓰게 하려는데 어떻게 하면 되겠습니까?"

공자가 말했다.

"백성에 임하여 장엄하게 하면 그들은 공경하고 효도와 사랑으로 하면 충성하며, 이러한 것을 잘하는 자를 들어 쓰고 못하는 자를 가르치면 선을 권할 것입니다."

【보】 윗장에 이어 통치자의 덕목 가운데 솔선수범이 매우 중함을 말하고 있다. 즉 계강자는 백성을 부릴 때 어떻게 해야 되는 지를 묻고 있으나, 공자의 답은 백성을 부리기 이전 통치자가 모범을 보여야 함을 밝히고 있다.

'계강자(季康子)'는 노나라 대부 계손씨(季孫氏)를 가리킨다.

'장(莊)'은 용모가 단정하고 엄숙한 것이다.

위정 제21장

或이 謂孔子曰 "子는 奚不爲政이시니잇고?" 子曰 "書云孝乎인저. '惟孝하며 友于兄弟하여 施於有政이라.'하니 是亦爲政이니 奚其爲爲政이리오"

혹자가 공자에게 말했다.

"선생님께서는 어찌하여 정사를 하지 않습니까?"

공자가 말했다.

"『서』에는 효에 대해 '효도를 하며 형제간에 우애하여 정사에 베푼다.'고 했으니 이 또한 정사를 하는 것입니다. 어찌하여 벼슬하여 정사를 하는 것만 정사이겠습니까."

【보】 B.C. 9년 노나라 정공(定公)이 즉위했으나, 공자는 당시 벼슬하지 않았다. 따라서 어떤 이는 공자가 정치를 하지 않음에 대해 의심을 품은 것이다. 그러나 이에 대해 공자는, 국가는 가정의 확장판으로, 집안에서 부모님께 효도하고 형제간에 우애 있게 지내는 것 또한 정사에 해당된다고 말한 것이다. 문제는 실제 노나라는 안으로 계씨와 양호에 의해 권력이 행해지고 있었으며 밖으로도 외침에 시달리는 혼란한 상황이었다. 따라서 공자는 벼슬할 수 없었으니 부득이해서 그러했던 것이다.

『서경』의 말은 「주서(周書)」「군진(君陳)」에 보인다.

원문 '奚其爲爲政'에서 앞의 '위(爲)' 자는 앞서 한 말, 즉 '子奚不爲政?'에서의 '爲政'을 가리킨다.

위정 제22장

子曰 "人而無信이면 不知其可也케라. 大車 無輗하며 小車 無軏이면 其何以行之哉리오."

공자가 말했다.

"사람으로서 믿음이 없으면 그 사람의 가함을 알지 못하겠다. 큰 수레에 멍에가 없고 작은 수레에 멍에가 없으면 그 무엇으로써 갈 수 있겠는가."

【보】세상만사를 이끄는 것이 바로 이 믿음[信]에 있음을 강조한 말이다. 사람이 신뢰가 없으면 아무 것도 할 수 없는 것처럼 수레에 멍에가 없으면 앞으로 나갈 수가 없음을 비유하고 있다.

'대거(大車)'는 평지에서 짐을 싣는 커다란 수레를 말하며, '소거(小車)'는 전쟁이나 밭을 가는 데 쓰이는 작은 수레를 가리킨다.

'예(輗)'는 멍에 끝에 가로지른 나무로 대개 소에게 메우는 것이고, '월(軏)'은 멍에 끝에 위로 구부러진 것으로 대개 말에 메우는 것이다.

위정 제23장

子張이 問 "十世를 可知也잇가?" 子曰 "殷因於夏禮하니 所損益을 可知也며 周因於殷禮하니 所損益을 可知也니 其或繼周者면 雖百世라도 可知也니라."

자장이 물었다.

"열 왕조 뒤의 일을 알 수 있습니까?"

공자가 말했다.

"은나라는 하나라의 예를 인습했으니 손해와 이익을 알 수 있으며, 주나라는 은나라의 예를 인습했으니 손해와 이익을 알 수 있다. 그 혹시라도 주나라를 잇는 나라가 있다면 비록 백 왕조 뒤의 일이라 하더라도 알 수 있을 것이다."

【보】 세상을 미리 보는 방법이란 참위(讖緯)나 술수(術數)가 아닌 과거를 통해 가능하다는 말이다. 또한 여기에는 예를 통한 인습이 있으니, 예컨대 삼강오륜 같은 것은 불변의 원칙인 것이다. 그러나 효도나 장례 같은 것은 변화를 원칙으로 하여 때로는 외식을 중시하기도 때로는 내면을 중시하기도 하여 시대마다 다른 예의 적용임을 알아야 한다.

'세(世)'는 '나라인 왕조'라는 뜻이다. 대개 30년을 기준으로 하여 대(代)와 같은 개념으로 쓰이기도 한다. 더러 100년을 기준으로 하는 세기(世紀)의 뜻으로 쓰이기도 한다.

위정 제24장

子曰 "非其鬼而祭之 諂也요 見義不爲 無勇也니라."

공자가 말했다.

"그 제사지내어야 할 귀신이 아닌데 제사를 지내면 아첨이며, 의를 보고도 행하지 않으면 용맹이 없는 것이다."

【보】 마땅히 제사지내어야 할 귀신이 아닌데 제사를 지낸다면 이는 격이 맞지 않는 경우이므로 참람한 일을 하는 것이다. 또한 복을 받으려는 마음으로 제사를 지내는 것도 마땅하지 않은 일이다. 아울러 의로움을 보고 행하지 않음은 의를 알고 실천에 옮기지 않는 것이니 지행합일을 하지 못하는 것이다.

3
팔일(八佾)

【보】「팔일」은 대개 제례(祭禮)에 중점을 둔 편이다. 모두 26장이다.

팔일 제1장

孔子謂季氏하시되 "八佾로 舞於庭하니 是可忍也온 孰不可忍也리오"

공자가 계씨에 대해 말했다.

"천자의 팔일무를 정원에서 춤추게 하니 이를 차마 한다면 무엇을
차마 하지 못하겠는가."

【보】 천자의 예인 팔일무를 대부가 행했으니 그렇다면 하지
못할 일이 없을 것이라는 말이다. 평소 공자는 정명사상을 강조
했기 때문에 분수에 넘치는 예를 경계한 것이다.
'계씨(季氏)'는 노나라 대부 계손씨(季孫氏)이다. 맹손(孟孫), 숙

손(叔孫)과 더불어 노나라 삼가(三家)라 불린다. 모두 천자를 참칭한 대부들이다.

'위(謂)'는 개인적 평가[私評]를 말한다.

'일(佾)'은 '열(列)'과 같은 뜻으로 춤을 출 때 벌리는 열을 말한다. 따라서 '팔일(八佾)'은 8항 8열 즉 64명이 춤을 추는 것으로 천자의 예이다. 당시 예법에 의하면 제후는 6열, 대부는 4열, 사(士)는 2열이라고 한다.

'정(庭)'은 조정이 아닌 '개인의 집'을 가리킨다.

'인(忍)'은 '차마'의 뜻과 '용인'의 뜻으로 다의적 해석이 가능하나 대개 전자로 본다.

팔일 제2장

三家者 以雍徹이러니 子曰 "相維辟公이어늘 天子穆穆을 奚取於三家之堂고!"

삼가에서 『시』 옹장을 부르며 제사상을 거두려 하니, 공자가 말했다.

" '제후들이 제사를 돕거늘 천자께서 엄숙하게 있도다.'는 가사를 어찌해서 삼가의 당에서 취하는가!"

【보】 천자의 제사에 쓰이는 『시경』「주송」 「옹」을 대부인 삼가에서 사용했기에 이를 비판한 말이다.

'철(徹)'은 제사를 마치고 제기(祭器)를 거두는 것을 가리킨다. 당시 천자의 종묘 제사에 옹장을 노래하면서 제기를 거두는데 이를 삼가에서 참람하게 쓴 것이다.

'유(維)'는 어조사로 해석하지 않는다.

'벽공(辟公)'은 제후를 가리킨다.

'목목(穆穆)'은 깊고 심원함을 뜻하는데, 여기서는 천자의 위엄 있는 모습을 형용한 말이다.

'당(堂)'은 제당(祭堂) 즉 종묘를 가리킨다.

팔일 제3장

子曰 "人而不仁이면 如禮에 何며 人而不仁이면 如樂에 何리오."

공자가 말했다.

"사람으로서 어질지 못하면 예와 같은 것을 어떻게 쓸 수 있으며, 사람으로서 어질지 못하면 악과 같은 것을 어떻게 쓸 수 있겠는가."

【보】 제1장과 제2장에 대한 결론의 말이다. 즉 삼가(三家)는 성왕이 주공에게 천자의 예악을 준 것을 보고 본받았는데 이것부터 잘못이다. 성왕과 주공의 관계는 친족이며 섭정까지 했으므로 그러한 것인데, 이것을 삼가가 잘못 받아들인 것이다. 이는 무지와 야욕이 모두 담겨 있는 것으로 분명히 잘못된 일이다. 따라서 공자는 사람이 사람다울 수 있는 이유는 바로 '인(仁)'에 있음을 이 장을 통해 강조하고 있다.

팔일 제4장

林放이 問禮之本한대 子曰 "大哉라 問이여! 禮 與其奢也론 寧儉이요 喪 與其易(이)也론 寧戚이니라."

임방이 예의 근본에 대해 묻자, 공자가 말했다.

"훌륭하다, 질문이여! 예는 그 사치하기보다 차라리 검소하여야 하고, 상은 후하게 다스리기보다 차라리 슬퍼하여야 한다."

【보】 검박함과 슬픔은 예의 근본이고, 사치와 후장(厚葬)은 예의 지엽이라는 말이다.

'임방(林放)'은 노나라 사람이다. 당시 겉모습만 치장하는 예가 처음에는 그렇지 않았을 것이라 생각했기 때문에 그 시초를 물었던 것이다.

여기서의 '예(禮)'는 내면성의 예가 아닌 외적인 예의범절 같은 것을 가리킨다.

'본(本)'은 '본시(本始)'의 뜻이다.

'여기(與其)'는 '~보다'라는 뜻이다.

'이(易)'는 '다스림[治]'의 뜻으로 쓰였으니, 장례를 후하게 치르는 것을 뜻한다.

팔일 제5장

子曰 "夷狄之有君이 不如諸夏之亡(무)也니라."

공자가 말했다.

"오랑캐에게도 임금이 있는 것이 여러 제후국에 임금이 없는 것과 같지 않다."

【보】 공자의 시대를 아파하는 탄식[傷時之歎]이다.

'이적(夷狄)'은 오랑캐를 뜻한다.

'불여(不如)'를 만일 '~만 같지 못하다'로 보면 "오랑캐에게 임금이 있는 것이 여러 제후국에 없음만 못하다."라고 해석되어 오랑캐보다는 그래도 여러 제후국이 낫다는 것으로 이해되어 의미가 다르다. 이와 같은 해석이 불가한 것은 아니나, 정자(程子)를 비롯한 송대의 학설을 따라 본서 또한 상시지탄으로 봤다.

'무(亡)'는 '무(無)'와 통하며 『논어』에서 이 글자는 모두 '무'로 독음한다.

팔일 제6장

季氏旅於泰山이러니 子謂冉有曰 "女(汝) 弗能救與아?" 對曰 "不能이로소이다." 子曰 "嗚呼라! 曾謂泰山 不如林放乎아."

계씨가 태산에 여제사를 지내려고 하자, 공자가 염유에게 말했다.

"네가 구제할 수 없겠느냐?"

염유가 대답했다.

"힘들 것 같습니다."

공자가 말했다.

"아! 계씨는 일찍이 태산의 신령이 임방만도 못하다고 여기는가."

【보】 천자만이 지내는 여(旅)제사에 제후인 계씨가 지내려고 하자, 태산의 신령이 예가 아닌 제사에 흠향할 턱이 만무하다는 뜻이다. 공자가 이러한 말을 한 의도는 계씨에게 이러한 말이 알려져 그만두게 하려는 것과 동시에, 앞서 예의 근본을 물었던 임방을 징찬함으로써 염유까지도 각성하도록 하는 데 있다.

'려(旅)'는 제사 이름이다. 실제 제사를 지낸 것은 아니며 앞으로 지내려고 한 것이다. 또한 실제 태산에 가는 것이 아니라 멀리서 바라보고 지내는 것이다.

'태산(泰山)'은 노나라에 있는 산이다.

'염유(冉有)'는 공자의 제자이다. 이름은 구(求)이다. 당시 계씨의 가신(家臣)으로 있었기에 공자는 말릴 수 없었겠는가를 물었던 것이다.

팔일 제7장

子曰 "君子 無所爭이나 必也射乎인저. 揖讓而升하여 下而飮하나니 其爭也 君子니라."

공자가 말했다.

"군자는 다투는 것이 없지만 반드시 있다면 활쏘기일 것이다. 상대에게 읍을 하고 사양하며 올라가 활을 쏜 후 내려와 술을 마시니 그 다툼이 군자다운 다툼이다."

【보】 자기와의 다툼에서 이기는가와, 남과의 다툼에서 이기는가는 그 근본부터 다르다. 인(仁)은 자기로부터 말미암는 것이며 완성하는 것 또한 자기에게서 하는 것이므로 비유하자면 활쏘기와 같다는 말이다. 이 활쏘기는 예에 맞는 온화하고 공손함을 갖춘 것을 모두 포괄한 것이니 이것이 바로 군자다운 다툼이라는 의미이다.

원문 '揖讓而升'은 『예(禮)』를 참고하면, 2명씩 짝을 맞춰 나가 읍을 한 뒤에 당에 오르고 활을 쏜 뒤에는 내려와 활쏘기에 패한 자가 술을 마시는 것을 의미한다.

팔일 제8장

子夏問曰 " '巧笑倩兮며 美目盼兮여 素以爲絢兮라.'하니 何謂也잇고?" 子曰 "繪事 後素니라." 曰 "禮 後乎인저." 子曰 "起予者는 商也로다. 始可與言詩已矣로다."

자하가 물었다.

"(『시』에) '예쁜 웃음에 보조개마저 있고 아름다운 눈에 눈동자 선명하구나. 흰 비단에 채색을 한다.'라고 했으니 무슨 말입니까?"

공자가 말했다.

"그림을 그리는 것은 흰 비단을 갖추는 것보다 뒤의 일이다."

"예라는 것이 뒤의 일을 말하는 것이네요."

"나를 흥기시키는 자는 복상(자하)이구나. 비로소 함께 『시』를 말한 만하다."

【보】 자하는 시의 '素以爲絢'이라는 말을 '얼굴 그 자체가 아름답다.'라고 이해한 것이다. 그러자 공자는 이를 그림에 비유하여 '도화지가 먼저이고 그 다음 물감이 필요한 것이다[先素後繪].'라고 알려준 것이다. 이로 보면 시에 대한 이해가 쉽지 않았음을 알 수 있다. 자하는 여기에 그치지 않고 예는 겉을 중시하는 것보다는 진심어린 마음이 주가 되어야 한다는, 학문의 응용을 말했으니 공자가 이를 높이 평가하여 비로소 시를 말할 단계에 접어든 제자를 칭찬한 것이다.

인용된 시는 『시경』에 기록되어 있지 않은 빠져 있는 시[逸詩]이다.

'천(倩)'은 보조개[口輔]가 예쁜 것을, '반(盼)'은 눈의 흑과 백이 또렷한 것을 말한다.

'소(素)'는 칠을 하는 자리로 그림의 바탕을, '현(絢)'은 채색으로 그림의 꾸밈을 각각 뜻한다.

팔일 제9장

子曰 "夏禮를 吾能言之나 杞不足徵也며 殷禮를 吾能言之나 宋不足徵也는 文獻 不足故也니 足則吾能徵之矣로리라."

공자가 말했다.

"하나라의 예를 내가 말할 수 있지만 그 후손의 나라 기에서 증거를 대주기에 부족하며, 은나라의 예를 내가 말할 수 있지만 그 후손의 나라 송에서 증거를 대주기에 부족한 것은 문헌이 부족하기 때문이니 충분하다면 내가 능히 증거를 댈 수 있을 것이다."

【보】공자는 주나라의 도를 전승하려고 하지만 문헌이 부족하여 이에 대해 아쉬움을 표현한 것이다.

'기(杞)'는 하(夏)나라의 후손이고, '송(宋)'은 은(殷)나라의 후손이다.

'징(徵)'은 징험(徵驗) 즉 증거를 대는 것을 말한다.

'문(文)'은 전적(典籍)을 가리키는 말로 하나라와 은나라의 예를 기록한 것을 뜻하며, '헌(獻)'은 어진 사람을 가리키는 말로 하나라와 은나라의 예를 가진 사람을 가리킨다. 오늘날의 '문헌'이라는 말과는 다소 차이가 있다.

팔일 제10장

子曰 "禘 自既灌而往者는 吾不欲觀之矣로라."

공자가 말했다.

"체제사에 강신주를 따른 뒤로부터는 나는 보고 싶지 않다."

【보】 공자 당시, 노나라의 제후가 천자의 가장 큰 제사인 체제사를 행하고 있으니 명분과 실정에 맞지 않음을 탄식한 장이다.

'체(禘)'는 국가 창시자 혹은 씨족 창시자에게 지내는 제사로 예컨대 후직이나 문왕 같은 이에게 지내는 제사이다. 대개 천자가 지내는 가장 큰 제사이며 오 년에 한 번 지낸다.

'관(灌)'은 술을 땅에 부어 강신(降神)하게 하는 것을 뜻한다.

'왕(往)'은 '후(後)'의 뜻이니 '이왕(而往)'은 '이후(而後)'와 같은 말이다.

팔일 제11장

或이 問禘之說(설)한대 子曰 "不知也로라. 知其說者之於天下也에 其如示諸斯乎인저."하시고 指其掌하시다.

혹자가 체제사에 대해 묻자, 공자가

"알 수 없습니다. 그것을 아는 자는 천하를 다스림에 있어 여기에 두어서 보는 것과 같을 것입니다."

라고 한 뒤 그 손바닥을 가리켰다.

【보】 신을 잘 섬긴다는 것은 곧 인간을 다스린다는 것과 다름이 없기 때문에 마치 손바닥을 보듯 한눈에 볼 수 있다는 말이다.

팔일 제12장

祭如在하시며 祭神如神在러시다. 子曰 "吾不與祭면 如不祭니라."

(공자는) 선조를 제사지낼 때 계신 듯이 하고 신을 제사지낼 때 계신 듯이 하였다. 공자가 말했다.

"내가 제사에 참여하지 않으면 마치 제사지내지 않은 것과 같다."

【보】 공자가 제사를 지낼 때 정성을 지극하게 했다는 말이다.

'제(祭)'는 '내제(內祭)'라 하여 선조에게 제사를 지내는 것을 뜻한다.

'제신(祭神)'은 '외신(外神)'이라 하여 산천(山川) 또는 일월(日月)과 같은 자연신에게 제사를 지내는 것을 뜻한다.

팔일 제13장

王孫賈問曰 " '與其媚於奧론 寧媚於竈라.'하니 何謂也잇고?" 子曰 "不然하다. 獲罪於天이면 無所禱也니라."

왕손가가 물었다.

" '아랫목 신에게 잘 보이기보다 차라리 부엌 신에게 잘 보여라.'라고 했으니, 무슨 말입니까?"

공자가 말했다.

"그렇지 않습니다. 하늘에 죄를 얻으면 빌 곳이 없습니다."

【보】 왕손가가 항간에 있는 말로 유인하여 공자를 자신의 아래에 두고자 했지만 공자 또한 왕손가가 인용한 말을 통해 그럴 수 없음을 밝히고 있다. 즉 왕손가의 말은 허수아비 같은 임금보다는 권력을 쥐고 있는 자신에게 잘 보이는 것이 어떻겠느냐는 말이며, 이에 대해 공자는 잘못을 저지른다면 하늘도 결코 용서하지 않을 것이라는 말로 답하고 있다.

'왕손가(王孫賈)'는 위나라 대부이다.

'미(媚)'는 순종하며 아첨하는 것이다.

'오(奧)'는 서남쪽 모퉁이를 가리킨다.

'조(竈)'는 다섯 제사[五祀 - 春은 안방의 문 신[戶神]에게, 夏는 부엌 신[竈神]에게, 季夏에는 집의 중앙 신[土神]에게, 秋에는 양쪽 문 신[門神]에게, 冬에는 길 신[行神] 등을 말함] 중 하나로 여름에 지내는 제사를 가리킨다. 오사(五祀)에 제사지낼 때 미리 신주(神主)를 설치하여 해당하는 곳에 제사를 지낸 뒤에 시동(尸童)을 맞이하여 오(奧)에서 제사를 지낸다. 조(竈)에 제사지낼 경우 신주를 부엌 뜰에 설치하고, 제사가 끝나면 다시 오(奧)에 제수를 진설하여 시동을 맞이한다. 따라서 오(奧)가 비록 낮지만 실제 제사의 권력을 쥐고 있는 것과 비슷하므로 왕손가가 이를 비유한 것이다.

팔일 제14장

子曰 "周監於二代하니 郁郁乎文哉라! 吾從周호리라."

공자가 말했다.

"주나라는 하나라와 은나라 이대를 보았으니 찬란하다, 그 문화여! 나는 주나라를 따르겠다."

【보】 공자가 왜 주나라를 추존할 수밖에 없었는지에 대해 말하고 있는 장이다.

'감(監)'은 살펴보는 것을 가리킨다. 즉 하나라와 주나라의 훌륭한 정치는 더할 수 있고, 그렇지 않은 정치는 뺄 수 있음을 살펴본다는 말이다.

'욱욱(郁郁)'은 성대하고 찬란함을 형용한 말이다.

팔일 제15장

子入大(태)廟하사 每事를 問하신대 或이 曰 "孰謂鄹人之子知禮乎아? 入大廟하여 每事問이온여." 子聞之하시고 曰 "是禮也니라."

공자가 태묘에 들어가 매사를 묻자, 혹자가 말했다.

"누가 추 땅 사람의 아들을 예를 안다고 말하는가? 태묘에 들어가 매사를 묻는구나!"

공자가 이 말을 듣고 말했다.

"이것이 예이다."

【보】 예의 근본이 삼가고 조심함에 있다는 말이다.

'태묘(大廟)'는 노나라 주공(周公)의 사당을 가리킨다.

'추(鄹)'는 노나라 읍명이다. 공자의 부친 숙량흘(叔梁紇)이 읍재(邑宰)를 지냈기에 '추인지자(鄹人之子)'라고 한 것이다.

팔일 제16장

子曰 "射不主皮는 爲力不同科니 古之道也니라."

공자가 말했다.

"활쏘기에 가죽을 뚫지 않는 것은 힘이 등급이 같지 않기 때문이니 옛날의 활 쏘는 도이다."

【보】 활쏘기는 군자의 도에 비유하곤 하는데, 군자의 도는 덕을 숭상하는 데 있지 힘을 숭상하는 데 있지 않다. 따라서 활쏘기에 있어서 가죽을 뚫는 것은 힘을 숭상한다는 것이며, 이는 옛날 활쏘기의 도에 위배되었던 것이다. 공자는 당시 활쏘기가 가죽을 뚫는, 즉 힘을 숭상함에 있기에 이를 경계하고자 이와 같은 말을 했던 것이다.

원문 '射不主皮'는 『의례(儀禮)』 「향사례(鄕射禮)」에 보인다.

'주피(主皮)'는 가죽을 뚫는 것이다. 이는 살상용으로 힘을 숭상함을 의미한다. 참고로 '피(皮)'는 가죽이며 그 가운데에 빨간색 가죽을 붙여서 표적으로 삼았으니 이를 '곡(鵠)'이라 한다.

'위(爲)'는 '때문'으로 쓰였다.

'과(科)'는 '등급'이다.

'고(古)'는 춘추시대 이전을 가리킨다. 대개 삼대(三代-夏殷周)를 지칭한다.

팔일 제17장

子貢이 欲去告(곡)朔之餼羊한대 子曰 "賜也아 爾愛其羊가 我愛其禮하노라."

자공이 초하룻날 고하면서 바치는 양의 제도를 없애려 하자, 공자가 말했다.

"단목사야, 너는 그 양을 아까워하는가? 나는 그 예를 아까워한다."

【보】 자공은 춘추시대 곡삭(告朔)의 예는 행하지 않으면서 양을 잡는 행태에 불만을 느껴 이를 없애려고 했으나(노나라는 문공(文公) 때부터 이러한 일이 생겼음), 공자는 희양(犧羊)을 통해서라도 곡삭이라는 예가 남아 있으니 이것이 다행이라고 말한 것이다.

'곡삭(告朔)'은, 천자가 매년 섣달 초하룻날에 다음해 12개월의 달력[月朔]을 제후들에게 반포하면, 제후들은 이를 받아 조상의 사당에 보관하였다가 매월 초하룻날 양을 바쳐 선조에 대해 효성과 충성을 고하는 제도이다.

'희(餼)'는 날고기로 바치는 희생이다.

'애(愛)'는 '아까워하다[惜]'는 말이다.

팔일 제18장

子曰 "事君盡禮를 人以爲諂也라하니다."

공자가 말했다.

"임금을 섬김에 예를 다하는 것을 사람들은 아첨한다고 하는구나!"

【보】 공자가 평소 임금을 섬길 때 예를 다하니, 당시 사람들이 이를 두고 '아첨한다'고 헐뜯은 것이다. 이에 대해 공자는 '사람들[人]'이라고만 했지 '소인(小人)들'이라고 말하지 않은 것을 보면 박절하지 않음을 알 수 있다.

팔일 제19장

定公이 問 "君使臣하며 臣事君호되 如之何잇고?" 孔子對曰 "君使臣以禮하며 臣事君以忠이니이다."

정공이 물었다.
"임금이 신하를 부리며, 신하가 임금을 섬김에 어떻게 해야 합니까?"
공자가 답했다.
"임금은 신하 부리기를 예로써 하고, 신하는 임금 섬기기를 충으로써 해야 합니다."

【보】임금과 신하 모두 제 위치에서 그 도리를 다 해야 함을 말하고 있으니 이른바 정명사상(正名思想)이 이에 드러나 있다.
'정공(定公)'은 노나라 임금이다.

팔일 제20장

子曰 "關雎는 樂(락)而不淫하고 哀而不傷이니라."

공자가 말했다.
"『시』관저편은 즐거우면서도 도에 어긋나지 않고, 슬프면서도 조화를 해치지 않는다."

【보】『시경』「주남(周南)」의 첫 편인 「관저(關雎)」는 후비(后

妃)의 덕이 마땅히 군자에 짝할 만하니 구하여 얻지 못하면 자나깨나 생각하며 몸을 뒤척거리는 근심이 없을 수 없고, 구하여 얻으면 금슬과 종고의 악기로 즐거워함이 마땅하다고 노래하고 있다. 그 즐거움이 지극하지만 바름을 잃지 않고 근심이 깊으나 조화를 해치지 않기에 이를 두고 공자가 평가한 것이다. 이를 통해 『시경』의 교육적 목표가 생각에 사악함이 없게 하는 데 있음[思無邪]을 알 수 있다.

'음(淫)'은 '도리에 어긋나다'의 뜻으로 쓰였다.

팔일 제21장

哀公이 問社於宰我하신대 宰我對曰 "夏后氏는 以松이요 殷人은 以柏이요 周人은 以栗이니 曰 使民戰栗이니이다." 子 聞之하시고 曰 "成事라 不說(설)하며 遂事라 不諫하며 旣往이라 不咎로다."

애공이 재아에게 사직에 대하여 묻자, 재아가 답했다.

"하후씨는 소나무를 썼고, 은나라 사람들은 잣나무를 썼으며, 주나라 사람들은 밤나무를 썼으니, 밤나무를 쓴 것은 백성으로 하여금 두렵게 느끼도록 해서입니다."

공자가 이 말을 듣고 말했다.

"벌어진 일이라 말하지 않고 이뤄진 일이라 말하지 않으며 이미 지나간 일이라 꾸짖지 않겠다."

【보】 사직단에 나무를 심는 것은 그 지역의 토질에 맞게 심는 것이다. 그러나 재아는 주나라 사람들이 사직단에 밤나무를 심은 것이 백성을 두려움에 떨게 하려고 했다며 이해한 것이다.

즉 글자로 인한 잘못된 해석을 내 놓았으니 이에 대해 공자가
꾸짖은 것이다.

'재아(宰我)'는 공자 제자로, 이름은 여(予)이다.

'전율(戰栗)'은 두려워하는 모양이다.

팔일 제22장

子曰 "管仲之器 小哉라." 或이 曰 "管仲은 儉乎잇가?" 曰 "管氏 有
三歸하며 官事를 不攝하니 焉得儉이리오", "然則管仲은 知禮乎잇가?"
曰 "邦君이야 樹塞門이어늘 管氏 亦樹塞門하며 邦君이야 爲兩君之好
에 有反坫이어늘 管氏 亦有反坫하니 管氏而知禮면 孰不知禮리오."

공자가 말했다.

"관중의 그릇은 작다!"

혹자가 물어봤다.

"관중은 검소했습니까?"

"관씨는 삼귀라는 누대를 두었으며 가신의 일을 겸직시키지 않았
으니 어떻게 검소하다고 할 수 있겠습니까."

"그렇다면 관중은 예를 알았습니까?"

"나라의 임금이어야 가리개로 문을 가릴 수 있는데 관씨도 가리개
로 문을 가렸으며, 나라의 임금이어야 두 임금의 우호에 술잔을 되돌
려 놓는 자리를 둘 수 있는데 관씨도 술잔을 되돌려 놓은 자리를 두
었으니, 관씨가 예를 안다면 누가 예를 알지 못하겠습니까."

【보】 우선 공자는 관중의 도량이 적음에 대해 말했다. 이는 관중이 성현의 도를 알지 못했기 때문에 기국이 좁고 얕아 왕도정치를 하는 데에는 이르지 못했고 단지 패도정치를 한 데 그침을 평가한 말이다. 그런데 혹자가 이를 오해하여 검소한 면모를 지니고 있는지 재차 물었던 것이다. 이에 대해 공자는 큰 집을 소유한 점, 가신으로서 여러 관속을 갖춘 점 등을 들어 그의 사치에 대해 언급한 것이다. 마지막으로 혹자는 검소하지 않은 것이 예를 아는 것인가 하고 의심하여 물었다. 이에 대해 공자는 임금만이 할 수 있는 수색문(樹塞門)과 유반점(有反坫)을 두었던 관중을 비난한 것이다. 이 모두 관중의 내면세계에 대한 평가이다. 그러나 「헌문」 제10장에서는 '거친 음식을 먹고 평생토록 사람들에게 원망하는 소리를 듣지 않았다[飯疏食, 沒齒無怨言].'고 평가했으니 이는 사업이나 공훈에 관한 평가이다. 이로 보면 관중은 내면이 부족하나 공훈을 세웠던 인물임을 알 수 있다.

'관중(管仲)'은 제나라 대부이다. 이름은 이오(夷吾)이다. 제나라 환공(桓公)을 도와 패자(霸者)로 만든 인물이다.

'삼귀(三歸)'는 높은 누각의 화려한 집을 가리킨다.

'섭(攝)'은 일을 겸하는 것이다. 관중은 경대부로서 관속(官屬)을 다 갖출 수 없어 한 사람이 항상 몇 가지 일을 겸해야만 한다. 그러나 관중은 여러 사람을 두어 겸하게 하지 않았으니 사치를 일삼은 것이다.

'수(樹)'는 가리개로, 병풍이나 발 따위를 지칭한다.

'색(塞)'은 '가리는[蔽]' 것으로 가리개를 문에 두어 안과 밖을 가리는 것이다.

'호(好)'는 우호(友好)의 모임을 말한다.

'점(坫)'은 술잔을 상대와 주고받아 마실 때 모두 마시면 그 술잔을 기둥 사이 위에 되돌려 놓는 자리를 가리킨다. 이는 제후의 예인데 관중이 분수에 넘치게 행했던 것이다.

팔일 제23장

子語魯大(태)師樂(악)曰 "樂은 其可知也니 始作에 翕如也하여 從之에 純如也하며 皦如也하며 繹如也하여 以成이니라."

공자가 노나라 태사에게 음악에 대해 말했다.

"음악은 알 만하다. 시작할 때 오음을 합하고, 뒤이어 조화를 이루고 분명하며 연속해서 한 장을 끝마쳐야 한다."

【보】공자가 예악에 대해 익히 잘 알고 있기에 악관 태사에게 음악을 설명하고 있는 장이다.

'태사(大師)'는 악관(樂官)의 이름이다.

'흡(翕)'은 '합함[合]'을 뜻하니 오음(五音·宮商角徵羽)의 합함을 뜻한다.

'종(從)'은 '뒤이어'라는 말인데, '풀어놓다'는 뜻으로 풀이하기도 한다.

'순(純)'은 '조화로움[和]'을 뜻한다.

'교(皦)'는 '분명함[明]'을 뜻한다.

'역(繹)'은 서로 이어져 끊이지 않는 것을 가리킨다.

팔일 제24장

儀封人이 請見(현)曰 "君子之至於斯也에 吾未嘗不得見也로라." 從者見之한대 出曰 "二三子는 何患於喪乎리오 天下之無道也 久矣라 天將以夫子로 爲木鐸이시리라."

의 땅의 성문지기가 공자 뵙기를 청하며 말했다.

"군자가 이곳에 이를 때에 내가 일찍이 만나보지 않은 적이 없었습니다."

공자를 따르는 자가 뵙게 해주자, 성문지기가 뵙고 나와 말했다.

"그대들은 왜 공자께서 벼슬 잃음을 걱정합니까. 천하에 도가 없는지 오래되었으니 하늘이 장차 선생님을 목탁으로 삼으실 것입니다."

【보】 성문지기라는 비록 낮은 직책에 있는 자도 공자를 찾아 뵙고 장차 세상에 도가 펼쳐질 것이니 벼슬을 잃었다고 하여 슬퍼할 것이 없음을 말하고 있다.

'의(儀)'는 위나라 읍을 가리킨다.

'봉인(封人)'은 국경을 관장하는 관원으로 성문지기를 가리킨다.

'군자(君子)'는 당시의 현자를 말한다.

'상(喪)'은 벼슬을 잃고 나라를 떠남을 말한다.

'목탁(木鐸)'은 쇠로 입을 만들고 나무로 혀를 만든 것이다.

원문 '天將以夫子爲木鐸'에 대해서는 두 가지 해석이 있다. 첫째는 모든 사람들을 경계시킨다는 의미로 즉 벼슬을 얻어 사람들을 설계할 것이라는 뜻이다. 둘째는 하늘이 공자로 하여금 벼슬을 잃고 사방을 널리 돌아다니면서 그 가르침을 행하게 하여 마치 목탁이 길에 순행하는 것과 같이 한다는 것이다.

팔일 제25장

子謂韶하시되 '盡美矣요 又盡善也라.'하시고 謂武하시되 '盡美矣요 未盡善也라.'하시다.

공자가 소 음악을 평하며 '지극히 아름답고 지극히 좋다.' 했으며,

무 음악을 평하며 '지극히 아름답지만 지극히 좋지는 못하다.'라고 했다.

【보】 공자의 음악에 대한 평이다. 순임금의 음악은 내적으로 아름다움이 반영되어 선함이 담겨 있고, 무왕의 음악은 외적으로 아름답지만 선함이 부족하다 했으니 음악이란 제작자의 음악성이 고스란히 담겨 있음을 알 수 있다. 즉 내면의 훌륭함을 추구했던 순임금의 음악은 아름답고 훌륭하지만, 주왕(紂王)을 정벌하여 백성을 구제했던 무왕의 음악은 전쟁의 참람함 또한 담겨 있으니, 그 태평시대를 열었던 외적 공은 같으나 선위(禪位)와 정벌(征伐)이라는 실제가 다른 것이다.
'소(韶)'는 순임금의 음악이고, '무(武)'는 무왕의 음악이다.
'미(美)'는 외적으로 소리가 좋은 것이고, '선(善)'은 외적인 소리 뿐 아니라 내적인 아름다움도 갖춘 것을 말한다.

팔일 제26장

子曰 "居上不寬하며 爲禮不敬하며 臨喪不哀면 吾何以觀之哉리오."

공자가 말했다.
"윗자리에 있으면서 너그럽지 않고, 예를 행할 때 공경하지 않으며, 초상에 임하여 슬퍼하지 않는다면, 내가 무엇으로써 그러한 사람을 살펴보겠는가."

【보】 근본을 중히 여기는 이른바 중본사상(重本思想)에 대해

말하고 있다. 즉 평소 너그럽고[寬] 공경하며[敬] 초상에 임하여 슬퍼함[哀]은 인간이 지녀야 하는 근본적인 마음가짐인 것이다. 그러나 이를 잃는다면, 그러한 사람은 시비 자체를 살필 것조차 없다는 말이다.

4
이인(里仁)

【보】 앞 부분에서는 인(仁)에 대해 말하고 있는 장이 많고, 중간 부분에서는 효(孝)를, 그리고 말미에서는 자신의 수양에 대해 말하고 있다. 子曰 "三年 無改於父之道 可謂孝矣."라는 연문이 있어 이를 제외하면 모두 25장이다.

이인 제1장

子曰 "里仁이 爲美하니 擇不處仁이면 焉得知리오."

공자가 말했다.

"마을 미풍양속이 어진 것이 아름다우니 그곳을 선택하여 어진 데에 거처하지 않는다면 어떻게 지혜롭다 하겠는가."

【보】 개인의 본성도 중요하지만 생활 주변도 이에 못지않게 중요함을 말하고 있다. 여기서의 생활 주변이란 훌륭한 인품을 지닌 사람들을 가리킨다.

'이인(里仁)'은 마을의 어진 미풍양속을 가리킨다.

이인 제2장

子曰 "不仁者는 不可以久處約이며 不可以長處樂(락)이니 仁者는 安仁하고 知者는 利仁이니라."

공자가 말했다.

"불인한 자는 오랫동안 곤궁한 데에 있을 수 없으며 오래도록 즐거운 데에 처할 수 없다. 어진 자는 인을 편안하게 여기고 지혜로운 자는 인을 이롭게 여긴다."

【보】 불인자와 인자의 차이에 대해 말하고 있다. 즉 사람이 불인하면 악으로 빠질 가능성이 크므로 곤궁하거나 부귀한 데에 오래도록 있을 수 없다. 그러나 어진 자는 인을 편안하게 여기므로 이와 무관하다.

'약(約)'은 '곤궁[窮]'을, '락(樂)'은 곤궁함의 반대인 '부귀[富]'를 가리킨다.

'인자(仁者)'는 인을 이미 얻은 자이며, '지자(知者)'는 아직 얻지는 못했으나 인을 탐하는[利] 자이니 서로 다르다.

이인 제3장

子曰 "惟仁者아 能好人하며 能惡(오)人이니라."

공자가 말했다.

"오직 어진 사람만이 사람을 능히 좋아하며 사람을 능히 미워할 수 있다."

【보】 유가의 사상에는 보편적 사랑이 아니라 선택적 사랑이
있음을 이 장을 통해 알 수 있다.
'유(惟)'는 '오로지'라는 독보적 자격을 제공하는 말이다.
'인자(仁者)'는 지극히 공정하고 삿된 마음이 결코 없는 사람
[至公無私者]을 가리킨다.

이인 제4장

子曰 "苟志於仁矣면 無惡(악)也니라."

공자가 말했다.

"진실로 인에 뜻을 두면 악이 없다."

【보】 만일 사람이 진실로 인에 뜻을 둔다면 악한 행동은 결코
하지 않을 것이라는 말이다.
'구(苟)'는 '진실로'의 뜻으로 쓰였다.
'지(志)'는 대개 마음을 정하여 굳게 하는 것이나 여기서는 '마
음 가는 것'을 의미한다.

이인 제5장

**子曰 "富與貴 是人之所欲也나 不以其道로 得之어든 不處也하며 貧
與賤 是人之所惡(오)也나 不以其道로 得之라도 不去也니라. 君子去仁**

이면 惡(오)乎成名이리오. 君子 無終食之間 違仁이니 造次에 必於是하며 顚沛에 必於是니라."

공자가 말했다.

"부와 귀는 사람들이 원하는 것이지만 그 올바른 도로써 얻지 않으면 그 부귀에 거처하지 않아야 한다. 빈과 천은 사람들이 싫어하는 것이지만 그 올바른 도로써 얻지 않으면 그 빈천을 버리지 않아야 한다. 군자가 인을 떠나면 어떻게 명성을 완성할 수 있겠는가. 군자는 밥을 먹는 동안이라도 인을 떠나서는 안 되고 순간순간에도 인에 반드시 거처하고 위급한 상황에도 인에 반드시 있어야 한다."

【보】 부귀(富貴)나 빈천(貧賤)처럼 외적인 면부터 어떻게 대처해야 하며, 그 구체적인 방법으로써 쉬운 일로부터 어려운 일에 이르기까지 인을 떠나서는 안 됨을 제시하고 있다. 즉 정도(正道)로써 부귀를 얻지 않았다면 마땅히 얻어서는 안 되며, 가난할 만큼 게으르지 않는데도 빈천이 따른다면 굳이 버릴 이유도 없다. 그러므로 군자는 밥 한 그릇 먹는 아주 쉽고 일상적인 일로부터 시작하여 매우 위급한 변을 당하는 어려운 일에 이르기까지 잠시라도 인을 떠나서는 안 되는 것이다.
　'도(道)'는 올바른 도[正道]를 가리킨다.
　'군자(君子)'는 인의 실상을 소유한 자를 뜻한다.
　'종식(終食)'은 밥 한 번 먹는 시간을 뜻한다.
　'조차(造次)'는 순간을 의미한다.
　'전패(顚沛)'는 변을 당할 만큼 매우 위급한 때를 가리킨다.

이인 제6장

子曰 "我未見好仁者와 惡(오)不仁者케라. 好仁者는 無以尙之요 惡不仁者는 其爲仁矣 不使不仁者로 加乎其身이니라. 有能一日에 用其力於仁矣乎아. 我未見力不足者로라. 蓋有之矣어늘 我未之見也로다."

공자가 말했다.

"나는 인을 좋아하는 자와 불인을 미워하는 자를 보지 못했다. 인을 좋아하는 자는 더 이상 보탤 것이 없고, 불인을 싫어하는 자는 그가 인을 행할 때 불인한 것으로 하여금 그 몸에 가해지지 못하게 한다. 하루라도 그 힘을 인에 쓴 자가 있는가. 나는 힘이 부족한 자를 아직 보지 못했다. 아마도 있었을 것인데 나는 아직 보지 못했다."

【보】 공자가 당시 인에 힘쓰지 않는 풍조를 개탄한 구절이다. 즉 인을 좋아했던 안연(顔淵)이나 불인함을 증오했던 자로(子路)와 같은 사람은 보이지 않고 능력이 부족해서 인에 나아가지 않으니 '아직 보지 못했다[未見]'라는 말을 반복함으로써 상시지탄(傷時之歎)을 표현한 것이다. 다만 공자는 개인마다 자질이 다르기 때문에 간혹 힘이 부족하여 인에 더욱 정진하려고 했던 자가 있었을 듯하다는 의문사[蓋]로 처리했다.

'상(尙)'은 '보태다[加]'의 뜻이니 인을 좋아하는 사람에게 더 이상 보탤 것도 없어 이보다 더 좋은 일은 없다고 한 것이다.

이인 제7장

子曰 "人之過也 各於其黨이니 觀過에 斯知仁矣니라."

공자가 말했다.

"사람의 잘못은 각기 그 종류대로 하는 것이니, 그 사람의 잘못을 살피면 인을 알 수 있다."

【보】사람은 누구나 잘못을 저지르기 마련이다. 그러나 그 잘못도 경중이 있으니 부모를 위해 부득이 달걀 몇 개를 훔치는 사람과, 개인의 욕심을 채우기 위해 전쟁을 일으켜 살인을 저지르는 군주도 있는 것으로 본다면 엄연히 같이 논할 수 없다. 따라서 공자는 사람의 잘못의 근원에 따라 다르기 때문에 표면에 따라 마음까지 알 수 있음을 밝히고 있다.

'당(黨)'은 '유(類)'와 같은 뜻이다.

이인 제8장

子曰 "朝聞道면 夕死라도 可矣니라."

공자가 말했다.

"아침에 도를 들으면 저녁에 죽어도 괜찮다."

【보】사람이란 반드시 도를 깨달아야만 한다는 당위성에 대해 말하고 있다. 즉 도는 사물의 당연한 이치이므로 만일 그것을

얻어 듣는다면 살아서는 이치에 순하고, 죽어서까지 편안하여 여한이 없을 것이라는 말이다.

'문(聞)'은 마음으로 듣고 깨달음[心悟]을 뜻한다.

이인 제9장

子曰 "士志於道而恥惡(악)衣惡食者는 未足與議也니라."

공자가 말했다.

"선비가 도에 뜻을 두고서 좋지 않은 옷과 좋지 않은 음식을 부끄러워하는 사람이라면 더불어 도에 대해 의논하기에 부족하다."

【보】 선비란 도에 뜻을 둔 사람이지, 외적 사물에 얽매여 몸이나 입만의 즐거움[口體之樂]을 추구해서는 안 됨을 경계하고 있다.

이인 제10장

子曰 "君子之於天下也에 無適也하며 無莫也하여 義之與比니라."

공자가 말했다.

"군자는 천하의 일에 대해 절대 긍정도 없고 절대 부정도 없이 의를 따를 뿐이다."

【보】군자는 어떤 일을 행할 때 의로움을 전제로 삼아야 하니, 이것이 바로 모든 행위에 있어 상위 개념임을 밝히고 있다.

'지어(之於)'는 관계사이다.

'적(適)'은 '오롯이[專], 좋음[可], 긍정[肯]' 등의 뜻이며, '막(莫)'은 '안 됨[不可], 부정[否]' 등의 뜻이니 '무적(無適)'은 '절대 긍정'으로, '무막(無莫)'은 '절대 부정'으로 해석하는 것이 이해가 쉽다.

'비(比)'는 '따르다[從]'의 뜻으로 쓰였다.

이인 제11장

子曰 "君子는 懷德하고 小人은 懷土하며 君子는 懷刑하고 小人은 懷惠니라."

공자가 말했다.

"군자는 덕을 생각하고 소인은 처소를 생각하며, 군자는 형법을 생각하고 소인은 은혜받기를 생각한다."

【보】군자는 마음[心]에, 소인은 자신의 몸뚱이[口體]에 힘쓰고 있음을 말한다. 즉 군자는 덕을 늘 보존할 것과 법을 어길까 염려하는 반면, 소인은 자신이 거처할 곳이 편할지 그렇지 않을지 생각하며 또 어떻게 하면 자신에게 이익이 올까를 생각하여 은혜 받을 짓만을 고집하니 그 생각의 연원 자체가 극명하게 다름을 뜻한다.

'토(土)'는 거처하는 곳의 편안함에 빠짐을 말한다.

'회형(懷刑)'은 법을 두려워하는 것을 말하며, '회혜(懷惠)'는 이익을 탐하는 것을 뜻한다.

이인 제12장

子曰 "放於利而行이면 多怨이니라."

공자가 말했다.

"이익에 따라 행동하면 원망이 많다."

【보】 이익에 따라 행동한다면 남들에게 해를 끼치므로 원망이
따를 수밖에 없으니 이른바 자업자득(自業自得)이라는 것이다.
'방(放)'은 '따르다[從]'의 뜻이다.

이인 제13장

**子曰 "能以禮讓이면 爲國乎에 何有며 不能以禮讓으로 爲國이면 如
禮에 何리오."**

공자가 말했다.

"능히 예와 양으로써 한다면 나라를 다스림에 무슨 어려움이 있으
며, 예와 양으로써 나라를 다스리지 못한다면 예를 어떻게 하겠는가."

【보】 '예(禮)'는 외적 행동을, '양(讓)'은 예의 내적 실상을 가리
킨다. 따라서 내면의 덕과 외면의 행동양상으로 나라를 다스리
면 어려움이 없을 것이며 그렇게 하지 않으면 나라를 다스릴
수 없음을 밝히고 있다.
'하유(何有)'는 '하유지난(何有之難)'의 축약형이다.

이인 제14장

子曰 "不患無位요 患所以立하며 不患莫己知요 求爲可知也니라."

공자가 말했다.

"지위가 없음을 걱정하지 말고 지위에 설 것을 걱정하며, 자신을 알아주는 이가 없음을 걱정하지 말고 알려질 만하기를 구해야 한다."

> 【보】학문이란 능력을 갖추어야 하고 남에게 요구해서는 안 됨을 말하고 있으니, 결국 모든 것은 자신에게 달려 있음을 의미한다.
> '위(位)'는 벼슬자리를 가리킨다.

이인 제15장

子曰 "參乎아 吾道는 一以貫之니라." 曾子曰 "唯라." 子出커시늘 門人이 問曰 "何謂也잇고?" 曾子曰 "夫子之道는 忠恕而已矣니라."

공자가 말했다.

"증삼아, 우리 도는 하나로써 모든 일을 꿰뚫고 있다."

증자가 대답했다.

"예."

공자가 밖으로 나가자, 문인들이 물었다.

"무슨 말씀입니까?"

증자가 답해 주었다.

"스승님의 도는 충·서일뿐이다."

【보】 공자는 증자가 곧 도를 깨우칠 것으로 생각하여 불러서 도통을 전수했으니 이른바 하나의 마음으로 만물의 도를 깨우치는 '일이관지(一以貫之)'를 말하며 이를 알아듣지 못한 문인들에게, 증자가 구체적 모습인 '충서(忠恕)'로써 훈계해 준 것이다.

'일(一)'은 '마음[心]'을 가리키니 도의 본체[體]이고, '관(貫)'은 도가 실행된 '작용[用]'을 뜻한다.

'유(唯)'는 대답을 빨리 하여 의심이 없음을 뜻한다.

'충(忠)'은 자신의 마음을 다하는 것[盡己]을 가리키고, '서(恕)'는 미루어 나가 베풂[推己及人]을 가리키니 각기 앞서 일(一)과 관(貫)의 글자와 같다.

'이이의(而已矣)'는 이 외에 없다는 단정적 어기사이다.

이인 제16장

子曰 "君子는 喩於義하고 小人은 喩於利니라."

공자가 말했다.

"군자는 의에 대해 밝게 알고, 소인은 이로움에 대해 밝게 안다."

【보】 군자와 소인은 우선 생각이 다르고, 다음으로 독실하게 좋아하는 것이 다르며, 마지막으로 행위가 다르다. 이 장은 처음 생각부터 다름을 밝히고 있다.

'유(喩)'는 '깨닫다[曉]'의 뜻으로 '밝게 알다'는 말이다.

이인 제17장

子曰 "見賢思齊焉하며 見不賢而內自省也니라."

공자가 말했다.

"어진 사람의 행동을 보면 그와 똑같이 되기를 생각하며, 어질지 못한 자의 행동을 보면 안으로 스스로 반성해야 한다."

【보】 인간이란 누구나 남의 단점을 보고 꾸짖기 쉽고, 자신의 단점을 보고 반성하며 살피기가 쉽지 않다. 따라서 훌륭한 사람을 보고 그처럼 되기를 노력해야 하며, 어리석은 사람을 보면 자신에게도 그러한 잘못이 있는지 스스로 반성해야 한다. 이른바 선악이 모두 자신의 스승이 되는 것이다[善惡皆吾師].

이인 제18장

子曰 "事父母호되 幾諫이니 見志不從하고 又敬不違하며 勞而不怨이니라."

공자가 말했다.

"부모님을 섬길 때 은미하게 잘못을 말해야 하고 부모님의 뜻이 나의 말을 따르지 않음을 보고도 더욱 공경하고 어기지 않으며 수고로워도 원망하지 않아야 한다."

【보】 부모님의 잘못에 대해 말할 때의 방법[諫親之義]에 대해 말하고 있다. 부모님께서 잘못이 있거든 남들이 절대 모르게 아주 작은 소리, 낮은 기운 등으로 은미하게 말해야 하며 만일 그말이 받아들여지지 않더라도 평소처럼 공경하며 어깃장을 놓아서는 안 되고 설령 화를 내며 회초리를 들고 꾸중을 한다 하더라도 원망하지 않아야 한다는 뜻이다.

'기(幾)'는 '은미(隱微)'의 의미이다.

'간(諫)'은 '말하다[言]'의 뜻이다.

'위(違)'는 부모님께서 자신의 말을 듣지 않는다고 하여 어깃장을 놓음을 뜻한다.

'노(勞)'는 예컨대 매를 맞고 괴로워함을 뜻한다.

이인 제19장

子曰 "父母在어시든 不遠遊하며 遊必有方이니라."

공자가 말했다.

"부모님께서 살아 계시거든 먼 곳에서 놀지 말아야 하며, 만일 논다면 반드시 일정한 장소를 두어야 한다."

【보】 부모님 곁을 떠나 자식이 멀리 있으면, 부모님은 늘 자식을 걱정하고 자식은 늘 문안을 여쭐 수 없어 그 관계가 소원해짐은 말할 것도 없다. 그러나 부득이 멀리에 있을 수밖에 없다면 일정한 처소를 정하여 부모님께서 부르면 언제든 갈 수 있고 또한 소재를 알아 염려하지 않도록 해야 하는 것이다.

(子曰 "三年을 無改於父之道라야 可謂孝矣니라.")

【보】앞서 「학이」 제11장에 있는 말로 연문(衍文)이다.

이인 제20장

子曰 "父母之年은 不可不知也니 一則以喜요 一則以懼니라."

공자가 말했다.

"부모님의 나이는 알지 않으면 안 되니, 한편으로는 기쁘고 한편으로는 두렵다."

【보】부모님의 나이를 늘 기억하여 알고 있으면 그 동안 오래도록 같이 살아준 것에 감사의 마음을 느끼지 않을 수 없다. 그러나 한편으로는 같이 살 날이 멀지 않으니 하루하루를 아끼며 [愛日] 살아가야 하는 것이다.
'년(年)'은 노령의 나이를 가리킨다.
'지(知)'는 분명히 알고 기억하는 것을 의미한다.

이인 제21장

子曰 "古者에 言之不出은 恥躬之不逮也니라."

공자가 말했다.

"옛날에 말을 함부로 내지 않은 것은 행동이 미치지 못할까 부끄러워해서였다."

【보】 행동이 말에 미치지 못한다면 그 부끄러움은 매우 심한 것이다. 따라서 늘 말을 삼가며 말보다는 행동을 우선시해야 됨을 말한다.

'고(古)'라고 한 것은 오늘날 그렇지 않음을 뜻하는 상시지탄 (傷時之歎)의 뜻이 담겨 있다.

'궁(躬)'은 자신의 몸을 가리킨다.

이인 제22장

子曰 "以約失之者 鮮矣니라."

공자가 말했다.

"요약으로써 잃는 자가 드물다."

【보】 '약(約)'은 안으로 마음을 흐트러짐이 없게 하는 요약(要約)이 있고, 밖으로 행동을 흐트러짐이 없게 하는 검약(儉約)이 있다. 이 글에서는 둘 모두를 가리킨다. 전자만으로 보는 설도 있으니 참고로 적어 둔다.

이인 제23장

子曰 "君子는 欲訥於言而敏於行이니라."

공자가 말했다.

"군자는 말은 어눌하게 하고, 실행에는 민첩하고자 한다."

【보】 앞의 제22장과 뜻이 유사하니 함께 보면 좋다. 말과 행동은 자신을 지키는 도[自守之道]이기 때문에 말이 행동보다 앞서서도 안 되며 말은 어눌하게 하더라도, 행동은 빠르게 하는 것이 좋다.

이인 제24장

子曰 "德不孤라 必有隣이니라."

공자가 말했다.

"덕은 외롭지 않기에 반드시 이웃이 있다."

【보】 대개 '덕(德)'은 내면에 간직된 좋은 마음을 지칭한다. 따라서 그 덕목은 인·의·예·지 등 여러 가지가 있다. '덕을 이룬 사람'을 여기서는 '덕' 한 글자로 표현했는데 이는 여러 덕목 중 일부분을 소유한 사람이므로 반드시 훌륭한 덕목을 지닌 자들이 곁에 있어 서로 도와[輔德] 훌륭한 인품으로 발전할 수 있는 것이다.
　'인(隣)'은 '친(親)'과 같다.

이인 제25장

子游曰 "事君數(삭)이면 斯辱矣요 朋友數이면 斯疏矣니라."

자유가 말했다.

"임금을 섬길 때 자주 간하면 죽음을 당하고, 붕우 간에 자주 충고하면 소원해진다."

【보】 군신 간과 붕우 간은 모두 '의리'라는 덕목으로 맺어진 사이다. 그러므로 번거롭고 자주 간한다면[數] 소원해질 수밖에 없다. 이는 혈연으로 맺어진 부자간과는 사뭇 다르다. 즉 부자간에는 괴로워도 원망하지 않는[勞而不怨] 사이지만, 군신 간의 실수(자주 간함)는 자칫 목숨을 잃을 수도 있고, 붕우 간의 실수는 절교에 이르게 되기도 하는 것이다.

5
공야장(公冶長)

【보】이 편은 대개 인물평[方人]이 많은 데에 특색이 있다. 공야장을 비롯하여 남용, 자천, 자공, 염옹, 칠조개, 자로, 염구, 공서적, 재여, 신정, 공문자, 자산, 안평중, 장문중, 영윤자문, 최자, 계문자, 백이, 숙제, 미생고, 좌구명 등에 대한 평이 있다. 모두 27장이다.

공야장 제1장

子謂公冶長하시되 '可妻也로다. 雖在縲絏之中이나 非其罪也라.'하시고 以其子로 妻之하시다. 子謂南容하시되 '邦有道에 不廢하며 邦無道에 免於刑戮이라.'하시고 以其兄之子로 妻之하시다.

공자가 공야장을 평하면서 '사위로 삼을 만하다. 비록 포승줄에 묶여 감옥에 있었지만 그의 죄가 아니었다.'라고 하며 자신의 딸을 그에게 시집보냈다. 공자가 남용을 두고 평하면서 '나라에 도가 있을 때에는 버려지지 않을 것이고, 나라에 도가 없을 때에는 형벌을 면할 것이다.'라고 하며 형의 딸을 그에게 시집보냈다.

【보】 공자가 제자인 공야장에 대해 '덕이 있으며 죄는 없음[有德無罪]'을 언급하며 사위로 삼았고, 남용에 대해 '화평하고 어지러울 때 모두 선함에 거처함[治亂居善]'을 언급하며 조카사위로 삼았다는 말이다. 한편 「선진」 제5장에서 "南容三復白圭, 孔子以其兄之子, 妻之."라고 했고, 「헌문」 제6장에서도 "君子哉, 若人! 尙德哉, 若人!"이라 평가된 것으로 보면, 남용은 언행을 조심했으며 공자로부터 훌륭한 평을 들었던 인물임을 알 수 있다.
　'공야장(公冶長)'은 공자의 제자이다. 성은 공야(公冶)이고, 이름은 장(長)이며, 자는 자장(子長)이다
　'기자(其子)'는 '공자의 딸'을 지칭한다.
　'처(妻)'는 딸을 시집보내어 그의 처가 되게 하는 것을 뜻한다. 참고로 아들을 장가보내는 것은 '취(娶)'라고 한다.
　'류(縲)'는 검정색의 포승줄을, '설(紲)'은 꽁꽁 묶는 것을 각각 뜻한다.
　'남용(南容)'은 공자의 제자로, 남쪽 궁궐에 살았으므로 이름을 남궁괄(南宮适)이라 한 것이다. 자(字)는 자용(子容)이다.
　'폐(廢)'는 '버리다[棄]'의 뜻이므로 '불폐(不廢)'는 버려지지 않고 등용됨을 의미한다.
　'기형(其兄)'은 공자의 형 맹피(孟皮)를 지칭한다. 이복형이며 절름발이였다고 한다.

공야장 제2장

子謂子賤하사대 "君子哉라 若人이여! 魯無君子者면 斯焉取斯리오."

공자가 자천을 두고 말했다.

"군자답다, 이 사람이여! 노나라에 군자가 없었다면 이 사람이 어디에서 이러한 덕을 취했겠는가."

【보】 공자의 제자 자천은 어진 사람을 존경하고 좋은 벗을 주변에 많이 두어 덕을 이룬 사람이다. 공자는 이러한 자천의 덕은 바로 훌륭한 사람이 많았던 노나라에 근원이 있었다고 본 것이다.

'자천(子賤)'은 공자의 제자로, 성은 복(宓)이고, 이름은 불제(不齊)이다.

원문 '사언취사(斯焉取斯)'에서 앞 '사(斯)'는 제자인 '자천'을, 뒤의 '사(斯)'는 '이러한 덕'을 각기 지칭한다.

공야장 제3장

子貢이 問曰 "賜也는 何如하니잇고?" 子曰 "女(汝)는 器也니라." 曰 "何器也잇고?" 曰 "瑚璉也니라."

자공이 말했다.

"저는 어떻습니까?"

공자가 말했다.

"너는 그릇과 같다."

"어떤 그릇입니까?"

"호와 연과 같은 그릇이다."

【보】 자공은 앞서 자천의 칭찬을 듣고 자신은 어떠한 인물인지 궁금하여 스승인 공자에게 자신에 대해 평을 해 달라며 물었던 것이다. 공자는 조정에 등용될 만큼의 훌륭한 재주를 지니기는 했지만 그릇이라는 한계가 있음도 아울러 얘기해 주며, 군자는 어느 한 그릇에 한정되지 않는 경지[君子不器]에 나갈 것을 권면하고 있다.

'호(瑚)'는 하나라에서, '연(璉)'은 상나라에서, '보궤(簠簋)'는 주나라에서 사용된 좋은 종묘의 그릇을 각기 지칭한다.

공야장 제4장

或이 曰 "雍也는 仁而不佞이로다." 子曰 "焉用佞이리오. 禦人以口給하여 屢憎於人하나니 不知其仁이어니와 焉用佞이리오."

혹자가 말했다.

"염옹은 어질지만 말을 잘하지는 못합니다."

공자가 말했다.

"말 잘하는 것을 어디에 쓰겠습니까. 남의 말을 막음에 말재주로써 하여 남에게 자주 미움을 받으니, 그가 어진지는 모르겠지만 말 잘하는 것을 어디에다 쓰겠습니까."

【보】「옹야」 제1장에는 염옹을 제후가 될 정도의 인물[雍也, 可使南面.]로 평가하고 있다. 그러한 그에 대해, 혹자가 말을 잘 못한다고 하니, 이에 공자는 말재주란 아무짝에도 쓸모없는 것임을 밝히고 있다.

'옹(雍)'은 공자의 제자이다. 성은 염(冉)이고, 자(字)는 중궁(仲弓)이다.

'녕(佞)'은 말을 그럴싸하게 잘 하는 것을 뜻한다.

'구급(口給)'은 말재주를 뜻한다.

'증(憎)'은 피동으로 '미움을 받다'라는 뜻으로 쓰였다.

공야장 제5장

子使漆雕開로 仕하신대 對曰 "吾斯之未能信이로이다." 子 說[열]하시다.

공자가 칠조개에게 벼슬을 권하자, 칠조개가 대답했다.

"저는 벼슬하는 것에 대해 아직 자신할 수 없습니다."

이 말을 듣고 공자가 기뻐했다.

【보】 벼슬을 한다는 것은 자신을 우선 수양하고 남을 다스리는 것을 뜻한다[修己治人]. 칠조개는 자신의 수양이 아직은 부족하기 때문에 자신할 수 없다고 말했고, 이러한 태도 즉 대의를 표명한 것에 대해 공자가 기쁨을 보였던 것이다.

'칠조개(漆雕開)'는 공자의 제자이다. 자는 자약(子若)이다.

'사(斯)'는 앞의 '사(仕)' 자를 지칭한다.

공야장 제6장

子曰 "道不行이라 乘桴하여 浮于海호리니 從我者는 其由與인저."

子路聞之하고 喜한대 子曰 "由也는 好勇이 過我나 無所取材[재]로다."

공자가 말했다.

"도가 행해지지 않기에 뗏목을 타고 바다로 갈 것이니 이때 나를 따를 자는 중유일 것이다."

자로가 이 말을 듣고 기뻐하자, 공자가 말했다.

"중유가 용맹을 좋아함이 나보다 뛰어나지만 적합하게 재단함은 없구나."

【보】 공자는 자신을 알아주는 임금도 없고 등용되지 못하여 도를 실천할 길이 없어 탄식하며 이럴 바에야 바다로 나가겠다고 했다. 이때 자신을 따라줄 자는 자로뿐이라며 자로의 용감함과 의리를 칭찬했다. 그러나 어디까지나 가설(假說)과 상시지탄(傷時之歎)인데, 자로가 사실로 오인하여 기뻐했던 것이다. 이에 공자는 자로의 용맹은 사리에 맞게 써야 만이 빛을 발할 것이라 언급하고 있다.

　'도불행(道不行)'은 공자의 주유천하(周遊天下) 당시를 의미한다.
　'부(桴)'는 작은 뗏목을 가리킨다.
　'해(海)'는 '은둔'을 비유적으로 쓴 말이다.

공야장 제7장

孟武伯이 問 "子路는 仁乎잇가?" 子曰 "不知也로라." 又問한대 子曰 "由也는 千乘之國에 可使治其賦也어니와 不知其仁也케라.", "求也는 何如하니잇고?" 子曰 "求也는 千室之邑과 百乘之家에 可使爲之宰也어니와 不知其仁也케라.", "赤也는 何如하니잇고?" 子曰 "赤也는 束帶立於朝하여 可使與賓客言也어니와 不知其仁케라."

맹무백이 물었다.

"자로는 어진 사람입니까?"

공자가 말했다.

"잘 모르겠습니다."

다시 묻자, 공자가 대답했다.

"중유는 천승의 나라에 그 병사를 다스릴 수는 있지만, 그가 어진 사람인지는 잘 모르겠습니다."

"염구는 어떻습니까?"

"염구는 천실의 읍과 백승의 집안에 재신은 될 수 있지만, 그가 어진 사람인지는 잘 모르겠습니다."

"공서적은 어떻습니까?"

"공서적은 예복을 입고 띠를 차고서 조정에 서서 빈객을 맞아 대화를 나누게 할 수는 있지만, 그가 어진 사람인지는 잘 모르겠습니다."

【보】 공자는 제자들의 재주는 인정하지만 여전히 부족한 면이 있어 인에 들어가지는 못하고 있음을 평가하고 있다. 세 번의 가사(可使)와 부지(不知)를 반복하여 그들의 능력을 인정한 점과, 하루에 한 번이나 한 달에 한 번 이르는 인의 경지에 대해서는 여전히 부족하다고 본 것이다.

'인(仁)'은 구체적으로 '덕의 완성'이라는 말이다.

'부(賦)'는 병사를 가리킨다. 세금 비율에 따라 병사를 착출했기 때문에 '세금 부' 자를 쓴 것이다.

'천실(千室)'은 큰 읍을, '백승(百乘)'은 경대부의 집안을 각기 지칭한다.

'재(宰)'는 장소에 따라 달리 쓰인다. 고을의 수령인 읍재로 쓰이기도 하는데, 여기서는 가신(家臣)의 의미로 쓰였다.

'적(赤)'은 공자의 제자로, 성은 공서(公西)이고, 자는 자화(子華)이다.

'빈객(賓客)'은 보통의 손님이 아니라 국빈(國賓)의 의미이다.

공야장 제8장

子謂子貢曰 "女(汝)與回也로 孰愈오?" 對曰 "賜也는 何敢望回리잇고. 回也는 聞一以知十하고 賜也는 聞一以知二하노이다." 子曰 "弗如也니라. 吾與女의 弗如也하노라."

공자가 자공에게 물었다.

"너와 안회 가운데 누가 더 낫다고 생각하는가?"

자공이 대답했다.

"제가 어찌 감히 안회에 미치겠습니까. 안회는 하나를 들으면 열을 알고, 저는 하나를 들으면 둘을 압니다."

"같을 수 없다. 나는 네가 그와 같지 않음을 인정한다."

【보】 공자의 제자 자공은 총명하지만 남을 평가하고 비교하려는 버릇이 있었다. 이를 간파한 공자는 이러한 점을 눌러 수양에 힘쓸 것을 당부하고 있다.

'일(一)'은 숫자의 시작이고 '십(十)'은 숫자의 끝이므로 '문일지십(聞一知十)'이라는 말은 처음만 말해주면 끝을 아는 경지를 뜻한다. 이에 반해 '이(二)'는 '일(一)'의 상대로 쓰였기 때문에 '문일지이(聞一知二)'라는 말은, 예컨대 백(白)을 알려주면 흑(黑)을 유추하여 아는 단계를 뜻한다.

'여(與)'는 '허여(許與)'의 의미로 쓰였다.

공야장 제9장

宰予晝寢이어늘 子曰 "朽木은 不可雕也며 糞土之墻은 不可杇也니 於予與에 何誅리오. (子曰) 始吾 於人也에 聽其言而信其行이라니 今吾 於人也에 聽其言而觀其行하노니 於予與에 改是와라."

재여가 낮잠을 자자, 공자가 말했다.

"썩은 나무는 조각할 수 없고, 거름흙의 담장은 흙손질 할 수가 없으니, 내가 재여에 대해 무엇을 꾸짖겠는가. 처음에 나는 남에 대하여 그의 말을 듣고 그의 행실을 믿었지만, 이제 나는 남에 대하여 그의 말을 듣고 다시 그의 행실을 살펴보게 되었으니 재여로 인해 이것을 바꿨다."

> 【보】공부는 온 힘을 다 쏟아 부어도 늘 부족하므로 낮잠을 자며 나태하게 할 수 없는 것이기에 재여를 꾸짖은 것이다.
> '주침(晝寢)'은 낮잠이다. 여기에서는 정신이 썩고 몸이 게으른 행태를 의미한다.
> '후(朽)'는 썩은 것을, '오(杇)'는 흙손질을 뜻한다.
> '여(與)'는 어조사이다.
> '주(誅)'는 '꾸짖음'이다.
> '자왈(子曰)'이 두 번 나오는데 뒤의 것은 연문(衍文)으로 읽지 않는다.

공야장 제10장

子曰 "吾未見剛者케라." 或이 對曰 "申棖이니이다." 子曰 "棖也는

慾이어니 焉得剛이리오."

공자가 말했다.

"나는 아직 의지가 강한 자를 보지 못했다."

혹자가 말했다.

"신정입니다."

"신정은 욕심으로 하는 것이니 어떻게 의지가 강한 자라고 할 수 있겠습니까."

【보】 '강(剛)'은 의지가 굳세고 강하여 결코 굽히지 않는 사람을 뜻한다. 따라서 매우 힘든 경지인데, 혹자가 이를 외적인 것으로 오인하여 공자의 제자 가운데 평소 강직하게 보였던 신정을 언급한 것이다. 그러나 신정은 욕심으로 했으니 굴복을 당하기 쉬워 강자라고 말할 수 없다.

'신정(申棖)'은 공자의 제자이다.

'욕(慾)'은 '기욕(嗜慾)'을 말하니 강(剛)과는 정반대에 있는 것이다.

공야장 제11장

子貢이 曰 "我不欲人之加諸我也를 吾亦欲無加諸人하노이다." 子曰 "賜也아 非爾所及也니라."

자공이 말했다.

"저는 남이 저에게 가하기를 원하지 않는 일을 저도 남에게 가하지 않고자 합니다."

공자가 말했다.

"단목사야, 이는 네가 미칠 바가 아니다."

【보】 자공의 말은 인을 완성한 사람의 일에 해당된다. 그것은 억지로 힘써서 되는 것이 아니라 저절로 이루어지는 것이다. 이에 대해 공자는 제자에게 인을 꾸준히 구하는 데 힘써야 하지, 아직은 완성된 단계가 아님을 경각시켜주고 있는 것이다. 특히 인을 실천하는 방법 가운데 하나는 '서(恕)'라 할 수 있는데 '무가저인(無加諸人)'의 '무(無)'는 자연히 그렇게 되는 것이고, '물시어인(勿施於人)'의 '물(勿)'은 금지하는 것이므로 자공의 언급이 과함을 지적한 것이다.

공야장 제12장

子貢曰 "夫子之文章은 可得而聞也어니와 夫子之言性與天道는 不可得而聞也니라."

자공이 말했다.

"스승님의 문장은 얻어 들을 수 있지만 스승님의 성과 천도를 말씀하시는 것은 얻어서 들을 수 없다."

【보】 실제 공자는 성과 천도를 중시했다. 그러나 평소 외적이며 형이하학적인 문장(文章)에 대해서만 자주 얘기하였으므로 제자들이 이에 대해 들었지만, 내적이며 형이상학적인 성과 천도에 대해서는, 중인(中人) 이하의 사람들이 이해하기가 어렵기 때문에 공자가 말을 적게 한 것이지 중시하지 않았던 것은 아니다. 이는 「옹야」 제19장에서도 다시 나온다.

'문장(文章)'은 덕이 밖으로 나타난 것으로 행동이나 위의(威儀), 문사 등을 가리킨다.

'성(性)'은 사람이 하늘로부터 부여받은 것[天命之謂性]을 뜻한다.

'천도(天道)'는 천리자연의 본체이므로 성과 천도의 실상은 같다.

공야장 제13장

子路는 有聞이요 未之能行하야셔 唯恐有聞하더라.

자로는 좋은 말을 듣고 아직 능히 행동으로 옮기지 않았을 땐 오직 다른 좋은 말을 들을까 두려워했다.

【보】 자로는 좋은 말을 들으면 반드시 실행하는 데 용감했던 인물이다. 그러나 이전에 들은 좋은 말을 미처 행하지 못했다면 다시 좋은 말을 들어 또 행하지 못할까 두려워했던 것이다.

공야장 제14장

子貢이 問曰 "孔文子를 何以謂之文也잇고?" 子曰 "敏而好學하며 不恥下問이라 是以謂之文也니라."

자공이 물었다.

"공문자는 무슨 이유로 '문'이라는 시호를 받았습니까?"

공자가 답했다.

"총민하면서도 배우기를 좋아했고 아랫사람에게 묻기를 부끄럽게 여기지 않았다. 이런 이유로 '문'이라는 시호를 받았다."

【보】 자공은 위나라 대부 공문자(孔文子, 이름은 어(圉))가 태숙질(太叔疾)로 하여금 본 부인을 쫓아내게 하고 자기 딸 공길(孔姞)을 그에게 시집보낸 문제가 있는 인물인데 왜 '문(文)'이라는 시호를 받았는지 의심하여 스승에게 물었던 것이다. 이에 대해 공자는 민이호학(敏而好學)과 불치하문(不恥下問)이라는 학문의 '문'을 인정했던 것이다.

공야장 제15장

子謂子産하시되 "有君子之道 四焉하니 其行己也 恭하며 其事上也 敬하며 其養民也 惠하며 其使民也 義니라."

공자가 정자산을 두고 말했다.
"군자의 도에는 네 가지가 있다. 그 몸가짐이 공손하고, 그 윗사람을 섬김이 공경스러우며, 그 백성을 기름이 은혜롭고, 그 백성을 부림이 의롭다."

【보】 '자산(子産)'은 정(鄭)나라의 대부 공손교(公孫僑)이다. 춘추시대는 임금의 힘이 없고 신하의 힘이 강했던 때였는데, 그가 정사를 펼친 지 오 년 만에 정나라를 부강하게 만들었으니 그 공이 적지 않은 것이다. 공자가 정자산에 대해 이와 같이 하나하나 장점을 들은 것은 공경혜의(恭敬惠義)라는 훌륭한 점만을 열거한 데 불과할 뿐 전체적인 평은 아니다. 이는 관중에 대한

공자의 평을 통해서도 알 수 있다. 관중의 장점과 단점을 들었던 것일 뿐 전체 평은 없는 것이다. 예컨대 『맹자』의 「이루 하」 제2장에서 맹자는 자산이 한 사람만의 은혜만을 생각했던 큰 정치를 못하는 자로 평가한 부분을 통해서도 알 수 있듯, 자산에 대한 평가가 이 장으로 전체를 대변하지는 못한다.

공야장 제16장

子曰 "晏平仲은 善與人交로다. 久而敬之온여."

공자가 말했다.

"안평중은 남들과 더불어 교제를 잘한다. 오랜 시간이 지나도 공경하는구나."

【보】 사람들과 교유할 때 윗사람에게는 아첨하고, 아랫사람에게는 무시하는 사람이 있다. 그러나 제나라 대부 안평중(안영(晏嬰))은 교제를 오래했음에도 오히려 윗사람이나 아랫사람에게 공경한 마음으로 대했으니 이에 대해 칭찬한 말이다.

공야장 제17장

子曰 "臧文仲이 居蔡호되 山節藻梲하니 何如其知也리오."

공자가 말했다.

"장문중은 큰 거북을 보관할 때 기둥머리 두공에 산 모양을 조각하고 들보 위 동자기둥에는 물풀을 그렸으니, 어떻게 지혜롭다고 하겠는가."

【보】 노나라 대부 장문중(臧文仲)은 평소 지혜롭다는 평이 있었던 인물이다. 그러나 집 안에다 점을 칠 때 사용하는 거북껍질을 보관해 두는 방을 만들고 그곳 기둥머리 두공에는 산 모양을 조각하고 들보 위 동자기둥에는 물풀을 그려놓았던 것이다. 이에 대해 공자는 인간의 도리에는 힘쓰지 않고 귀신에게 아첨하는 일만을 일삼았으니 그의 지혜롭지 못함을 꾸짖은 것이다.

'거(居)'는 '소장[藏]'의 뜻이다.

'채(蔡)'는 큰 거북을 가리킨다.

'산(山)'은 명사가 아니라 '산의 모양을 그리다'라는 동사로 쓰였다.

'절(節)'은 기둥머리의 두공(斗栱·대들보나 도리에 가해지는 무게를 모아 기둥에 전하는 역할을 하도록 끼워 넣은 일종의 결구물)이다.

'조(藻)'는 물풀을 뜻한다.

'절(梲)'은 들보 위의 동자기둥이다.

공야장 제18장

子張이 問曰 "令尹子文이 三仕爲令尹호되 無喜色하며 三已之호되無慍色하여 舊令尹之政을 必以告新令尹하니 何如하니잇고?" 子曰"忠矣니라." 曰 "仁矣乎잇가?" 曰 "未知케라 焉得仁이리오"

"崔子 弑齊君이어늘 陳文子 有馬十乘이러니 棄而違之하고 至於他邦하여 則曰 '猶吾大夫崔子也라.'하고 違之하며 之一邦하여 則又曰'猶吾大夫崔子也라.'하고 違之하니 何如하니잇고?" 子曰 "淸矣니라."

曰 "仁矣乎잇가?" 曰 "未知케라 焉得仁이리오."

자장이 물었다.

"영윤인 자문이 세 번 벼슬하여 영윤이 되었으면서도 기뻐하는 얼굴색이 없었고, 세 번 벼슬을 그만두면서도 섭섭해 하는 얼굴색이 없습니다. 또 옛날 자신이 맡았던 영윤의 정사를 반드시 새로 부임한 영윤에게 알려주었으니 어떤 사람입니까?"

공자가 말했다.

"충성스러운 사람이다."

"어진 사람이라고 할 만합니까?"

"알 수 없다. 어떻게 어진 사람이라고 할 수 있겠는가."

"최자가 제나라 임금을 시해하자, 진문자는 말 열 승을 소유하고 있었는데 이를 버리고 그곳을 떠나 다른 나라에 이르러 곧장 '이 사람도 우리나라 대부 최자와 같다.'라고 말하며 그 곳을 떠났으며, 또 다른 나라에 이르러서도 곧장 또 '이 사람도 우리나라 대부 최자와 같다.'하고 떠났으니 어떤 사람입니까?"

"청렴결백한 사람이다."

"어진 사람이라고 할 만합니까?"

"알 수 없다. 어떻게 어진 사람이라고 할 수 있겠는가."

【보】당시 국가를 위했던 영윤자문과, 청렴결백했던 진문자에 대해 자장이 묻자, 공자는 각각 충(忠)과 청(淸)으로 대답해 주었다. 그러나 자문이 초나라를 도울 때 계획한 것은 천자를 참칭하고 중국을 어지럽히는 일이었으며, 문자는 제나라에 벼슬할 때에 이미 임금을 올바르게 인도하지 못하고 역적을 토벌하는 의리를 잃었으니 그들을 어진 사람으로 인정할 수 없었던

것이다.

'영윤(令尹)'은 벼슬 이름이다.

'자문(子文)'의 성은 투(鬪)이고, 이름은 누오도(穀於菟)이다.

'최자(崔子)'는 제나라 대부이다. 이름은 저(杼)이다.

'지일방(之一邦)'은 '다른 나라로 갔는데 그곳에서도 신하가 임금을 시해한다면'의 축약형으로 쓰였다.

'제군(齊君)'은 장공(莊公)이다. 이름은 광(光)이다.

'진문자(陳文子)'는 제나라 대부이다. 이름은 수무(須無)이다.

'승(乘)'은 네 마리의 말을 가리키니 '십승(十乘)'은 40마리의 말이다. 대부의 부(富)는 말의 수로 헤아렸기 때문에 이러한 표현을 사용한 것이다.

공야장 제19장

季文子 三思而後에 行하더니 子 聞之하시고 曰 "再 斯可矣니라."

계문자가 세 번 생각한 이후에 행동으로 옮기니, 공자가 이를 듣고 말했다.

"두 번이면 된다."

【보】 깊이 생각하는 것도 좋지만 잘못된 인식으로 비롯되거나 결단력이 없다면 이는 잘못이다. 따라서 결단을 했다면 '과연 옳은 일인가? 정말 옳게 생각했던가?' 정도의 두 번이면 족하지 이로움이나 욕심[利慾]으로 인한 많은 생각은 필요 없음을 밝히고 있다.

'계문자(季文子)'는 노나라 대부로, 이름은 행보(行父)이다. 매번 여러 차례 생각한 뒤에야 행동으로 옮긴 인물로 소문이 났다. 그러나 선공(宣公)이 찬탈하고 즉위하자, 그를 위해 제나라

에 사신으로 가서 뇌물을 바쳤으니 생각을 많이 해서 좋은 것
도 아니고 오히려 이욕에 사로잡혀 잘못 행동한 경우가 이에
해당된다고 할 수 있다.

'사(斯)'는 어조사이다.

공야장 제20장

子曰 "甯武子 邦有道則知하고 邦無道則愚하니 其知는 可及也어니
와 其愚는 不可及也니라."

공자가 말했다.

"영무자는 나라에 도가 있을 때 지혜롭고 나라에 도가 없을 때 우
직했으니, 그 지혜는 미칠 수 있지만 그 우직함은 미칠 수 없다."

【보】위나라 대부 영무자(甯武子, 名-兪)는 문공(文公)과 성공
(成公)을 섬긴 인물이다. 문공 시대에는 도가 있었지만, 성공 시
대에는 도가 없어 나라를 잃게 되었는데, 영무자가 몸과 마음을
다 바쳐 험난한 상황을 피하지 않았기 때문에 그의 우직함은
미치기 어렵다는 것이다.

공야장 제21장

子在陳하사 曰 "歸與, 歸與인저! 吾黨之小子 狂簡하여 斐然成章이
요 不知所以裁之로다."

공자가 진나라에 있을 때 말했다.

"돌아가자, 돌아가자! 우리 무리의 제자들이 뜻은 크지만 행동은 소략하여 찬란하게 문장을 이루었을 뿐 그것을 재단할 줄 모르는 구나."

【보】 진나라에 있을 때 식량이 끊기자[在陳絶糧] 정치에 뜻을 그만두고 귀향하여 교육에 뜻을 둘 수밖에 없는 부득이한 탄식[歸與之歎]의 말이다.
　'자재진(子在陳)'의 상황은 다음과 같다. 첫째 광 땅 사람들이 공자가 양호와 생김새가 비슷하여 그를 죽이려고 했던 당시, 둘째 환퇴(桓魋)가 공자를 죽이려고 했던 당시, 셋째 위령공이 진을 치는 방법을 묻자 떠나가며 양식이 떨어졌던 당시 등 이 모두를 아우른 말이다.
　'오당(吾黨)의 소자(小子)'는 노나라에 있는 문인을 가리킨 것이다.
　'광간(狂簡)'은 뜻은 크지만 행동은 소략한 것을 뜻한다.
　'비연(斐然)'은 문채 나는 모양을 가리킨다.
　'성장(成章)'은 위의와 학문이 성취된 것을 의미한다.
　'재(裁)'는 베어서 바르게 하는 것이다.

공야장 제22장

子曰 "伯夷叔齊는 不念舊惡(악)이라 怨是用希니라."

공자가 말했다.

"백이와 숙제는 옛날의 악행을 생각하지 않았으므로 이를 원망하는 자가 드물었다."

【보】백이와 숙제는 청렴한 인물로 추앙받는 이들이다[聖之淸者]. 자칫 청렴하여 도량이 없을 듯하지만 넓은 도량을 갖추고 있기에 남들이 보지 못한 부분을 밝힌 것이다. 이는 『맹자』에서 유하혜(柳下惠)가 조화를 추구하는 인물로 추앙받지만[聖之和者] 절개를 지니고 있음을 밝힌 것과 같다.(「진심 상」 제28장)

'백이(伯夷)와 숙제(叔齊)'는 고죽군(孤竹君)의 두 아들이다. 부친이 죽을 때 숙제(叔齊)를 왕위로 세우라는 명을 내렸다. 아버지가 죽자, 숙제는 형인 백이에게 양보했고, 이에 백이는 아버지의 유명(遺命)이라 하고 마침내 도망가니, 숙제 또한 왕위에 서지 않고 도망갔다. 훗날 무왕이 주왕(紂王)을 정벌하자, 백이와 숙제는 말고삐를 잡고 간했고, 무왕이 상(商)나라를 멸망시키자, 그들은 주나라의 녹을 먹는 것을 부끄럽게 여기고 주나라를 떠나 수양산에 숨어 살다가 끝내 굶어 죽었다. 그래서 맹자는 훗날 이들을 성인 가운데 가장 청렴한 분[聖之淸者]으로 평가하고 있다.

공야장 제23장

子曰 "孰謂微生高直고! 或이 乞醯焉이어늘 乞諸其隣而與之로다."

공자가 말했다.

"누가 미생고를 정직하다고 평했는가! 혹자가 젓갈을 빌리려 하자 그의 이웃집에서 빌려다 주는구나."

【보】젓갈이 없다면 없다고 말해야 하지만 이웃집에서 빌려 마치 자기가 소유했던 것처럼 주었으니, '정직하다'는 평은 이에 걸맞지 않다. 만일 미생고가 남에게 환심을 사려 한다면 이보다 더한 행위도 했을 것이므로, 당시의 평가가 잘못되었음을 밝히고 있다.

'미생(微生)'은 성이고, 고(高)가 이름이다.

'혜(醯)'는 젓갈을 가리킨다. 어떤 사람은 '식초'라고 하니 참고로 적어 둔다.

공야장 제24장

子曰 "巧言令色足(주)恭을 左丘明이 恥之러니 丘亦恥之하노라. 匿怨而友其人을 左丘明이 恥之러니 丘亦恥之하노라."

공자가 말했다.

"말을 그럴듯하게 잘하고 얼굴빛을 그럴듯하게 잘하며 공손을 지나치게 하는 것을 좌구명이 부끄럽게 여겼는데 나 또한 그것을 부끄러워한다. 원망을 숨기고 그 사람과 벗 삼는 것을 좌구명이 부끄럽게 여겼는데 나 또한 그것을 부끄러워한다."

【보】 앞서 미생고의 직(直)에 대한 평에 이어 정직하지 못한 자에 대해 언급함으로써 이를 경계시키고 있다.

'교언영색(巧言令色)'은 「학이」 제3장에서 이미 나왔다.

'주(足)'는 '지나침[過]'의 뜻으로 쓰였다.

'좌구명(左丘明)'은 옛 현인으로만 밝혀져 있을 뿐, 주지하는 『좌씨춘추(左氏春秋)』와 『국어(國語)』의 저자는 아니다.

공야장 제25장

顔淵季路侍러니 子曰 "盍各言爾志리오?" 子路曰 "願車馬와 衣輕裘

를 與朋友共하여 敝之而無憾하노이다.” 顔淵이 曰 “願無伐善하며 無施勞하노이다.” 子路曰 “願聞子之志하노이다.” 子曰 “老者를 安之하며 朋友를 信之하며 少者를 懷之니라.”

안연과 계로가 공자를 모시고 있을 때, 공자가 말했다.

“어찌하여 각자 너희들의 뜻을 말하지 않는가?”

자로가 말했다.

“거마와 가벼운 갖옷을 친구와 더불어 공유하여 해지더라도 유감이 없고자 합니다.”

안연이 말했다.

“자신의 잘하는 것을 자랑하지 않고 공로를 과시하지 않고자 합니다.”

자로가 물었다.

“스승님의 뜻을 듣고자 합니다.”

공자가 말했다.

“노인을 편안히 해주고 벗에게 믿음을 주고 젊은이들을 품고자 한다.”

【보】 자로의 욕심이 없는 공물사상(共物思想), 안연의 자랑을 경계함, 그리고 공자의 천하의 사람을 대한 태도 등이 언급되어 있다. 특히 공자는 위로는 노인을 편하게 해 주고, 가운데로는 벗에게 믿음을 주고, 가장 아래에 있는 젊은이들을 품어 각자 제자리를 찾게 해주는 사상이 드러나 있다.

원문 '顔淵季路侍'는 '顔淵季路侍(孔子)'처럼 '공자(孔子)'가 생략된 형태이다.

'거마(車馬)'와 '경구(輕裘)'는 귀한 것이다. 한편 '경(輕)' 자를 연문으로 보는 설도 있으나 「옹야」 제3장에 '의경구(衣輕裘)'라는 말이 있기 때문에 옳지 않다.

'벌(伐)'은 '자랑할 벌'로 쓰였다.

'시(施)'는 과시하는 것이다.
'노(勞)'는 귀찮은 일에 수고로움을 더한 것으로 '공로'를 뜻한다.

공야장 제26장

子曰 "已矣乎라: 吾未見能見其過而內自訟者也케라."

공자가 말했다.

"어쩔 수 없구나! 나는 자기의 잘못을 보고 안으로 스스로 꾸짖는
자를 아직까지 보지 못했다."

【보】 자기의 잘못을 살펴 고치기란 참으로 어려운 일[改過之
難]이라는 말이다.
'이의호(已矣乎)'는 자기의 잘못을 보고 마음속으로 꾸짖는 사
람을 만나보지 못할까 두려워한 탄식이다.
'내자송(內自訟)'은 입으로 말하지 않고 마음속으로 꾸짖는 것
을 말한다. '송(訟)'이 '꾸짖을 송'으로 쓰인 것이다.

공야장 제27장

**子曰 "十室之邑에 必有忠信이 如丘者焉이어니와 不如丘之好學也
니라."**

공자가 말했다.

"십 호쯤 되는 고을에도 반드시 나와 같이 충신한 자는 있지만 나와 같이 학문을 좋아하는 사람은 없을 것이다."

【보】 공자의 생각에 타고난 바탕인 충과 신은 누구나 지닐 수 있지만, 후천적 노력인 호학은 자신과 같은 사람이 없을 것이라는 자부심을 드러내고 있다.
　'십실지읍(十室之邑)'은 작은 고을을 의미한다.
　여기에서의 '충신(忠信)'은 타고난 아름다운 자질을 가리킨다.

6
옹야(雍也)

【보】모두 28장으로 구성되어 있는데, 15장 이전은「공야장」과 같이 인물에 대한 평[方人]이고, 이후로는 인물평이 아닌 공자의 말과 제자와의 문답이다.

옹야 제1장

子曰 "雍也는 可使南面이로다." 仲弓이 問子桑伯子한대 子曰 "可也簡이니라." 仲弓이 曰 "居敬而行簡하여 以臨其民이면 不亦可乎잇가? 居簡而行簡이면 無乃大(태)簡乎잇가?" 子曰 "雍之言이 然하다."

공자가 말했다.
"염옹 자네는 제후가 될 만한 인물이다."
중궁(염옹)이 자상백자에 대해 묻자, 공자가 답했다.
"그의 간략함도 괜찮다."
"자신이 공경한 마음에 거처하고 있으면서 간략함을 행하여 그 백성에 임한다면 괜찮지 않겠습니까? 그러나 자신은 간략한 데 거처하고 간략한 마음으로 행한다면 너무 간략한 것이 아닙니까?"

"자네의 말이 맞다."

【보】 공자는 평소 중궁의 마음가짐과 도량, 중후함, 일처리의 간략함 등이 제후의 자리에 앉을 만하다고 평했다. 이러한 평가에 대해서, 중궁은 평소 자상백자의 간략한 일처리가 자신과 비슷하다고 여겨 이에 대해 공자에게 물었던 것이다. 그러나 공자의 대답 중 '가(可)' 자를 '겨우 가할 뿐 미진한 바가 있음[僅可未盡]'으로 파악하지 못하고 자신과 자상백자의 '간략한 일처리'는 계층이 다르다는 말로 아뢰니, 공자가 이를 허여한 것이다.
　'남면(南面)'은 임금이 정치를 펴는 자리이다. 반대로 북면(北面)은 신하가 되어 임금을 섬김을 뜻한다.
　'간(簡)'은 일처리에 있어 번거롭게 하지 않고 간략하게 처리함을 말한다.
　'경(敬)'은 마음에 흔들림이 없고 몸가짐이 엄격하기 때문에 간(簡)과 일맥상통하는 면이 있다.
　'거간(居簡)'은 세상사를 대수롭지 않게 여김을 말하니 이에 일처리마저 간소하게 처리한다면 중도를 벗어난 일이 된다.
　'자상백자(子桑伯子)'는 노나라 사람으로 일처리에 있어 간략하다는 평이 있었던 인물이다.
　'대(大)'는 '태(太)'와 통하며 여기서는 '지나친'의 뜻으로 쓰였다.

옹야 제2장

哀公이 問 "弟子 孰爲好學이니잇고?" 孔子對曰 "有顔回者 好學하여 不遷怒하며 不貳過하더니 不幸短命死矣라 今也則亡(무)하니 未聞好學者也케이다."

애공이 물었다.

"제자 가운데 누가 학문을 좋아합니까?"

공자가 대답했다.

"안회라는 자가 학문을 좋아하여 노여움을 남에게 옮기지 않고 잘 못을 두 번 다시 저지르지 않았는데 불행히도 명이 짧아 죽었으므로 오늘날에는 없으니, 아직 학문을 좋아하는 자가 있음을 듣지 못하였습니다."

【보】 학문을 좋아함[好學]에 대해, 안연의 행실에 빗댄다면 화를 옮기지 않고[不遷怒], 두 번 다시 잘못을 저지르지 않는 것으로[不貳過] 말할 수 있을 것이다. 그래서 공자는 안연만을 호학자로 인정했을 뿐 다른 사람은 인정하지 않았던 것이다.

공자와 안연의 나이 차이는 대략 30세 정도이니 부자지간과 비슷하다. 안연은 29세에 백발이 되었다고 하며 32세에 별세했으니 단명했다고 볼 수 있다. 따라서 이 장에는 안연의 훌륭한 행실과 더불어 세상에 없는 도통을 전수할 제자가 없음을 안타까워하는 공자의 마음이 나타나 있다.

'제자(弟子)'는 공자의 삼천 제자를 가리킨다.

'공자대왈(孔子對曰)'이라 한 것은 대부에 대한 예이다.

'호학(好學)'은 예컨대 안연의 화를 옮기지 않음[不遷怒]과 잘 못을 거듭하지 않는 것[不貳過] 등을 가리키니 그가 배움을 통해 감정적으로 일을 처리하지 않고 잘못은 다시 하지 않는 실천적 행위를 뜻한다.

'사망(死亡)'은 오늘날 '죽음'을 뜻하지만, 이 글에서처럼 죽어서 장례를 치르는 과정에 있는 자에게는 '사(死)'라고 하고, 땅에 묻혀 오늘날에는 없는 사람에게는 '망(亡)'을 쓴다. 『논어』 전문에 걸쳐 '망(亡)' 자가 네 번 등상하는데 모두 '무'로 읽는다.

옹야 제3장

子華 使(시)於齊러니 冉子 爲其母請粟한대 子曰 "與之釜하라." 請益한대 曰 "與之庾하라."하여시늘 冉子 與之粟五秉한대 子曰 "赤之適齊也에 乘肥馬하며 衣輕裘하니 吾는 聞之也하니 '君子는 周急이요 不繼富라.'호라." 原思 爲之宰러니 與之粟九百이어시늘 辭한대 子曰 "毋하여 以與爾隣里鄕黨乎인저."

자화가 제나라에 공자의 심부름을 갈 때 염자가 그의 어머니를 위해 곡식을 요청하니, 공자가 말했다.

"부(6두 4승)를 주어라."

더 줄 것을 요청하자, 공자가 말했다.

"유(16두)를 주어라."

염자가 5병(16곡)을 주니, 공자가 말했다.

"공서적이 제나라에 갈 때 살찐 말을 타고 가벼운 갖옷을 입었다. 내가 들으니 '군자는 급한 자를 구휼해주지 부자를 계속 도와주지 않는다.' 하였다."

원사가 공자의 가신이 되어 그에게 곡식 9백을 주자 사양하니, 공자가 말했다.

"사양하지 말고 너의 이웃집과 마을과 향당에 주어라."

【보】 재산을 분명하게 한다는 것은 의리에 맞게 함을 의미한다. 염유는 자화의 모친을 위해 곡식을 보낼 것을 공자에게 청했으나, 자화의 살림살이가 곤궁하지 않았기 때문에 이를 허여할 수 없었던 것이다. 한편 공자가 노사구(魯司寇)를 역임할 때

에, 제자인 원사가 가신이 되어 그에게 곡식을 주었으나 공직에 있었기 때문에 받을 수 없었던 것이다. 그래서 공자는 이웃이나 마을에 나누어 줄 것을 당부했다.

'자화(子華)'는 「공야장」 제7장에 나온 공서적(公西赤)의 자이다.

'시(使)'는 공자를 위하여 심부름을 간 것을 말한다.

'부(釜)'는 6두(斗) 4승(升)이고, '유(庾)'는 16두(斗)이며, '병(秉)'은 16곡(斛)이다. 참고로 1곡(斛)은 10두(斗)이며, 1두는 10승이다.

'비마(肥馬)'와 '경구(輕裘)'는 부유함을 상징하는 것들이다.

'급(急)'은 곤궁함을, '주(周)'는 부족한 이를 구휼해 줌을 뜻한다.

'원사(原思)'는 공자의 제자로, 이름은 헌(憲)이다.

'속(粟)'은 가신의 녹봉이다.

'린(隣)'과 '리(里)'와 '향(鄕)'과 '당(黨)'의 관계는 다음과 같다. 5가(家)＝1린(隣), 25가＝1리(里 또는 閭), 100가＝1족(族), 500가＝1당(黨), 2,500가＝1주(州), 12,500가＝향(鄕).

옹야 제4장

子謂仲弓曰 "犁牛之子 騂且角이면 雖欲勿用이나 山川은 其舍諸아."

공자가 중궁을 다음과 같이 평했다.

"얼룩소의 새끼가 색이 붉고 또 뿔마저 제대로 났다면 비록 제사에 쓰지 않고자 하지만, 산천의 신이 그것을 버리겠는가."

【보】 공자는 중궁에 대해 평소 제후가 될 만한 능력과 인품을 지닌 사람으로 평가했다. 그러나 중궁의 부친이 지위가 낮고 품행이 방정하지 못했으므로 그를 얼룩소에 비유한 것이다. 얼룩소에게서 나은 새끼라 하더라도 색깔이 붉고 또 뿔이 제대로 났다면, 비록 인간이 제사에 쓰지 않을지라도 산천이 버리지 않

은 것처럼 중궁 또한 산천이 그를 버리지 않을 것이라 칭찬하고 있다. 이는 중궁 앞에서 한 말이 아니라 그가 없을 때 했던 말이다. 이러한 칭찬을 했던 것은 순임금이 고수(瞽叟)와 같이 악한 행동을 많이 했던 부친을 두고서도 선을 실천했던 것처럼, 염옹 또한 부친이 악한 사람이라 하더라도 선을 위해 꾸준히 정진했음을 말하여 제자들을 경계시킨 데 목적이 있다.

'리(犁)'는 여러 가지 무늬가 섞인 얼룩소이다.

'성(騂)'은 붉은 색이다. 주나라는 적색(赤色)을 숭상하여 희생(犧牲)에 붉은 것을 썼다.

'용(用)'은 제사에 쓰는 것을 뜻한다.

'산천(山川)'은 산천의 신을 가리킨다.

옹야 제5장

子曰 "回也는 其心이 三月不違仁이오 其餘則日月至焉而已矣니라."

공자가 말했다.

"안회는 그 마음이 삼 개월 동안 인을 떠나지 않았고, 그 나머지 제자들은 하루에 한 번, 한 달에 한 번 인에 이르렀을 뿐이다."

【보】 제자들의 인을 행함[行仁], 인을 이룸[成仁]의 경지에 대해 언급하며 더욱 정진할 것을 당부하고 있다.

'삼월(三月)'은 한 계절이기 때문에 적지 않은 시간이다. 그러나 한편으로는 한계가 있음도 지적한 말이다.

'기여(其餘)'는 안회를 제외한 나머지 제자들을 가리킨다.

'일월(日月)'은 '하루에 한 번, 한 달에 한 번'을 뜻한다.

옹야 제6장

季康子 問 "仲由는 可使從政也與잇가?" 子曰 "由也는 果하니 於從政乎에 何有리오." 曰 "賜也는 可使從政也與잇가?" 曰 "賜也는 達하니 於從政乎에 何有리오." 曰 "求也는 可使從政也與잇가?" 曰 "求也는 藝하니 於從政乎에 何有리오."

계강자가 물었다.

"중유는 정사에 종사하게 할 만합니까?"

공자가 말했다.

"중유는 과단성이 있으니 정사에 종사하는 데 무슨 어려움이 있겠습니까."

"단목사는 정사에 종사하게 할 만합니까?"

"단목사는 사리에 통달했으니 정사에 종사하는 데 무슨 어려움이 있겠습니까."

"염구는 정사에 종사하게 할 만합니까?"

"염구는 재능이 있으니 정사에 종사하는 데 무슨 어려움이 있겠습니까."

【보】 공자의 제자 중유, 단목사, 염구는 선천적 재주라는 바탕을 가지고 있으며, 후천적으로 이를 갈고 닦는 노력을 하였기에 정사에 종사하는 데 충분하다는 말이다.

'계강자(季康子)'는 노나라 대부 계손씨(季孫氏)를 가리킨다.

'종정(從政)'은 대부라는 지위를 얻어 정사에 종사함을 말한다.

'과(果)'는 과단성이 있는 것을 말한다.

'달(達)'은 사리에 통달함을 말한다.

'예(藝)'는 다재다능함을 말한다.

옹야 제7장

季氏 使閔子騫으로 爲費宰한대 閔子騫이 曰 "善爲我辭焉하라. 如有復我者인댄 則吾必在汶上矣로리라."

계씨가 민자건을 비 땅의 읍재로 삼으려 하자, 민자건이 사신에게 말했다.

"나를 위해 잘 말해 주십시오. 만일 다시 나를 부르러 온다면 나는 반드시 제나라의 문수 가에 있겠습니다."

【보】 계씨는 노나라 대부로서 권력을 마음대로 한 자이다. 그렇기 때문에 그 권력은 옳지 않다. 민자건은 의를 근본으로 삼고, 난세에 화를 면하는 방법 또한 그에게서 멀리 떨어지는 것이라 판단하여 읍재를 거절했던 것이다. 한편 계씨 아래에서 벼슬했던 공자의 제자로는 염유, 자로, 중궁 등이 있었다. 증자와 민자건 등 몇 명이 계씨 밑에서 벼슬을 하지 않았다는 사실로 보면 이들이 더 높은 경지에 이르렀음을 알 수 있다.

‘민자건(閔子騫)’은 공자의 제자로, 이름은 손(損)이다.
‘비(費)’는 계씨의 식읍(食邑)이다.
‘문(汶)’은 제나라 남쪽과 노나라 북쪽의 경계에 있는 물 이름이다.

옹야 제8장

伯牛 有疾이어늘 子 問之하실새 自牖로 執其手曰 "亡(무)之러니 命矣夫라. 斯人也 而有斯疾也할새 斯人也 而有斯疾也할새!"

염백우가 몹쓸 병을 앓자, 공자가 문병할 때 남쪽 창문으로부터 그의 손을 잡고 말했다.

"몹쓸 병에 걸릴 리가 없는데 운명인가보다. 이런 사람이 이런 몹쓸 병에 걸리다니! 이런 사람이 이런 몹쓸 병에 걸리다니!"

【보】 공자가 제자의 몹쓸 병에 대해 애통한 심사를 드러낸 말이다.

'백우(伯牛)'는 공자의 제자로, 성은 염(冉)이고, 이름은 경(耕)이다.

'질(疾)'은 '몹쓸 병'으로 항간에는 문둥병이라고도 한다.

'유(牖)'는 남쪽 창이다. 『예기』에 "병이 든 자는 북쪽 창 아래에 있는데, 임금이 문병을 오면 남쪽 창 아래로 옮겨 임금으로 하여금 남쪽을 향하여 자신을 볼 수 있게 한다." 하였다. 이는 군신 간의 예이기 때문에, 공자가 감히 감당할 수 없어 방에 들어가지 않고 창으로부터 그의 손을 잡았던 것이다.

'명(命)'은 천명, 운명 따위를 말한다.

옹야 제9장

子曰 "賢哉라 回也여! 一簞食(사)와 一瓢飲으로 在陋巷을 人不堪其憂어늘 回也 不改其樂(락)하니 賢哉라 回也여!"

공자가 말했다.

"어질구나, 안회여! 한 그릇의 밥과 한 표주박의 물로 누추한 시골에 사는 것을 다른 사람들은 그 근심을 감내하지 못하는데, 안회는 도의 즐거움을 고치지 않으니 어질구나, 안회여!"

【보】가난한 생활에도 평소 본분을 따르고 도를 지키는 안연의 훌륭함에 대해 칭찬한 말이다.

'단(簞)'은 대나무로 만든 그릇이며, '사(食)'는 밥이다.

'표(瓢)'는 바가지이며, '음(飮)'은 음료이다.

'기우(其憂)'의 '기(其)' 자는 '빈(貧)'을 가리키지만 '기락(其樂)'의 '기(其)' 자는 평소 본분과 도리를 가리키니 곧 안빈낙도(安貧樂道)를 말한다.

옹야 제10장

冉求曰 "非不說(열)子之道언마는 力不足也로이다." 子曰 "力不足者는 中道而廢하나니 今女(여)는 畫(획)이로다."

염구가 말했다.

"스승님의 도를 기뻐하지 않는 것은 아니지만 힘이 부족합니다."

공자가 말했다.

"힘이 부족한 자란 최선을 다해 길을 가다 쓰러지는 것이니, 지금 너는 한계를 그은 것이다."

【보】염구는 스승께서 안연을 칭찬한 것에 대해 다소 시샘이 있었던 것이다. 그래서 힘이 부족하여 도를 실천하기가 어렵다고 하였는데, 이에 대해 공자는 스스로의 한계를 정한 것을 꾸짖으며 더욱 도에 정진할 것을 당부하고 있다.

원문 '중도이폐(中道而廢)'는 갈 때까지 길을 가다가 중도에 쓰러지는 것이므로 길을 가기도 전에 어디까지 밖에 못 가겠다고 한계를 긋는 것과는 다르다.

'획(畫)'은 마치 땅을 그어놓고 스스로 한계 긋는 것을 말한다.

옹야 제11장

子謂子夏曰 "女(汝) 爲君子儒요 無爲小人儒하라."

공자가 자하에게 말했다.

"너는 군자의 선비가 되어야지 소인의 선비가 되지 마라."

【보】 참다운 선비와 거짓 선비의 구분은 자신을 위하는 학문 [爲己之學]을 하는 지, 남에게 명예나 얻으려 하는 학문[爲人之學]을 하는 지에 달려 있다. 자신을 위하는 학문을 하다 보면 심성이 수양되어 결국 남으로까지 확대되지만, 남의 눈치만 보며 거짓 명성만을 추구하고 결국 자신의 삿된 욕심만을 추구하다 보면 소인이 되니 이를 경계해야 하는 것이다.

'유(儒)'는 공부하는 사람[學者]을 통칭하는 말이다.

옹야 제12장

子游爲武城宰러니 子曰 "女(汝) 得人焉爾乎아?" 曰 "有澹臺滅明者하니 行不由徑하며 非公事어든 未嘗至於偃之室也하나니이다."

자유가 무성 땅의 읍재가 되니, 공자가 물었다.

"너는 훌륭한 인재를 얻었느냐?"

자유가 대답했다.

"담대멸명이란 자가 있으니 길을 다닐 때 지름길을 경유하지 않으며 공적인 일이 아니거든 일찍이 저의 집에 단 한 번도 온 적도 없습니다."

【보】 정치에 있어서 참다운 인재를 얻는 일은 모든 일의 근본인 것이다. 자유가 무성 땅의 읍재가 되니, 공자는 훌륭한 인재를 얻었는지 물었던 것이다. 이에 자유는 담대멸명이란 자를 들어 그가 길을 가는 행위처럼 작은 일에도 빨리 하거나 편법을 쓰지 않고, 큰 일인 공적인 일이 아닐 때에는 읍재를 만나보지 않으니 스스로 지킴이 있어 자기를 굽혀 남을 따르려는 삿된 마음이 없음을 밝히고 있다.

'무성(武城)'은 노나라 도성 아래의 고을이다.

'담대(澹臺)'는 성이고, 멸명(滅明)은 이름이다.

'경(徑)'은 길이 작고 빠른, 이른바 지름길을 말하지만, 여기서 일을 시작함에 있어서 가장 작은 일인 '길 가는 것' 정도의 해석이 옳다.

'공사(公事)'는 향음주(鄕飮酒)나 향사례(鄕射禮)) 따위 등을 말한다.

옹야 제13장

子曰 "孟之反은 不伐이로다. 奔而殿하여 將入門할새 策其馬曰 '非敢後也라 馬不進也라.'하니라."

공자가 말했다.

"맹지반은 공을 자랑하지 않았다. 패주하면서 군대의 뒤에 처져 있다가 장차 도성 문을 들어가려 할 때 말을 채찍질하며 '내가 감히 용감하여 뒤에 있는 것이 아니라, 말이 전진하지 못하여 뒤에 처졌을 뿐이다.'라고 했다."

【보】 공자는 공을 내세우지도 남에게 자랑하지도 않음을 『좌전(左傳)』 애공(哀公) 11년조(年條)에 기록된 맹지반의 일을 통해 말하고 있다. 예전에는 전쟁에서 선봉에 서는 것과, 패주할 때 뒤에 서는 것을 공으로 여겼다. 맹지반이 패주 시에 뒤에 서니 사람들이 그의 용맹함을 칭송했던 것이다. 그는 말이 못 가는 것일 뿐 자신이 일부러 그렇게 한 것은 아니라며 겸손을 보였던 것이다.

'맹지반(孟之反)'은 노나라 대부(이름은 측(側))이다.

'벌(伐)'은 '자랑함'을 말하니, 안연이 「공야장」 제25장에서 '願無伐善, 無施勞'라고 했던 것과 통한다.

'분(奔)'은 전쟁에서 져서 뒤로 도망가는 것이다.

'전(殿)'은 군대의 뒤를 뜻한다.

옹야 제14장

子曰 "不有祝鮀之佞이며 而有宋朝之美면 難乎免於今之世矣니라."

공자가 말했다.

"축관 타의 말재주와 송나라 조의 미모를 소유하고 있지 않으면 오늘날 세상의 환난에서 벗어나기 어렵다."

【보】 춘추시대의 쇠퇴함 속에서 아첨을 좋아하고 미모를 숭상하였기에 공자가 이를 탄식한 말이다. 이른바 교언영색(巧言令色)을 미워했던 태도와 일맥 통한다.

'축(祝)'은 종묘(宗廟)의 관원(官員)을 말한다.

'타(鮀)'는 위나라 대부이다. 말재주가 뛰어났던 자이다.

'조(朝)'는 송(宋)나라 공자(公子)이다. 뛰어난 외모를 소유했던 자이다.

옹야 제15장

子曰 "誰能出不由戶리오마는 何莫由斯道也오."

공자가 말했다.

"어느 누가 능히 밖을 나갈 때 문을 경유하지 않는가. 어찌하여 이 도를 경유하는 이가 없는가."

【보】 도를 따르지 않는 세태를 탄식한 말이다. 사람이 밖을 나 갈 때 문을 통하지 않는 사람이 없다. 공자는 문을 도에 비유하 여, 행동할 때 도를 행하지 않는 당시 사람들을 비통하게 여긴 것이다.

옹야 제16장

子曰 "質勝文則野요 文勝質則史니 文質이 彬彬然後에 君子니라."

공자가 말했다.

"바탕이 외관보다 나으면 촌스러운 사람이고, 외관이 바탕보다 나 으면 겉치레만 잘 하는 사람이다. 외관과 바탕이 조화를 이룬 뒤에야 군자다운 사람이다."

【보】 내면과 외면이 조화를 이루어야 만이 군자다운 사람이다. '질(質)'은 내면의 후덕함을 가리킨다. 말[言]이 여기에 해당된다. '문(文)'은 외면의 아름다움을 가리킨다. 행동[行]이 여기에 해

당된다.

'승(勝)'은 '낫다[愈]'는 뜻이다.

'야(野)'는 촌스러운 사람을 뜻한다.

'사(史)'는 문서를 맡은 사람이니 이른바 '아전의 무리'이다.

'빈빈(彬彬)'은 '반반(班班)'과 같은 뜻으로 물건이 서로 섞여 적당한 모양이다.

옹야 제17장

子曰 "人之生也 直하니 罔之生也는 幸而免이니라."

공자가 말했다.

"사람이 살아가는 이치는 정직에 있다. 만일 정직하지 않으면서도 살아 있다면 요행히 죽음을 벗어난 것이다."

【보】 사람이 생을 살아가는 이치는 정직에 있음을 강조한 말이다.

'망(罔)'은 직(直)의 반대말이니 '부정직'이란 뜻이다.

옹야 제18장

子曰 "知之者 不如好之者요 好之者 不如樂之者니라."

공자가 말했다.

"도를 아는 사람은 도를 좋아하는 사람만 못하고, 도를 좋아하는 사람은 도를 즐거워하는 사람만 못하다."

【보】 도의 근본을 알고 이를 실천으로 옮겨야 진정 도를 알고 얻으며 즐거워한다는 말이다.

'지(之)' 자가 가리키는 것은 모두 도(道)이다.

옹야 제19장

子曰 "中人以上은 可以語上也어니와 中人以下는 不可以語上也니라."

공자가 말했다.

"중인 이상은 높은 것을 말해 줄 수 있으나, 중인 이하는 높은 것을 말해 줄 수 없다."

【보】 가르치는 사람은 재능에 따라 가르침도 다르게 베풀어야 한다[隨才施敎]. 반면 배우는 사람은 등급을 뛰어넘어 배워서는 안 된다[不可躐等]. 만일 선천적 바탕 위에 후천적 노력인 학문의 힘이 뒷받침이 되어 있다면 형이상학적인 면을 말해줘도 괜찮으나 그렇지 않다면 그러할 필요도 없고 그렇게 해서도 안 된다.

옹야 제20장

樊遲 問知한대 子曰 "務民之義요 敬鬼神而遠之면 可謂知矣니라."
問仁한대 曰 "仁者 先難而後獲이면 可謂仁矣니라."

번지가 지혜로운 사람에 대해 묻자, 공자가 말했다.

"사람의 도리에 힘쓰고 귀신을 공경하지만 멀리한다면, 지혜로운
사람이라고 말할 수 있을 것이다."

어진 사람에 대해 묻자, 또 말했다.

"어진 사람은 어려운 것을 앞서 하고 얻는 것을 뒤에 한다면, 어진
사람이라고 말할 수 있다."

> 【보】 지혜로운 사람의 일이란 사람으로서 당연히 해야 할 바
> 에 힘쓰는 것이고, 어진 사람의 일이란 사심 없는 마음가짐이
> 우선시 되고 얻을 것은 나중으로 미뤄야 함을 말한다. 공자는
> 번지에게 인간으로서 당연히 해야 할 바가 부족하고 얻을 것을
> 먼저 생각하는 폐단이 있었기에 이러한 가르침을 준 것이다.
> '민(民)'은 '사람[人]'의 뜻이다.

옹야 제21장

子曰 "知者는 樂(요)水하고 仁者는 樂山이니 知者는 動하고 仁者는
靜하며 知者는 樂(락)하고 仁者는 壽니라.

공자가 말했다.

"지혜로운 사람은 물을 좋아하고, 어진 사람은 산을 좋아한다. 지혜로운 사람은 활동적이고, 어진 사람은 고요하다. 지혜로운 사람은 낙천적이고, 어진 사람은 장수한다."

【보】 앞 장의 지자(知者)와 인자(仁者)에 대해 이어서 설명하고 있다. 여기에서는 지자와 인자의 일반적인 기상(물과 산)과 행동(동과 정) 그리고 그 효과(즐거움과 장수)에 대해 말하고 있다.
　'요(樂)'는 마음속으로 기뻐하고 좋아하는 것을 뜻한다.
　'동(動)'은 막힘없는 활기참을, '정(靜)'은 이와 반대인 고요함을 뜻한다. 활동적이며 막히지 않기에 즐거울 수 있으며[樂], 고요하여 일정함이 있으므로 장수를 누릴 수 있는 것이다[壽].

옹야 제22장

子曰 "齊一變이면 至於魯하고 魯一變이면 至於道니라."

공자가 말했다.

"제나라가 한 번 변화하면 노나라에 이르고, 노나라가 한 번 변화하면 선왕의 도에 이를 것이다."

【보】 공자 당시, 강하고 큰 제나라는 공리(功利)를 급선무로 여기고 과장과 속임을 좋아했으므로 환공(桓公)의 패도정치라는 풍속이 남아 있었다. 또한 약하고 작은 노나라는 예교를 중요시하고 신의를 숭상하여 선왕의 유풍은 남아 있었으나 어진 사람이 죽고 훌륭한 정치가 실행되지 못했다. 즉 두 나라의 정치는 풍속에 아름다움과 나쁜 차이가 있지만 이를 변화시킨다

면 선왕의 도에 나갈 수 있다는 말이다.

'도(道)'는 선왕의 도를 가리키니 이를테면 요임금과 순임금의 도이다.

옹야 제23장

子曰 "觚 不觚면 觚哉觚哉아."

공자가 말했다.

"모난 술잔이 모나지 않으면 모난 술잔이라고 할 수 있겠는가, 모난 술잔이라고 할 수 있겠는가!"

【보】명분만 남아 있고 실상이 사라진 것을 개탄한 말이다. 모난 술잔이 그 모양과 제도를 잃으면 모난 술잔이라 말할 수 없다. 하나의 그릇을 들어 비유했을 뿐 천하의 만물이 모두 그렇지 않은 것이 없다. 따라서 임금으로서 임금답지 못하면 임금이라 할 수 없고, 신하로서 신하답지 못하면 신하라고 말할 수 없으니, 이른바 정명사상(正名思想)이라고 하는 것이 바로 이것이다.

'고(觚)'는 네모난 술잔을 가리킨다.

'불고(不觚)'는 당시 잃은 제도를 의미한다.

옹야 제24장

宰我問曰 "仁者는 雖告之曰 '井有仁人焉'이라도 其從之也로소이다." 子曰 "何爲其然也리오? 君子는 可逝也언정 不可陷也며 可欺也언

정 不可罔也니라."

재아가 물었다.

"어진 사람은 비록 그에게 '우물에 사람이 빠졌다.'라고 말해 주더라도 그 사람을 구하러 우물에 들어갈 것입니다."

공자가 말했다.

"무엇 때문에 그러한가? 군자를 우물에까지 가게 할 수는 있지만 우물에 빠지게 할 수는 없으며, 그럴싸한 말로 속일 수는 있으나 터무니없는 말로 속일 수는 없다."

【보】 재아가 도를 믿는 것이 독실하지 못하여 인을 실천하다가 해를 입을까 걱정하여 저와 같은 질문을 한 것이다. 이에 대해 공자는 어진 사람은 비록 사람을 구제하는 데 있어 절실하여 자기 몸을 돌보지는 않을 것이지만 자신의 목숨을 버리는 데까지 어리석은 행동은 하지 않을 것이니, 재아에게 더 높은 경지의 인을 추구할 것을 권면하고 있는 것이다.

'인(仁)' 자는 '인(人)' 자와 통한다. 『중용』 제20장에 "仁者, 仁也."라고 한 것도 바로 이것이다.

'종(從)'은 우물에 따라 들어가서 그 사람을 구함을 뜻한다.

'기(欺)'는 이치가 있는 말로 속이는 것을 말하니 그럴듯하게 말하는 것이다.

'망(罔)'은 이치가 없는 말로 속이는 것을 말하니 얼토당토않게 말하는 것이다.

옹야 제25장

子曰 "君子 博學於文이요 約之以禮면 亦可以弗畔矣夫인저."

공자가 말했다.

"군자가 문에 대하여 널리 배우고 예로써 요약한다면 또한 도에 어긋나지는 않을 것이다."

【보】 이른바 박문약례(博文約禮)이다. 이는 지행(知行)에 관한 말인데 지식을 원만하게 넓혀주는 것이 문(文)이며, 행동을 절제하며 반듯하게 해 주는 것이 약(約)이라는 말이다.
'반(畔)'은 도에 어긋남을 뜻하니, '반(叛)' 자와 같다.

옹야 제26장

子見南子하신대 子路 不說(열)이어늘 夫子 矢之曰 "予所否者인댄 天厭之 天厭之시리라."

공자가 남자를 만나자 자로가 기뻐하지 않거늘, 공자가 맹세하며 말했다.

"내가 부정한 짓이 있다면 하늘이 나를 버릴 것이다, 하늘이 나를 버릴 것이다!"

【보】 옛날에는 그 나라에서 벼슬을 하면 그 임금의 부인을 찾아뵙는 예가 있었다. 그러므로 공자가 남자를 만났던 것인데 자로는 음란한 사람을 만난 것이 뜻밖이라고 생각되어 기뻐하지 않았던 것이다. 이에 대해 공자는 한 점의 부정한 짓도 없었다며 제자에게 일러 준 말이다.
'남자(南子)'는 위령공(衛靈公)의 부인이다. 그녀는 거백옥의 수레소리를 알아 볼 만큼 남다른 재주도 있었지만 송자조(宋子

朝)와 간통한 음란한 행위를 한 인물이다.

'시(矢)'는 맹세하는 말이다.

'부(否)'는 예에 합당하지 않음을 말한다.

'염(厭)'은 버리고 끊는 것을 의미한다.

옹야 제27장

子曰 "中庸之爲德也 其至矣乎인저! 民鮮이 久矣니라."

공자가 말했다.

"중용의 덕은 지극하구나! 사람들 가운데 이 덕을 실천한 자가 적은 지 오래되었다."

【보】'중용(中庸)'은 지나치거나 미치지 못함이 없고 늘 변하지 않는 천하의 바른 도이자 이치이다. 그러한 덕목은 실천으로 행해졌을 때 비로소 가치가 있는 것이나 당대 이것이 실천되지 않자 공자가 이를 탄식한 것이다.

옹야 제28장

子貢이 曰 "如有博施於民而能濟衆혼댄 何如하니잇고? 可謂仁乎잇가?" 子曰 "何事於仁이리오. 必也聖乎인저. 堯舜도 其猶病諸시니라. 夫仁者는 己欲立而立人하며 己欲達而達人이니라. 能近取譬면 可謂仁之方也已니라."

자공이 말했다.

"만일 백성에게 은혜를 널리 베풀어 많은 사람을 구제한다면 어떻겠습니까? 어진 사람이라고 말할 만합니까?"

공자가 말했다.

"어떻게 어진 사람이라 일삼는 데 그치겠는가. 반드시 성인일 것이다. 요임금과 순임금도 그것은 오히려 부족하게 여기셨다. 어진 자는 자기가 서고자 하는 데에 남도 서게 하며 자기가 통달하고자 하는 데 남도 통달하게 한다. 능히 가까운 데에서 취해 비유한다면 인을 하는 방법이라고 말할 만하다."

【보】학자에게 인을 구하는 방법은 가까운 데에서부터 취하여 박시제중(博施濟衆)이라는 고차원에 이르러야 함을 말하고 제시하고 있다[求仁之方]. 즉 자공은 인에 뜻을 두었지만 높고 원대한 것을 일삼았을 뿐 그 방법은 알지 못하였다. 따라서 박시제중이라는 차원이 높은 것보다 우선 가까운 자신의 몸을 알아가고 이를 미루어 남을 알아야 함을 말하고 있다[推己及人].

원문 '何事於仁'은 '何(止)事於仁'처럼 '지(止)' 자가 생략된 형태이다.

'성(聖)'은 인의 완성자를 뜻한다.

'병(病)'은 마음에 부족이 여기는 바가 있다는 뜻이다.

7
술이(述而)

【보】 이 편은 공자 자신을 겸손하게 말한 내용이 많고, 남을 가르친 말과 행동의 실제를 기록한 글이 다수이다. 모두 37장이다.

술이 제1장

子曰 "述而不作하며 信而好古를 竊比於我老彭하노라."

공자가 말했다.

"전술하기만 하고 창작하지 않으며 옛 서적을 믿고 좋아하는 것을 삼가 우리 노팽에게 견준다."

【보】 공자는 『시』와 『서』를 산삭하고 예악을 정리했으며 『역』을 찬술하고 『춘추』를 편수했다. 이로 보면 모두 옛것을 전술하기만 하였지 창작한 것은 없음을 밝히고 있다.

'술(述)'은 옛것을 그대로 전술하는 것을, '작(作)'은 창작을 뜻한다.

'아(我)'는 친근하게 부르는 말로 이를테면 '우리 그대[吾子]'와 같다.
'노팽(老彭)'은 상(商)나라의 어진 대부이다. 옛것을 믿어 전술
한 자이다.

술이 제2장

子曰 "黙而識(지)之하며 學而不厭하며 誨人不倦이 何有於我哉오."

공자가 말했다.

"묵묵히 기억하며 배우기를 싫어하지 않으며 사람 가르치기를 게
을리 하지 않는 것 그중 무엇이 나에게 있겠는가."

【보】「학이」 제1장에서, 공자는 배우고 익히며 학문을 논할
벗이 있고 남들이 알아주지 않더라도 섭섭하지 않을 삼 단계를
논한 바 있다. 이 장 또한 이와 연장선에 있으며 겸사로써 말한
것일 뿐이다.
'지(識)'는 '기억[記]'을 뜻하니 마음에 간직함을 말한다.
'지(之)'는 도를 가리킨다.
'묵이지지(黙而識之)'는 이미 깨달아 마음속에 간직한 것이고,
'학이불염(學而不厭)'은 아직 깨닫지 못하였기에 얻으려 노력하
는 것을 뜻한다.

술이 제3장

**子曰 "德之不修와 學之不講과 聞義不能徙하며 不善不能改 是吾憂也
니라."**

공자가 말했다.

"덕이 닦아지지 못함과 학문이 강론되지 못함과 의를 듣고 선으로 옮겨가지 못함과 불선을 능히 고치지 못하는 것이 나의 걱정거리이다."

【보】 공자가 네 가지 근심을 얘기하고 있으나, 평소 늘 실천에 옮기려 하는 마음가짐을 볼 수 있다.

술이 제4장

子之燕居에 申申如也하시며 夭夭如也러시다.

공자가 한가롭게 거처할 때에 구김살이 없고 온화한 모습이 있었다.

【보】 공자의 평소 모습을 형용한 말이다.
'연거(燕居)'는 한가하여 일이 없는 때이다.
'신신(申申)'은 모(貌-용모)가 펴져 구김살이 없는 것이다.
'요요(夭夭)'는 용(容-안색)이 펴져 온화함이 있는 것이다.

술이 제5장

子曰 "甚矣라 吾衰也여! 久矣라 吾不復夢見周公이로다!"

공자가 말했다.

"심하다, 나의 노쇠함이여! 오래되었다, 내가 다시는 꿈속에서 주공을 뵙지 못함이여!"

【보】 공자가 만년에 도를 실천할 수 없음을 알고 탄식한 것이다. 공자는 젊었을 때 주공의 도를 행하려는 뜻을 두었기 때문에 간혹 꿈속에서 주공을 뵈었다. 그러나 늙어서는 몸이 실천하기 어렵게 되자 마음에서도 없어져 꿈속에서 주공을 다시 뵙지 못할까 걱정했던 것이다. 강조하기 위해 도치법을 사용했다.

술이 제6장

子曰 "志於道하며 據於德하며 依於仁하며 游於藝니라."

공자가 말했다.

"도에 뜻을 두고 덕을 굳게 지키며 인에 의지하며 예에 노닐어야 한다."

【보】 사람이 학문을 할 때 이와 같은 순서에 맞게 해야 한다는 말이다. 즉 학문이란 우선 마음에 뜻을 세워 변하지 않고[志道] 그것을 실천하여[據德] 몸과 마음을 어진 데에 의지한다면[依仁] 예술적인 삶[游藝]을 살 수 있을 것이다. '도덕인예(道德仁藝)'는 모두 일상생활에 있는 것이며, 이를 행하는 방법이 '지거의유(志據依游)'이다.
　'지(志)'는 마음이 지향해 가는 것을 말한다.
　'거(據)'는 꼭 잡아 지킨다는 뜻이다.
　'의(依)'는 떠나지 않음을 말한다.
　'유(游)'는 사물을 완상하여 성정에 알맞게 하는 것이다.
　'예(藝)'는 곧 예(禮)·악(樂)·사(射)·어(御)·서(書)·수(數)의

법(法)이다.

술이 제7장

子曰 "自行束脩以上은 吾未嘗無誨焉이로라."

공자가 말했다.

"스스로 육포 한 묶음 이상을 가지고 찾아와 가르침을 청한 사람에게 내가 일찍이 가르쳐 주지 않은 적이 없었다."

【보】 공자는 작은 폐백을 가지고 공부하고자 하는 진정성을 보인 사람에게 일찍이 가르쳐 주지 않은 적이 없었던 것이다.
　'자행(自行)'은 스스로가 찾아 와 배우고자 뜻을 밝힘을 뜻한다.
　'수(脩)'는 육포(肉脯)를 가리킨다.
　'속(束)'은 육포 10개를 묶은 것이다. 옛날에는 서로 만나볼 적에 반드시 폐백을 바쳐 예로 삼았다. 한 속의 포를 바쳤다는 것은 지극히 적은 양을 의미한다.

술이 제8장

子曰 "不憤이어든 不啓하며 不悱어든 不發호되 擧一隅에 不以三隅反이어든 則不復(부)也니라."

공자가 말했다.

"알고자 노력하지 않으면 열어 주지 않으며 애태워하지 않으면 말해주지 않되 한 귀퉁이를 들어주었는데 세 귀퉁이를 반증하지 못하면 다시 말할 것도 없다."

【보】 배우는 자들이 부지런히 노력하여 가르침을 받을 수 있는 터전을 마련하게 하고자, 공자가 제자들에게 말한 것이다.
'분(憤)'은 마음속으로 알고자 노력하되 되지 않아 애태우는 모양이고, '비(悱)'는 입으로 말하고 싶어하지만 능하지 못하여 애태우는 모양이다.
'계(啓)'는 그 뜻을 열어 주는 것을 뜻하고, '발(發)'은 그 말문을 열어 주는 것을 뜻한다.
'한 귀퉁이를 들어주었는데 세 귀퉁이를 반증한다.'는 말은 물건에 네 귀퉁이가 있으니 그중 하나만 들면 나머지 세 귀퉁이도 유추하는 것을 의미한다.
'반(反)'은 되돌려서 서로 증거로 삼는다는 것이니, 반증이 그것이다.
'부(復)'는 다시 말해주는 것이다.

술이 제9장

子食於有喪者之側에 未嘗飽也러시다. 子於是日에 哭則不歌러시다.

공자는 상을 당한 사람의 곁에서 음식을 먹을 때 일찍이 배부르게 먹은 적이 없었다. 공자는 이날 곡을 하면 노래를 부르지 않았다.

【보】 조문에 임할 때 마음이 슬퍼 배부르게 먹을 수가 없었고, 그 날에는 남은 슬픔이 가시지 않기에 노래를 부를 수가 없었다.
'시일(是日)'은 상을 당한 날을 가리킨다.

술이 제10장

子謂顔淵曰 "用之則行하고 舍(捨)之則藏을 惟我與爾 有是夫인저."
子路曰 "子行三軍이면 則誰與시리잇고?" 子曰 "暴虎馮河하여 死而無
悔者를 吾不與也니 必也臨事而懼하며 好謀而成者也니라."

공자가 안연에게 말했다.

"등용되면 도를 행하고 버려지면 은둔하는 것을 오직 나와 너만이
이를 지녔다."

자로가 물었다.

"스승님께서 삼군을 거느린다면 누구와 함께 하시겠습니까?"

공자가 말했다.

"맨손으로 범을 잡으려 하고 맨몸으로 강하를 건너려다 죽어도 후
회 없는 자를 나는 함께 하지 않을 것이니, 반드시 일에 임하여 두려
워하고 도모하기를 좋아하여 성공하는 자와 함께할 것이다."

【보】 우선 공자는 위정자로서 등용되면 도를 행하고, 쫓겨나
게 되면 은둔하여 도를 지키는 안빈낙도를 행할 수 있는 사람
은 자신과 안연뿐이라 하여 안연의 도를 칭찬했다. 이에 자로는
자신도 그러한 평가를 받고 싶었던 것이다. 그래서 자신의 용맹
함을 평가받고자 삼군을 거느리면 누구와 함께 할 것인지 물었
다. 그러나 공자는 필부의 용맹을 써서 무모하게 죽음을 선택하
는 사람보다는 전략을 세우고 신사숙고 하는 사람을 선택했으
니 실제 그러한 사람을 허여함이 아니라 자로의 용맹함을 억제
하기 위함이었다.

'용(用)'은 등용되는 것을, '행(行)'은 도를 펼치는 것을 뜻한다.

'사(舍)'는 버려지는 것을, '장(藏)'은 도를 펼칠 수 없어 은둔하

는 것을 뜻한다.

원문 '行三軍'에서 '행(行)'은 출정을 의미하고, '삼군(三軍)'은 큰 나라의 군대를 뜻한다. 1군은 12,500명이다.

'포호(暴虎)'는 맨손으로 범을 잡는 것을, '빙하(馮河)'는 맨몸으로 강하를 건너는 것을 뜻한다.

'임사(臨事)'는 전쟁에 임하는 것을 말한다.

'구(懼)'는 두려워하며 일을 삼가 하는 것을 뜻한다.

술이 제11장

子曰 "富而可求也인댄 雖執鞭之士라도 吾亦爲之어니와 如不可求인댄 從吾所好호리라."

공자가 말했다.

"부를 구하여 가능하다면 비록 채찍을 잡는 자의 일이라도 내가 또한 하겠지만 만일 구하여 불가능한 것이라면 내가 좋아하는 바를 따르겠다."

【보】이는 가설로 쓰인 것이며 부의 가부(可否)를 말하고자 한 것이 아니라 결코 구한다고 될 것이 아님을 천명한 것이다. 이른바 부귀란 하늘에 달려 있는 것이므로[富貴在天] 지혜나 힘으로 가능한 것이 아님을 밝힌 것이다.

'채찍을 잡는 자의 일'은 매우 천한 자의 일을 의미한다.

'만일 구하여 불가능한 것'은 천명(天命)을 가리킨다.

술이 제12장

子之所愼은 齊戰疾이러시다.

공자가 삼간 것은 재계, 전쟁, 질병이다.

【보】 공자가 조심했던 것은, 첫째 신에 대한 흠향이니 이는 신과 관련된 것이고, 둘째 전쟁은 나라의 존망에 대한 것이니 이는 국가와 관련된 것이며, 셋째 질병은 자신의 몸의 생사와 관련된 것이니 이는 개인과 관련된 것이다. 이로 보면 위로는 하늘로부터 아래로는 개인의 몸에 이른 것으로 대표적인 것을 말했을 뿐 조심하지 않은 것이 없다는 말로 귀결된다.

술이 제13장

子在齊聞韶하시고 三月을 不知肉味하사 曰 "不圖爲樂(악)之至於斯也호라."

공자가 제나라에 있을 때 순임금 음악인 소를 듣고 삼 개월 동안 고기 맛을 몰랐으니 이에 대해 다음과 같이 평했다.
"음악을 만든 것이 이러한 경지에 이를 줄은 생각하지 못했다."

【보】「팔일」 제25장에 "子謂韶 '盡美矣, 又盡善也.'"라고 할 정도로 공자는 순임금의 음악인 소에 대해 극찬한 바 있다. 이 장 역시 순임금의 음악을 최고로 평한 것이다.

'고기 맛을 몰랐다'는 것은 마음이 오로지 이에 빠져 다른 것에 미치지 못함을 의미한다.

'음악을 만든 것이 이러한 경지에 이를 줄은 생각하지 못했다.'는 것은 음악의 내용과 문채가 조화롭게 잘 갖추어져 찬탄한 말이다.

술이 제14장

冉有曰 "夫子 爲衛君乎아?" 子貢이 曰 "諾다. 吾將問之호리라." 入曰 "伯夷叔齊는 何人也잇고?" 曰 "古之賢人也니라." 曰 "怨乎잇가?" 曰 "求仁而得仁이어니 又何怨이리오." 出曰 "夫子 不爲也시리러라."

염유가 말했다.

"스승님께서 위나라 임금을 돕겠습니까?"

자공이 말했다.

"알겠습니다. 내가 장차 질문해 보겠습니다."

들어가 공자에게 물었다.

"백이와 숙제는 어떠한 사람입니까?"

공자가 답했다.

"옛날의 현인이었다."

"원망했습니까?"

"인을 구하여 인을 얻었으니 다시 어찌 원망했겠는가."

자공이 밖으로 나와 염유에게 말했다.

"스승님께서는 그를 돕지 않으실 것입니다."

【보】이 글의 상황은 다음과 같다. 위령공(衛靈公)은 부인 남자(南子)의 꾀에 빠져 세자인 괴외(蒯聵)를 내쫓았다. 영공이 죽자 나라사람들이 괴외의 아들 첩을 왕으로 세웠다. 이때 진(晉)나라에서는 괴외를 본국에 들여보내니 아들 첩은 그를 막았다. 위나라 사람들은 괴외는 아버지에게 죄를 얻었고, 출공첩은 적손이므로 왕위에 서는 것이 당연하다고 여겼다. 당시 공자는 위나라에 있었기 때문에, 염유가 이를 의심하여 물은 것이다. 한편 직설로 하지 않고 우회적으로 물은 것은 고죽국이 숙제에게 왕위를 물려 준 것이 출공첩과는 대조된 상황이었기 때문이다. 이에 대해 공자는 부친의 말을 따른 백이와[求仁] 인륜을 중시했던 숙제의 훌륭함을[得仁] 들어 그들을 허여했다. 출공첩은 적손이므로 왕위에 설 수는 있지만 그가 부친을 막은 불효를 저질렀으며 조부를 부친이라 불렀기 때문에 부모가 없는 이른바 '불효(不孝)와 무부(無父)'를 범한 인물로 평한 것이므로 이를 통해 자공은 위군을 돕지 않을 것이라 말한 것이다.

'위(爲)'는 '돕다[助]'의 뜻으로 쓰였다.

'위군(衛君)'은 출공첩(出公輒)을 가리킨다.

'낙(諾)'은 대답하는 말이다.

'백이(伯夷)'와 '숙제(叔齊)'는 앞 편 「공야장」 제22장에 나왔다.

'원(怨)'은 '후회[悔]'의 의미 또한 포함되어 있다.

술이 제15장

子曰 "飯疏食(사)飲水하고 曲肱而枕之라도 樂(락)亦在其中矣니 不義而富且貴는 於我에 如浮雲이니라."

공자가 말했다.

"거친 밥을 먹고 물을 마시며 팔을 굽혀 그것을 베개로 삼더라도 즐거움 또한 그 가운데 있으니, 의롭지 못한 데에도 부유하고 귀함은 나에게 있어 뜬구름과 같다."

【보】앞서 제11장의 주제인 '부귀재천(富貴在天)'과 맥을 같이
한다. 이에 더하여 안빈낙도(安貧樂道)를 포함하고 있다. 특히
의롭지 못한 부귀는 공자 자신과 전혀 무관함을 밝히고 있다.
  '소사(疏食)'는 '거친 밥'이라는 뜻이니, 고기나 생선이 없이 채
소나 곡식만으로 차려진 변변치 않은 밥상을 의미한다.
  '여부운(如浮雲)'은 전혀 무관하다는 뜻이다.

술이 제16장

子曰 "加[假]我數年하여 五十[卒]以學易(역)이면 可以無大過矣리라."

공자가 말했다.

"하늘이 나에게 몇 년의 수명을 빌려주어 끝내 『역』을 배우게 한다
면, 큰 잘못이 없을 것이다."

【보】공자는 노년에 『주역』에 몰두했으니 위편삼절(韋編三絶)
의 고사가 이에 해당된다고 할 수 있다. 『주역』에는 자연의 질
서인 길흉과 소장(消長)이 있고, 인간의 도리인 진퇴와 존망에
대해 밝혔으니 이를 더욱 공부하면 큰 잘못은 없을 것이라 말
하고 있는 것이다. 실제 공자가 『십익(十翼)』이라는 주석서를
찬했으니 그가 『역』에 얼마나 많은 공부를 했음을 알 수 있다.
  '가(加)'는 '가(假)'의 뜻으로 보며, '오십(五十)'은 '졸(卒)'의 오기
로 보는 것이 일반적이다. 실제 독음 또한 '오십'으로 하지 않고
'졸'로 한다. 그러나 '평생'을 '오십(五十)'으로 표기하기도 하니
참고로 적어둔다.

술이 제17장

子所雅言은 詩書執禮 皆雅言也러시다.

공자가 늘 말한 바는 『시』와 『서』와 예를 지키는 것이었으니 모두
평소의 말이다.

【보】 공자는 『시』와 『서』 그리고 예를 지키는 것으로 평소의
말을 삼았으니 중시여긴 바가 이와 같음을 알 수 있다. 즉 『시
(詩)』는 성정(마음)을 다스리는 것이며, '『서(書)』'는 정사를 언급
한 것이며, '집례(執禮)'는 예를 실천하는 것으로 세 가지는 모두
일상생활의 실제에 절실한 것들이다. 제자들이 앞 장의 『주역』
에 관한 글을 놓고 형이상학적인 학문도 중시한 면도 있고, 평
소 중시 여긴 형이하학적인 것을 아래의 장에 배치하여 공자의
훌륭함을 칭송한 것이라는 설도 있으니 참고로 적어 둔다.
'아(雅)'는 '늘, 평소'의 뜻이다.

술이 제18장

**葉(섭)公이 問孔子於子路어늘 子路不對한대 子曰 "女(여) 奚不曰 其爲
人也 發憤忘食하며 樂(락)以忘憂하여 不知老之將至云爾오."**

섭공이 자로에게 공자에 대해 물었지만 자로가 대답하지 않았으니,
공자가 말했다.

"너는 어찌 말하지 않았느냐? 그 사람됨이 분발하면 먹는 것도 잊고

깨달으면 즐거워 근심을 잊어 늙음이 장차 이름을 알지 모른다고."

【보】 공자 스스로 자신에 대해 평한 말이다. 즉 어떠한 도를 얻기 이전의 노력인 발분망식(發憤忘食)과, 도를 깨달은 이후 낙이망우(樂以忘憂) 하는 경지에 대해 자평한 것이다.

'섭공(葉公)'은 초나라 섭현(葉縣)의 읍재 심제량(沈諸梁)을 가리킨다. 자(字)는 자고(子高)이다. 읍재인데도 공(公)이라 한 것은 분수를 벗어난 짓이다. 그가 공자에 대해 물었으나 반드시 묻지 않아야 할 것을 물었기에 대답의 필요성을 느끼지 못해 자로가 대답하지 않았던 것이다. 그러나 일설에는 자로가 공자를 어떻게 평할지 모르는 무능함으로 보기도 했으니 참고로 적어 둔다.

'분(憤)'은 도를 알고 행하려 하는[知行] 모든 행위를 가리킨다.

'망식(忘食)'은 진리를 터득하지 못하여 부지런히 노력하며 마음을 전일하게 한 것이니, 예컨대 순임금의 음악을 들으며 삼 개월 동안 고기의 맛도 전혀 느끼지 못한 것이다.

술이 제19장

子曰 "我非生而知之者라 好古敏以求之者也로라."

공자가 말했다.

"나는 태어나면서부터 도를 안 사람이 아니라 옛것을 좋아하여 부지런히 그것을 구한 사람이다."

【보】 당시 사람들이 공자를 태어나면서부터 도를 깨달은 사람 [生而知之者]이라는 선입견을 갖고 있었기에 해명한 글이다. 특히 옛 사람들이 기록한 책을 부단히 깨닫고자 노력한 데 초점을 맞추고 있으니, 성인이란 선천적인 훌륭한 자질 뿐 아니라

끊임없는 노력을 통해 완성됨을 알아야 한다.

'지(之)'는 도를 가리킨다.

'민(敏)'은 쉬지 않고 부지런히 노력함을 의미한다.

'고(古)'는 「술이」 제1장의 "信而好古"처럼 옛 사람들이 기록한 책을 가리킨다.

술이 제20장

子 不語怪力亂神이러시다.

공자는 괴이한 것, 무력과 관련된 것, 나라를 어지럽히는 것, 귀신에 관련된 것에 대해 말하지 않았다.

【보】 공자가 평소 말하지 않은 네 가지의 것에 대한 말이다. 주의할 점은 공자는 귀신의 존재를 인정은 했지만 인간의 바른 도리에 중점을 두었다는 것이다.

'괴(怪)'는 일상적이지 않은 것을 가리킨다.

'역(力)'은 혈기, 패란(悖亂)의 것 따위를 말한다.

'난(亂)'은 혼란의 시대에 대한 것들이다.

'신(神)'은 천지의 조화를 가리킨다. 그러나 이는 너무도 신묘하며 중인 이하의 사람들은 이해하지 못하므로 평소 말을 삼갔던 것이지 신의 존재 자체를 부정하여 말을 하지 않았다는 뜻은 아니다.

술이 제21장

子曰 "三人行에 必有我師焉이니 擇其善者而從之요 其不善者而改

之니라."

공자가 말했다.

"세 사람이 길을 갈 때에는 반드시 나의 스승이 있으니, 그 가운데 선한 사람을 선택하여 그를 따르고 불선한 자는 가려서 자신을 고쳐야 한다."

【보】나 자신을 포함하여 선한 사람과 악한 사람은 늘 주변에 있다. 그러나 이 중 선한 사람의 선행을 따르고 그 악한 사람의 악행을 경계 삼아 고쳐야 하니 선한 사람이나 악한 사람이나 모두가 나의 스승이 되는 것이다[善惡皆吾師].

술이 제22장

子曰 "天生德於予시니 桓魋 其如予何리오."

공자가 말했다.

"하늘이 내게 덕을 주었으니 환퇴가 나를 어떻게 하겠는가."

【보】이른바 '천한 옷을 입고서 송나라를 지나[微服過宋]' 위기를 모면한 상황이다. 공자는 송나라에 머물 때 환퇴의 화려함을 비난한 적이 있었다. 당시 원한을 얻어 어려움을 당했으나 이에 자신은 덕을 갖추었기 때문에 부덕한 환퇴가 자신을 어떻게 할 수 없다는 의연한 자세를 보이고 있다.
'생(生)'은 '부여해 주다'의 뜻이다.
'환퇴(桓魋)'는 송(宋)나라 사마(司馬)인 상퇴(向魋)이다. 환공(桓公)에게서 나왔으므로 환씨(桓氏)라고도 부른다.

술이 제23장

子曰 "二三子는 以我爲隱乎아? 吾無隱乎爾로라. 吾無行而不與二三子者 是丘也니라."

공자가 말했다.

"너희들은 내가 숨기는 것이 있다고 여기는가? 나는 너희들에게 숨기는 것이 없다. 나는 실천하고 너희들에게 보여주지 않은 것이 없는 자이니 이러한 사람이 바로 나다."

> 【보】 공자의 제자들은 부자의 도가 높고 심오하여 거의 따라갈 수가 없다고 여겼기에 숨기는 것이 있다고 의심했던 것이다. 그러므로 공자가 이 말을 통해 깨우쳐 준 것이다. 즉 하늘은 말이 없어도 도를 드러내 주는 것처럼, 공자 자신 또한 말이 없어도 도가 드러남을 밝히고 있다.
> '행(行)'은 공자의 일상생활 일체를 가리킨다.
> '여(與)'는 '보여주다[示]'의 뜻으로 쓰였다.

술이 제24장

子以四敎하시니 文行忠信이다.

공자는 네 가지로써 가르쳤으니 문·행·충·신이다.

> 【보】 '문행(文行)'은 앎과 실천을 지칭하는 것이고, '충신(忠信)'

은 문행의 근본이 되는 것으로 시서육례(詩書六禮)와 같은 것이다. 따라서 '문행충신(文行忠信)'은 내외(內外)를 모두 겸하는 것이며, 충신이 우선시 되어야 하고 문행은 그 다음의 실천이다.

술이 제25장

　子曰 "聖人을 吾不得而見之矣어든 得見君子者면 斯可矣니라. (子曰) 善人을 吾不得而見之矣어든 得見有恒者면 斯可矣니라. 亡(무)而爲有하며 虛而爲盈하며 約而爲泰면 難乎有恒矣니라."

　공자가 말했다.

　"성인을 내가 볼 수 없다면 군자라도 볼 수 있었으면 좋겠다. (공자가 말했다.) 선인을 내가 볼 수 없다면 떳떳한 마음을 지닌 자라도 볼 수 있었으면 좋겠다. 없으면서 있는 체하고, 텅 비었으면서도 가득한 체하며, 적으면서 많이 있는 체하면 떳떳한 마음을 지니기가 어렵다."

　【보】위선(僞善)을 경계한 장이다. 공자는 성인이나 선인을 만나면 좋지만 이것이 어렵다면 최소한 떳떳한 마음을 지닌 자라도 만났으면 했다. 그러나 그 떳떳한 마음이란 조금의 위선도 있어서는 안 되니 세 가지의 사례를 들어 이를 경계했던 것이다. 아울러 이는 성인의 경지에 이르기 위해서는 가장 아래에 있는 항심을 둠으로부터 시작해야 함도 알아야 한다.
　'성인(聖人)'을 『맹자』에서는 '큰 사람으로서 저절로 변화하는 사람[大而化之之謂聖]'이라고 하였다.
　'군자(君子)'는 도와 덕을 온전히 갖춘 사람[道全德備]을 가리킨다.
　'선인(善人)'을 『맹자』에서는 '하고자 함이 있는 사람[可欲之謂善]'이라고 했으니, 대개 바탕은 아름답지만 학문이 미진한 사람을 가리킨다.

'자왈(子曰)' 두 글자는 연문(衍文)이므로 읽지 않는다.

술이 제26장

子는 釣而不綱하시며 弋不射⒮宿이러시다.

공자는 낚시를 하되 큰 줄그물은 사용하지 않았고, 주살질을 하되 잠자는 새를 쏘아 맞추지는 않았다.

【보】 부득이한 살생 안의 인(仁) 사상에 대해 말하고 있다.

'강(綱)'은 큰 줄그물을 설치하여 물고기의 대소와 무관하게 싹쓸이 하는 낚시법을 뜻한다.

'익(弋)'은 실을 화살에 매어 쏘는 것으로 일명 주살질이다.

'석(射)'은 '쏘다'의 뜻일 때에는 '사'로 독음하며, '쏘아 맞추다'의 뜻일 때는 '석'으로 독음한다.

술이 제27장

子曰 "蓋有不知而作之者아. 我無是也로라. 多聞하여 擇其善者而從之하며 多見而識⒮之 知之次也니라."

공자가 말했다.

"혹시라도 알지 못하면서 허튼짓을 행하는 것이 있는가. 나는 이러한 일이 없다. 많이 듣고 그 선한 것을 가려 따르며, 많이 보고 기억해 둔다면 지혜로움의 다음이 된다.”

【보】일명 ‘헛똑똑이’에 대한 경계의 말이다. 무엇인가를 따를 때에는 선한 것인지 악한 것인지 반드시 가려야 하며, 이를 마음속에 잘 기억해 두어 다음 행동에 대비해 둔다면 실제 도를 알지 못한다 하더라도 그 다음의 경지에는 이른 것이라 말할 수 있을 것이다.

‘개(蓋)’는 ‘혹시라도’라는 뜻을 지닌 의문사이다.

‘부지이작지(不知而作之)’는 이치를 모르고 함부로 행동하는 것이다. 여기서의 ‘작(作)’은 ‘행(行)’의 뜻으로 쓰였다. 한편 ‘작(作)’을 ‘새로 짓다’의 뜻으로 풀이하는 경우도 있으니 참고로 적어 둔다.

‘지(識)’는 기억하는 것이다.

술이 제28장

　互鄕은 難與言이러니 童子見(현)커늘 門人이 惑한대 (子曰 “人潔己以進이어든 與其潔也요 不保其往也며 與其進也요 不與其退也니 唯何甚이리오.”) 子曰 “與其進也요 不與其退也니 唯何甚이리오 人이 潔己以進이어든 與其潔也요 不保其往也며.”

호향 사람과는 더불어 말하기가 어려웠는데 호향 동자가 배우겠다고 찾아와 공자를 뵙자 문인들이 의혹하니, 공자가 말했다.

“사람이 자기를 깨끗이 가다듬고 찾아오면 그 깨끗이 한 것을 허여할 뿐 지난날을 개의치 않고, 그 찾아옴을 허여할 뿐 물러간 뒤를 허여하는 것은 아니니 이를 어찌 심하게 할 것이 있겠는가."

【보】 이 장은 착간(錯簡)이 있으니 마땅히 괄호처럼 되어야 한
다. 이렇게 보면 당대 불선하기로 소문난 호향의 사람을 공자가
어떻게 대했는지 알 수 있다. 즉 다른 사람들은 호향 사람들이
불선하여 기피했으나, 공자는 그들이 마음을 가다듬고 깨끗하
게 오면 받아줄 뿐 지난날의 잘못은 신경 써서는 안 되며, 찾아
온 후 되돌아가면 그 뿐 굳이 지난날의 잘못에 관해 말할 것이
없는 것이다. 이른바 '너무 심한 행위[已甚之爲]'로 사람을 대해
서는 안 된다는 말이다.
    '호향(互鄕)'은 지방의 이름이다. 그곳 사람들은 선하지 못해
더불어 선을 말하기가 어려웠던 것이다.
    '혹(惑)'은 공자가 동자를 만나지 않아야 하는데 만나주는 것
에 대한 의혹을 가리킨다.
    '결(潔)'은 몸과 마음을 가다듬어 다스리는 것이다.
    '유(唯)'는 '이것[是]'이라는 말이다. 「술이」 제33장에 "正唯弟
子不能學也"라고 한 것도 이와 같은 용법이다.

술이 제29장

子曰 "仁遠乎哉아! 我欲仁이면 斯仁이 至矣니라."

공자가 말했다.

"인이란 게 멀리 있는가! 내가 인을 하고자 하면 인이 바로 이르는
것이냐."

【보】 인은 마음의 덕으로서 밖에 있는 것이 아닌 내면에 있는
것이다. 이를 놓아두고 찾지 않고서 멀리 있다고 여기는 사람이

많았기에 이를 밝힌 것이다.

　'아욕인(我欲仁)'은 인을 실천하고자 하는 의지를 의미한다.

술이 제30장

　陳司敗問 "昭公이 知禮乎잇가?" 孔子曰 "知禮시니라." 孔子退커시늘 揖巫馬期而進之 曰 "吾聞 '君子는 不黨이라.'하니 君子도 亦黨乎아? 君이 取(娶)於吳하니 爲同姓이라 謂之吳孟子라하니 君而知禮면 孰不知禮리오?" 巫馬期以告한대 子曰 "丘也幸이로다. 苟有過어든 人必知之온여."

　진사패가 물었다.

　"소공이 예를 알았습니까?"

　공자가 말했다.

　"예를 알았습니다."

　공자가 물러가자, 사패가 무마기에게 읍하고 나와서 말했다.

　"내가 들으니 '군자는 편당하지 않는다.' 했는데 군자도 편당을 합니까? 임금께서는 오나라에 장가를 들었으므로 같은 성씨가 됩니다. 그런데 이 사실을 숨기기 위해 '오맹자'라고 불렀으니 임금께서 예를 아셨다면 누가 예를 알지 못하겠습니까."

　무마기가 이러한 사실을 공자에게 아뢰자, 공자가 말했다.

　"나는 참 다행이다. 만일 잘못이 있으면 남들이 반드시 그것을 아는구나."

【보】 예에 의하면 "같은 성씨에게는 장가를 들지 않는다." 하였다. 노(魯)나라와 오(吳)나라는 모두 희씨(姬氏) 성이므로 동성이 된다. 그러므로 소공이 오나라에서 장가를 들어 이를 숨기기 위해 오맹자(吳孟子 -오 땅[吳]의 자씨[子] 성을 가진 큰 따님[孟]. 자씨는 송나라의 성씨)라고 했던 것이다. 따라서 진나라 사패는 공자의 행동을 편당이라 본 것이다. 그러나 공자는 보편적인 평가로 말했던 것이지 장가를 든 특정 사실로 대답했던 것은 아니었다. 그럼에도 사패의 말에 대해서는 인정했으니, 임금의 불미스러운 일을 숨긴 것이라고 스스로 말할 수 없었고, 또 고국의 임금이 동성에게 장가든 것을 예를 안다고 할 수도 없었기에 허물로 삼고 받아들인 것이다.

'진(陳)'은 나라 이름이고, '사패(司敗)'는 관명(官名)이다.

'소공(昭公)'은 노나라 임금이다. 이름은 주(稠)인데 당시 사람들이 예를 잘 안다고 말했다.

'무마기(巫馬期)'는 공자의 제자이다. 복성(複姓)이며, 이름은 시(施)이고, '기(期)'는 그의 자이다.

'당(黨)'은 서로 도와 나쁜 짓을 숨겨주는 것을 말한다[相助匿非].

술이 제31장

子與人歌而善이어든 必使反之하시고 而後和之러시다.

공자는 남과 더불어 노래를 할 때 상대방이 노래를 잘하면 반드시 다시 한 번 부르게 하고 뒤이어 따라 불렀다.

【보】 남의 잘한 점을 즐거워하며[樂善] 예우로 대했음을 말한다.

'반(反)'은 반복하도록 하는 것이다. 노래의 상세한 점을 알고 그 좋은 점을 취하려는 것이다.

'뒤이어 따라 불렀다'는 것은 자세한 것을 알아 기뻐하고 남의 잘한 점을 인정하며 예우로 화답한 것이다.

술이 제32장

子曰 "文莫吾猶人也아. 躬行君子는 則吾未之有得호라."

공자가 말했다.

"문(文)은 내가 남과 같지 않겠는가. 그러나 군자의 도를 몸소 행하는 것이 내가 아직 얻은 것이 있지 않다."

【보】 도를 말로 하는 것은 어려운 일이 아니지만 이를 행동으로 실천하는 것은 어려운 일이므로 이를 행함이 중요하다. 모두 겸사로 쓴 말이다.
　'문(文)'은 곧 말이며, 구체적으로는 도를 말하는 것이다.
　'궁행(躬行)'은 곧 행동이며, 구체적으로 도를 체득하는 것이다.

술이 제33장

子曰 "若聖與仁은 則吾豈敢이리오. 抑爲之不厭하며 誨人不倦은 則可謂云爾已矣니라." 公西華曰 "正唯弟子 不能學也로소이다."

공자가 말했다.

"성과 인의 경우 내가 어찌 감히 자처할 수 있겠는가. 그러나 도를 실천하는 것을 싫어하지 않고, 남 가르치기를 게을리 하지 않는 것에 대해 그것밖에 없다고 말할 수 있을 뿐이다."

공서화가 말했다.

"바로 이 점이 저희 제자들이 배울 수 없는 것입니다."

【보】 이 또한 앞 장과 마찬가지로 공자의 겸사이다. 다른 사람들의 경우 가르치고 배울 수는 있다. 그러나 공자는 도를 실천함을 싫어하지 않고[爲之不厭], 가르치기를 게을리 하지 않으니[誨人不倦] 이것이야말로 따라가기 어려운 경지인 것이다.

'성(聖)'은 큰 사람으로서 변화한 경지를 말한다.

'인(仁)'은 마음의 덕이 온전히 보전되고 인도(人道)가 갖추어진 경지이다.

원문 '則吾豈敢'은 말미에 '자처', '자임'이 생략된 형태다.

'운이이의(云爾已矣)'는 그 외에 다른 것이 없다는 말이다.

술이 제34장

子 疾病이어시늘 子路 請禱한대 子曰 "有諸아?" 子路對曰 "有之하니 誄에 曰 '禱爾于上下神祇라.'하도소이다." 子曰 "丘之禱 久矣니라."

공자가 심한 병을 앓자 자로는 신에게 빌 것을 청했다. 공자가 말했다.

"이런 이치가 있는가?"

자로가 대답했다.

"있습니다. 뇌문에 '너를 상하의 신에게 빈다.'라는 기록이 있습니다."

"나는 신에게 빈 지 오래되었다."

【보】 하늘에 빈다는 것은 일찍이 잘못을 뉘우치고 선함에 옮겨가기 위해 귀신의 도움을 받는 것을 말한다. 그러나 공자는 평소의 행실에 잘못이 없어 선에 옮겨갈 일도 없고 천지자연과 귀신과 배합되기 때문에 '귀신에게 빈 지 오래되었다.'고 말했던 것이다.

'질병(疾病)'에서 '질(疾)'은 '앓다'라는 동사로, '병(病)'은 '심한 병'이라는 명사로 쓰였다.

'도(禱)'는 귀신에게 비는 것을 말한다.

'유저(有諸)'는 '그러한 이치가 있는가.'라는 뜻이다.

'뇌(誄)'는 죽은 이를 애도하면서 그의 행적을 서술한 글이다.

'상하(上下)'는 하늘과 땅을 말한다.

'신(神)'은 하늘의 신을, '기(祇)'는 땅의 신을 지칭한다.

술이 제35장

子曰 "奢則不孫하고 儉則固니 與其不孫也론 寧固니라."

공자가 말했다.

"사치하면 공손하지 못하고 검소하면 고루하니, 공손하지 못한 것보다는 차라리 고루한 것이 낫다."

【보】 공자는 당시 사치의 풍속이 지나치게 팽배해져 이를 최소화시키기 위하여 '사치의 폐해가 검소의 폐해보다 더 크다.'고 말했을 뿐이다. 그러나 사치와 검소 모두 중도를 잃은 것이다.

'손(孫)'은 '손(遜)', '순(順)'과도 모두 통한다.

'고(固)'는 '고루함[固陋]'을 가리킨다.

술이 제36장

子曰 "君子는 坦蕩蕩이요 小人은 長戚戚이니라."

공자가 말했다.

"군자는 평탄하고 드넓으며, 소인은 항상 걱정스러워 한다."

【보】 군자는 천리의 자연스러움을 따르기 때문에 늘 심신이
태연자약하지만, 소인은 사물의 부림을 당하기 때문에 늘 심신
이 걱정과 근심으로 가득하다.

'탄(坦)'은 평탄한 모양을, '탕탕(蕩蕩)'은 너그럽고 넓은 모양
을 뜻한다.

술이 제37장

子는 溫而厲하시며 威而不猛하시며 恭而安이러시다.

공자는 온화하면서도 엄숙하고, 위엄이 있으면서도 사납지 않으며,
공손하면서도 편안해 했다.

【보】 공자의 평소 모습에는 음양이 조화롭게 잘 펴져 있어 어
느 한 쪽에 편벽된 점이 없음을 밝히고 있다.

'온(溫)'은 따뜻한 마음이 겉으로 드러나 부드럽고 온화한 모
습을, '여(厲)'는 강함이 겉으로 드러난 엄숙한 모습을 뜻한다.

'위(威)'는 위의가 잘 갖추어져 있음을, '맹(猛)'은 거칠고 사나
움을 뜻한다.

'공(恭)'은 공손함을, '안(安)'은 자연스러워 편안한 모습을 뜻한다.

8
태백(泰伯)

【보】 태백과 주나라의 지덕(至德), 학문의 단계, 학문 순서의 중요성, 인재 등용의 어려움, 요임금으로부터 우임금에 이르기까지 제왕들의 위대함 등 다양한 주제가 있을 뿐 공통된 사항은 없다. 모두 21장으로 구성되어 있다.

태백 제1장

子曰 "泰伯은 其可謂至德也已矣로다. 三以天下讓호되 民無得而稱焉이온여."

공자가 말했다.

"태백은 지극한 덕을 가진 사람이라 말할 만하다. 세 번 천하를 사양하였는데도 백성이 여기에 대해 말한 적이 없으니."

【보】 보이지 않는 최고의 은덕에 대해 칭송한 말이다.

'태백(泰伯)'은 주나라 태왕(太王)의 큰아들이다. 은나라 말기 신하가 임금을 죽이는[以臣伐君] 일을 반대한 사람으로 백이·숙제와 같은 유의 사람이다. 그는 중옹(仲雍), 계력(季歷)을 동생으로 두었는데, 계력이 태임과 결혼하여 낳은 아들이 바로 문왕이다.

'지덕(至德)'은 '지선(至善)'과 같은 말로 덕이 지극하여 다시 더 할 것이 없음을 뜻한다. 태백과 문왕에게만 이러한 표현을 쓴다.

'삼(三)'은 반드시 '세 번'이라는 뜻보다 '끝까지'라는 말이다. 완성된 숫자를 의미하는 것으로 봐야 한다.

'백성은 이에 대해 말한 적이 없다'는 말은, 그 덕이 은미하고 지극하기에 백성은 그 훌륭한 일을 모른다는 뜻이다.

태백 제2장

子曰 "恭而無禮則勞하고 愼而無禮則葸하고 勇而無禮則亂하고 直而無禮則絞니라. 君子 篤於親則民 興於仁하고 故舊를 不遺則民 不偸니라."

공자가 말했다.

"공손하되 예가 없으면 수고롭고, 신중하되 예가 없으면 두렵고, 용맹하되 예가 없으면 난을 일으키고, 강직하되 예가 없으면 조급하다. 군자가 친척에게 후하게 하면 백성은 인에서 흥기되고 친구를 버리지 않으면 백성은 인에 대해 투박하게 하지 않는다."

【보】인간의 행동을 절제하는 '예'라는 덕목과, 친척과 친구를 잘 대했을 때의 공효인 '인'에 대해 설명하고 있다. 다만 이 두 문장은 서로 연결이 어려워 일부에서는 같은 장으로 보기 어렵다는 설도 있으니 참고로 적어 둔다.

'시(葸)'는 두려워하는 모양이다.

'교(絞)'는 매우 급하여 너그럽지 못한 것이다.

'군자(君子)'는 위정자(爲政者)를 가리킨다.

태백 제3장

曾子 有疾하사 召門弟子曰 "啓予足하며 啓予手하라. 詩云 '戰戰兢兢하여 如臨深淵하며 如履薄氷이라.'하니 而今而後에야 吾知免夫로라 小子아."

증자가 심한 병이 있어 제자들을 불러 말했다.

"나의 발이 보이도록 이불을 걷고, 나의 손이 보이도록 이불을 걷어라. 『시』에 '전전긍긍하여 깊은 못에 임한 듯이 하고 얇은 얼음을 밟는 듯이 하라.' 했으니, 지금 이후에야 나는 몸의 훼손을 면한 것을 알겠구나, 제자들아!"

【보】 이른바 '신체발부는 부모님께 받은 것이니 감히 훼상하지 않는 것이 효의 시작이다. [身體髮膚, 受之父母, 不敢毁傷, 孝之始也.]'라는 말을 설명하고 있는 장이다. 증자가 자신의 손과 발을 제자들에게 보이도록 한 것은 바로 신체는 부모님께 받은 것이므로 훼상할 수 없음을 밝힌 것이다. 인용된 시는 소민편(小旻篇)에 보인다.

'유질(有疾)'은 단순히 질병이 있는 것이 아니라 곧 죽음에 임했을 때[臨終]를 가리킨다.

'계(啓)'는 이불을 걷는 것을 말한다.

원문 '吾知免夫'는 '吾知免夫(身毁)'와 같이 '몸의 훼손'이 생략된 말이다.

'소자(小子)'는 제자들인 문인을 가리킨다.

태백 제4장

曾子 有疾이어시늘 孟敬子 問之러니 曾子 言曰 "鳥之將死에 其鳴
也 哀하고 人之將死에 其言也 善이니라. 君子 所貴乎道者 三이니 動
容貌에 斯遠暴慢矣며 正顏色에 斯近信矣며 出辭氣에 斯遠鄙倍(패)矣
니 籩豆之事則有司 存이니라."

증자가 심한 병이 있자 맹경자가 문병을 오니, 증자가 말했다.

"새가 장차 죽을 때에는 그 울음소리가 애처로운 것이며, 사람이
장차 죽을 때에는 그 말이 착한 것입니다. 군자가 귀중히 여기는 도
가 세 가지 있습니다. 용모를 움직일 때에는 사나움과 태만을 멀리하
고, 얼굴빛을 바르게 할 때에는 믿음에 가깝게 하며, 말과 소리를 낼
때에는 비루함과 위배를 멀리하여야 하는 것입니다. 제기를 다루는
일은 유사를 두면 됩니다."

【보】 사람이 곤궁하면 근본으로 돌아가는 법이다[人窮反本].
증자는 위중할 때 자신의 말에 하나의 거짓도 없을 것을 강조
하며 대부에게 도는 멀리 있는 것이 아니라, 위정자는 용모, 행
동, 말 등을 늘 삼가야 함을 강조하고 있다. 이는 모두 수신(修
身)을 정치의 근본으로 삼은 것이다. 따라서 변두와 같은 기물
과 소소한 것을 예로 들면 이것을 맡은 담당자[有司]가 따로 있
는 것이니, 위정자의 일은 수신을 근본으로 삼고 변두의 일은
유사가 맡는 것처럼 각기 하는 일이 따로 있음을 밝히고 있다.
  '맹경자(孟敬子)'는 노나라 대부 중손씨(仲孫氏, 名-捷)를 가리
킨다. 그는 큰 것을 살피지 못하는 단점이 있었기에, 증자가 큰
것인 근본을 강조해 주었다.
  '문(問)'은 문병을 뜻한다.

'사(辭)'는 언어를, '기(氣)'는 소리와 숨을 가리킨다.

'패(倍)'는 '이치에 위배됨[背]'을 뜻한다.

'변(籩)'은 대나무로 만든 제기(祭器)이고, '두(豆)'는 나무로 만든 제기이다.

태백 제5장

曾子曰 "以能으로 問於不能하며 以多로 問於寡하며 有若無하며 實若虛하며 犯而不校를 昔者에 吾友 嘗從事於斯矣러니라."

증자가 말했다.

"능한 자가 능하지 못한 자에게 물으며, 많이 아는 자가 적게 아는 자에게 물으며, 있어도 없는 것처럼 여기고, 가득해도 빈 것처럼 여기며, 자신에게 잘못을 범하여도 따지지 않는 것을 옛적에 나의 벗이 일찍이 이것을 일로 삼아 따랐다."

【보】 자신이 잘하는 것에 대해서는 자랑을 하지 않는 이른바 무벌선주의(無伐善主義)에 대해 말하고 있다. 「공야장」 제25장에 "顔淵曰 願無伐善, 無施勞"이라 말한 적이 있으니, 이를 증자가 구체적으로 밝히고 있는 것이다.

원문 '以能問於不能'는 '以能(者)問於不能(者)'처럼 자(者) 자가 생략된 형태다.

'다(多)'는 지식이 많음을 뜻한다.

'교(校)'는 '계교(計較)'라는 말이니 '따져 복수함'을 의미한다.

'우(友)'는 '안연(顔淵)'을 가리킨다.

'종사(從事)'는 '노력하다'의 뜻으로 쓰였다.

태백 제6장

曾子曰 "可以託六尺之孤하며 可以寄百里之命이요 臨大節而不可奪也면 君子人與아? 君子人也니라."

증자가 말했다.

"육척의 어린 임금을 부탁할 만하고 백리의 명을 맡길 만하며 큰 절개에 임하여 빼앗을 수 없다면 군자다운 사람인가? 군자다운 사람이다."

【보】 어떤 사람의 재주가 어린 임금을 보필할 수 있고, 국정을 수행할 수 있는 능력이 있으며, 그 절개가 죽을 때 이르러서도 빼앗을 수 없다면 그러한 사람은 군자라고 부를 자격이 있다는 말이다.

'육척지고(六尺之孤)'는 '나이가 어린 임금'을 뜻한다.

'백리지명(百里之命)'은 '제후국의 정치'를 뜻한다.

'대절(大節)'은 '죽음'을 의미한다.

원문 '君子人與, 君子人也'에서 앞의 '여(與)'는 의심하는 말이고, 뒤의 '야(也)'는 결단하는 말이니, 이처럼 가정하고 문답하는 형식은 반드시 그러하다는 것을 강조하기 위해 쓴 표현이다.

태백 제7장

曾子曰 "士 不可以不弘毅니 任重而道遠이니라. 仁以爲己任이니 不亦重乎아! 死而後已니 不亦遠乎아!"

증자가 말했다.

"선비란 도량이 넓고 의지가 굳세지 않으면 안 되니, 책임은 무겁고 갈 길이 멀기 때문이다. 인으로써 자기의 책임으로 삼아야 하니 막중하지 않은가! 죽은 뒤에야 끝나는 것이니 아득하지 않은가!"

【보】 선비란 인을 체득한 사람을 지칭하는 말이다. 인을 체득한 사람은 마음의 도량이 넓어야 하고 마음의 의지 또한 굳세어야 한다. 그것은 넓은 도량이 아니면 막중한 임무를 감당하지 못하고, 굳센 의지가 아니면 먼 곳에 이를 수 없기 때문이다. 따라서 인은 남에게 맡길 수도 없는 일이며 끝도 없는 것이므로 이를 체득하는 것이 선비의 운명인 것이다.

'홍(弘)'은 마음의 도량이 넓은 것을, '의(毅)' 마음의 심지가 강한 것이다.

'도(道)'는 '길[路]'의 뜻으로 쓰였다.

'막중하지 않은가'라는 말은 남에게 맡길 수 없다는 말이다.

'아득하지 않은가'라는 말은 죽어야만 끝난다는 말로, 끝이 없다는 뜻이다.

태백 제8장

子曰 "興於詩하며 立於禮하며 成於樂(악)이니라."

공자가 말했다.

"시에서 흥기하고 예에 서며 음악에서 완성된다."

【보】 마음공부의 시작은 시를 통해서, 중간은 예를 통해서, 완성은 음악을 통해서 이루어지는 것이라는 말이다. 곧 마음공부

의 단계를 시, 예, 악으로써 제시한 것이다.

'시(詩)'는 성정에 근본으로 삼는다. 여기에는 선을 좋아하게 하고 악을 미워하게 하는[感發懲創] 공효가 있기에 이로부터 마음공부가 시작된다.

'예(禮)'는 공경과 사양을 근본으로 삼는다. 따라서 예는 행동을 절제시키는 공효가 있다.

'립(立)'은 흔들림 없이 예에 바로 선다는 말이다.

'악(樂)'은 오성(五聲)과 십이율(十二律)을 번갈아 선창 화답하여 노래와 춤이 한데 어우러짐을 말한다. 곧 음악을 통해 악의 찌꺼기를 말끔히 정화시키는 것이다. 그러나 이 음악은 바로 흥어시(興於詩)와 입어례(立於禮)를 근본으로 한다.

태백 제9장

子曰 "民은 可使由之요 不可使知之니라."

공자가 말했다.

"백성은 도리를 따르게 할 수는 있어도 소이연을 알게 할 수는 없다."

【보】백성은 당연한 도리를 따르게 할 수는 있지만 그 이치가 왜 나오며, 왜 실천해야 하는지 그 내면세계를 알게 할 수는 없다는 뜻이다. 자칫 우민정책(愚民政策)으로 해석할 수도 있으니 이를 경계해야 한다. 「옹야」 제19장을 같이 보면 좋다.

태백 제10장

子曰 "好勇疾貧이 亂也요 人而不仁을 疾之已甚이 亂也니라."

공자가 말했다.

"용맹을 좋아하되 가난을 싫어하는 사람도 난을 일으키고, 사람으로서 불인함을 너무 심하게 미워하는 자도 난을 일으킨다."

【보】 분수를 지키지 못한 사람도 난을 일으킬 자이며, 지나치게 증오하는 자 또한 난을 일으킬 것이니 모두 자기의 잘못으로 비롯된다. 아울러 이는 너무 심한 행위를 하지 않음[不爲已甚之爲]이 중요하다는 의미를 담고 있다.

태백 제11장

子曰 "如有周公之才之美오도 使驕且吝이면 其餘는 不足觀也已니라."

공자가 말했다.

"만일 주공과 같은 훌륭한 재주를 가지고 있더라도 설사 교만하고 또 인색하다면 그 나머지는 볼 것이 없다."

【보】 주공과 같은 아름다운 재주인 덕을 지니고 있다면 교만함과 인색함이 없어야 하는 것은 분명하다. 그러나 만일 주공의 덕을 지니고 있으면서 교만함과 인색함을 가지고 있다면 그 나머지 것들은 볼 것도 없다. 인색은 교만의 근본이 되고, 교만은 인색의 지엽적인 것이지만 교만과 인색은 동일한 속성으로 대개 같은 것이니 둘 다 경계해야 하는 것이나.

'주공과 같은 훌륭한 재주'는 내면의 훌륭한 덕을 가리킨다.

'교(驕)'는 자랑하는 것이니 대개 재주가 있는 데에서 발생한다. 이는 기운이 가득하여 그러한 것이다.

'인(吝)'은 인색한 것이니, 이는 기운이 부족해 그러한 것이다.

태백 제12장

子曰 "三年學에 不至[志]於穀을 不易(이)得也니라."

공자가 말했다.

"삼 년을 배우고서 녹에 뜻을 두지 않는 자를 쉽게 얻어 볼 수가 없다."

> 【보】 오랜 시간 동안 순수하게 공부할 것을 강조한 말이다. 즉 학문을 조금이라도 하고서 녹봉을 구하지 않는 사람을 보기 어렵다는 공자의 탄식이다.
> '삼년(三年)'은 적은 시간이므로 '조금'이라는 의미이다.
> '곡(穀)'은 녹봉을 뜻한다.
> '지(至)'는 '지(志)'로 본다.

태백 제13장

子曰 "篤信好學하며 守死善道니라. 危邦不入하고 亂邦不居하며 天下 有道則見(현)하고 無道則隱이니라. 邦有道에 貧且賤焉이 恥也며 邦無道에 富且貴焉이 恥也니라."

공자가 말했다.

"학문을 좋아하여 독실하게 믿고, 도를 잘 하여 죽음으로써 지켜야 한다. 위태로운 나라에는 들어가지 않고 어지러운 나라에는 살지 않

으며, 천하에 도가 있으면 나타나 정치를 하고 도가 없으면 숨어야
한다. 나라에 도가 있을 때에 가난하고 천한 것은 부끄러운 일이며,
나라에 도가 없을 때에 부하고 귀한 것도 부끄러운 일이다."

【보】 선비란 학문과 지조를 완성시키는 자이다. 이를 우선으
로 한 후에 나라에 도가 있으면 정사를 베풀고 나라에 도가 없
으면 은거해야 한다. 그러므로 일을 함에 있어 근본적인 것에
먼저 힘 써야 하는 순서의 중요성을 말하고 있다.
　'독신호학(篤信好學)'은 학문의 완성을, '수사선도(守死善道)'는
학문을 바탕으로 한 지조의 완성이다. 즉 도를 완성하기 위해
목숨을 바치는 것이니 반드시 그 차서가 있는 것이다. 그런데
'나라에 도가 있을 때에 가난하고 천하다면[邦有道 貧且賤]' 독
신호학을 하지 않은 것이며, '나라에 도가 없을 때에 부하고 귀
하다면[邦無道 富且貴]' 수사선도를 하지 않은 것이니 모두 부
끄러운 일이다.

태백 제14장

子曰 "不在其位하얀 不謀其政이니라."

공자가 말했다.
"그 지위에 있지 않으면 그 정사를 도모하지 않아야 한다."

【보】 월권(越權)에 대한 경계의 말로 시위에 맞게 행동함을 뜻
하니 이른바 정명사상(正名思想)이 이것이다. 다만 혼란의 시대
를 당해서는 이를 달리 해야 할 것이다[權道].
　'위(位)'는 행정적 책임을 지닌 자리를 가리킨다.

태백 제15장

子曰 "師摯之始에 關雎之亂이 洋洋乎盈耳哉라!"

공자가 말했다.

"악사 지(摯)가 처음 벼슬할 때 연주했던 관저편의 끝장이 귀에 넘실넘실 가득하다!"

【보】 공자가 위나라로부터 노나라에 돌아왔을 때 음악을 바로잡았다. 이때 마침 악사인 지(摯)가 악관(樂官)에 처음 임명되어 음악을 연주했고, 이를 들은 공자가 노나라의 음악이 바로잡혔음을 찬미한 말이다.

'사(師)'는 노나라 악사 태사(太師)를, '지(摯)'는 인명이다.

'관저(關雎)'는 『시경』 국풍의 첫 편이다.

'난(亂)'은 악(樂)의 끝장을 일컫는 말이다. 대개 음악은 다음의 네 단계를 거친다. 음악을 연주할 때에 녹명장(鹿鳴章)을 연주한다. 이를 승가(升歌)라고 한다. 다음은 피리로만 곡조를 연주하는데 녹명장의 경음악을 연주한다. 이를 생입(笙入)이라고 한다. 다음은 가사와 피리를 혼합하여 연주하니 이를 간가(間歌)라고 한다. 마지막으로 음악을 종합하는데 주남(周南)과 소남(召南)을 연주한다. 이를 합악(合樂)이라고 한다.

'양양(洋洋)'은 아름답고 성함을 뜻하는 의태어이다.

태백 제16장

子曰 "狂而不直하며 侗而不愿하며 悾悾而不信을 吾不知之矣로라."

공자가 말했다.

"뜻은 크고 곧지 못한 자, 어리석고 신중하지 못한 자, 무능하고 믿음직하지 못한 자를 나는 알고 싶지 않다."

【보】 뜻이 크고[狂] 어리석고[侗] 무능한 것[悾悾], 이 세 가지는 기질의 편파성으로 생긴 것이다. 그런데 정직하고[直] 신중하고[愿] 믿음직한 것[信] 또한 기질의 편파성으로 생긴 것이지만 이는 편벽된 기질 가운데 아름다운 것들이다. 이 둘은 분리되어 있지 않으니, 이를 병폐 가운데 덕[病中之德]이라고 하며, 기왕 편벽된 기질이라면 아름다운 덕목을 닦아야 한다는 말이다.

태백 제17장

子曰 "學如不及이요 猶恐失之니라."

공자가 말했다.

"배움은 따라 가지 못할 듯이 하면서도 배운 것을 잃을까 두려운 듯이 해야 한다."

【보】 학문이란 마치 따라가지 못할 듯이 하면서도 이미 배운 것에 대해서는 오히려 잃어버리지나 않을까를 염려하며 부지런히 해야 함을 말하고 있다.

'급(及)'은 '따라가다[從]'의 뜻으로 쓰였다.

'지(之)'가 가리키는 것은 '이미 학습한 것'이다. 일설에는 '때[時]'로 보기도 하니 참고로 적어 둔다.

태백 제18장

子曰 "巍巍乎 舜禹之有天下也而不與焉이여."

공자가 말했다.

"위대하시다! 순임금과 우임금은 천하를 소유하시고도 그것을 관여치 않으셨으니."

【보】 이 장부터 제21장까지는 요임금으로부터 시작하여 우임금에 이르기까지 역대 제왕의 훌륭한 면모를 밝히고 있다. 이 장은 순임금과 우임금이 천하를 소유하고도 마음에 전혀 동요가 없음을 말하고 있다.

'외외(巍巍)'는 높고 큰 모양의 의태어이다.

'불여(不與)'는 서로 관여하지 않는다는 말이니 그 지위를 즐겁게 여기지 않고 개의치 않는다는 뜻이다.

태백 제19장

子曰 "大哉라 堯之爲君也여! 巍巍乎唯天이 爲大어시늘 唯堯 則(측)之하시니 蕩蕩乎民無能名焉이로다! 巍巍乎其有成功也여! 煥乎其有文章이여!"

공자가 말했다.

"위대하다, 요의 임금 됨됨이여! 높고 높아 오직 저 하늘만이 가장 크지만 오직 요임금만이 하늘을 법으로 삼았으니 넓고 넓어 백성이 무어라 말하지 못하는구나! 높고 높다, 그 성공이여! 찬란하다, 그 문장이여!"

　　【보】 요임금의 마음과 사업의 위대함이 높고 위대함을 찬탄한 말이다.
　　'탕탕(蕩蕩)'은 넓고 원대함을 형용한 의태어이다.
　　'성공(成功)'은 사업(事業)이다.
　　'환(煥)'은 찬란히 빛나는 모양을 뜻한다.
　　'문장(文章)'은 예악과 법도 따위를 지칭한다.

태백 제20장

　　舜이 有臣五人而天下 治하니라. 武王이 曰 "予有亂臣十人호라." 孔子曰 "才難이 不其然乎아. 唐虞之際於斯爲盛하나 有婦人焉이라 九人而已니라. 三分天下에 有其二하사 以服事殷하시니 周之德은 其可謂至德也已矣로다."

　　순임금은 어진 신하 다섯 사람을 두었으니 천하가 다스려졌다. 무왕은 '나는 다스리는 신하 열 사람을 두었다.'라고 말했다.
　　공자가 말했다.
　　"인재 얻기가 어렵다는 말이 그렇지 않은가. 당우 시대가 주나라보다 성하였지만 부인이 들어 있으니, 남자는 아홉일 뿐이다. 문왕의 삼분된 천하에 그 둘을 소유하고도 복종하여 은나라를 섬겼으니, 주나라 문왕의 덕은 지극한 덕이라 말할 만하다."

【보】당우 시대가 무왕의 시대보다 현인의 수는 적었지만, 그 공은 더 큼을 밝히고 있다. 일설에는 순임금과 무왕의 일을 한 장으로 보고 공자의 말을 다른 한 장으로 보기도 하지만 두 사례를 들고 이에 대한 공자의 평으로 보는 것이 무난하다.

'신오인(臣五人)'은 우(禹), 직(稷), 설(契), 고요(皐陶), 백익(伯益)을 가리킨다.

원문 '予有亂臣十人'는 『서경』 「태서(泰書) 중(中)」 제6장에 보인다. 또 여기에서의 '난(亂)'은 '다스리다[治]'의 뜻이다. 일설에는 '치(治)' 자의 옛 글자인 '치(乿)' 자로 보기도 한다.

'십인(十人)'은 주공단(周公旦), 소공석(召公奭), 태공망(太公望), 필공(畢公), 영공(榮公), 태전(太顚), 굉요(閎夭), 산의생(散宜生), 남궁괄(南宮适), 읍강(邑姜)[무왕(武王)의 비(妃)]을 가리킨다.

'당우(唐虞)'는 도당씨(陶唐氏) 요임금을, 유우씨(有虞氏) 순임금을 합하여 부른 말이다.

'제(際)'는 서로 만나는 사이를 말하니 '때, 쯤'이란 뜻이다.

원문 '於斯爲盛'에서 '사(斯)'는 무왕의 시대를 가리키며, '성(盛)'은 숫자로 성함을 뜻하는 것이 아니라, 공이 성함을 의미한다.

'부인(婦人)'은 무왕(武王)의 비(妃)인 읍강(邑姜)을 지칭한다.

'삼분된 천하에 그 둘을 소유'라는 말은 중국의 아홉 주 즉 기주(冀州), 연주(兗州), 청주(靑州), 서주(徐州), 양주(揚州), 형주(荊州), 예주(豫州), 양주(梁州), 옹주(雍州) 가운데 청주, 연주, 기주는 주왕에게 주고 나머지 여섯 주를 문왕이 소유했다는 말이다.

'복종하여 은나라를 섬겼다'는 말은 얼마든지 은나라의 정벌이 가능하다는 뜻이다. 그런데도 인륜을 밝히기 위해 섬겼으니 지덕(至德)이라 말할 만하다는 것이다.

태백 제21장

子曰 "禹는 吾無間然矣로다. 菲飮食而致孝乎鬼神하시며 惡^악衣服而致美乎黻冕하시며 卑宮室而盡力乎溝洫하시니 禹는 吾無間然矣로다."

공자가 말했다.

"우임금은 내가 시비를 따질 것이 없다. 음식은 간략하게 먹고 귀신에게 효를 지극하게 하며, 의복은 검소하게 하고 불면의 제사 옷은 아름다움을 지극하게 하고, 궁실은 낮고 구혁에는 모든 힘을 다했으니, 우임금은 내가 시비를 따질 것이 없다."

【보】 왕위를 선양했던 제왕시대의 마지막 왕 우임금을 칭송한 장이다. 우임금은 평소 자신의 음식과 옷과 거처는 검소하게 했다. 그러나 제사를 지낼 때 음식과 의복은 할 수 있는 한 최선을 다했으며, 궁실은 낮게 했지만 백성을 위한 치수사업에는 온 힘을 다했다. 따라서 어느 것 하나 비난할 것이 없다는 말이다.

'간(間)'은 틈을 지적하여 시비를 따지는 것이다.

'비(菲)'는 '박(薄)'의 뜻이다.

'의복(衣服)'은 평상복을 가리키며, '불면(黻冕)'은 무릎을 가리는 불(黻)과, 머리에 쓰는 관(冠)인 면(冕)으로 모두 제복(祭服)을 가리킨다.

'구혁(溝洫)'은 논 사이의 수로이다. 가뭄과 장마를 대비한 것이다.

9
자한(子罕)

【보】 공자의 평소 행실과 학문의 진전 등에 대해 말한 장이 많다. 「학이」의 "子曰 '主忠信, 毋友不如己者, 過則勿憚改.'"의 연문이 포함되어 있다. 이를 제외하면 모두 29장이다.

자한 제1장

子는 罕言利與命與仁이러시다.

공자는 이로움과 천명과 인에 대해 드물게 말했다.

【보】 이로움[利]에 대해서 말하지 않음은 당연하다. 그러나 천명과 인에 대해 말한 적이 드물다고 한 것은, 천명의 이치가 매우 은미하며, 인의 도가 매우 커서 함부로 말하지 않은 것이다. 그러나 『논어』 전체에 걸쳐 천명을 잘 살피고 아는 것, 인에 대해 그 근본을 알고 실천에 옮기는 것이 공자가 말하고자 하는 바이니 글의 원의를 잘 살펴야 한다.
　'한(罕)'은 '적음[少]'을 말한다.

자한 제2장

**達巷黨人이 曰 "大哉라 孔子여! 博學而無所成名이로다." 子 聞之하
시고 謂門弟子曰 "吾何執고 執御乎아 執射乎아. 吾 執御矣로리라."**

달항당 사람이 말했다.

"위대하구나, 공자여! 널리 배우고 알았지만, 명성을 이룬 것은 없
구나."

공자가 이 말을 듣고서 문하의 제자들에게 말했다.

"내가 무엇을 잡아야 하겠는가. 말 모는 일을 잡아야 하는가, 활 쏘
는 일을 잡아야 하는가. 나는 말 모는 일을 잡을 것이다."

【보】달항당 사람이 공자의 위대함을 칭송함과 동시에 명성을
이룬 것이 없는 애석함을 드러내고 있는데, 이에 대해 공자는
천한 일인 말 모는 일을 잡겠다고 하며 겸손한 태도를 보이고
있는 장이다.

'달항(達巷)'은 당(黨)의 이름이다. '당'은 지역의 단위로서 500가
구가 거주하고 있는 곳이다. 이에 대해서는 「옹야」 제3장의 해석
에 자세히 나와 있다.

'집(執)'은 전문적으로 일을 잡는 것을 말한다. 말을 모는 일
[御]과 활을 잡는 일[射]은 하나의 재주이지만 귀천이 다르다.
즉 말을 모는 일은 남을 위해 그의 마부가 되는 것이므로 더욱
천하기 때문에 말 모는 일을 전문으로 삼겠다는 겸사이다.

자한 제3장

子曰 "麻冕이 禮也어늘 今也純하니 儉이라 吾從衆호리라. 拜下 禮也어늘 今拜乎上하니 泰也라 雖違衆이나 吾從下호리라."

공자가 말했다.

"베로 만든 면류관이 예이지만 오늘날 생사로 만드니 검소하구나. 나는 대중을 따르겠다. 당하에서 절하는 것이 예이지만 오늘날 당상에서 절하니 교만하다. 비록 대중과 위배되더라도 나는 당하에서 절할 것이다."

【보】공자의 처세관에 대해 말하고 있다. 즉 예에 어긋남이 의리에 위배되지 않는 선에서는 세속을 따르는 것도 괜찮다.

'마면(麻冕)'은 검정 베로 만든 관[緇布冠]을 말한다.

'순(純)'은 생사인 실[絲]을 가리킨다.

'검(儉)'은 '적다, 생략되다[省]'의 뜻이다. (『集註』참고.)

'당하에서 절할 것이다'는 말은, 신하가 임금에게 예를 표할 때 마땅히 당하에서 절해야 한다. 오늘날 '폐하, 전하, 각하'라는 말은 모두 이러한 의미가 담겨 있다. 만일 임금이 이러한 예를 사양하면 그때 당상에서 절한다. 그러나 공자 당시 당상에서 절을 하니, 이는 너무 교만하여 시속을 따를 수 있는 선을 넘었다고 판단하여 사양한 것이다.

'태(泰)'는 '씩씩하다, 늠름하다'의 뜻을 지니고 있으나 이를 넘어서면 교만한 것이 된다. 따라서 여기서도 '교만하다'로 풀이한 것이다.

자한 제4장

子 絶四러시니 毋意 毋必 毋固 毋我러시다.

공자는 네 가지 마음을 전혀 갖고 있지 않았다. 삿된 마음이 없었고, 기필하는 마음이 없었으며, 집착하는 마음이 없었고, 이기적인 마음이 없었다.

> 【보】인간의 악한 마음은 삿된 마음에서부터 시작한다. 삿된 마음은 반드시 꼭 이루려는 욕심으로 이어지고 이는 곧 지키려는 집착이 생기면 끝내 이기심에 이른다. 위에서 말한 이 네 가지 악한 마음에 대해 경계함을 말하고 있다.
> '절(絶)'은 전혀 없는 것을 말한다.
> '무(毋)'는 '무(無)'와 같다.
> '의(意)'는 삿된 마음이고, '필(必)'은 기필이며, '고(固)'는 집착이고, '아(我)' 자기만 아는 마음이다. '의(意)'와 '필(必)'은 항상 일이 생기기 전에 있고, '고(固)'와 '아(我)'는 항상 일이 생긴 뒤에 있다.

자한 제5장

子 畏於匡이러시니 曰 "文王이 旣沒하시니 文不在玆乎아. 天之將喪斯文也신댄 後死者 不得與於斯文也어니와 天之未喪斯文也시니 匡人이 其如予에 何리오."

공자가 광 땅에서 경계심을 품고 있어 다음과 같이 말했다.

"문왕이 이미 돌아가셨으니, 문이 이 몸에 있지 않겠는가. 하늘이 장차 이 문을 없애려 했다면 뒤에 죽는 사람이 이 문에 참여하지 못하였을 것인데, 하늘이 이 문을 없애려 하지 않았으니 광 땅 사람들이 나를 어떻게 하겠는가."

【보】 하늘이 만약 도를 없애고자 했다면, 공자에게 도를 주지 않았을 것이라는 믿음을 드러내고 있다. 이 글은 공자의 나이 56세 때, 진나라를 가기 위해 광 땅을 지나는 상황이다. 공자 나이 52세에 국정을 참여하여 삼 개월 만에 노나라가 크게 다스려졌는데, 제나라 사람들이 아름다운 여자 악사를 보내어 정사를 무너뜨리려 했다. 공자가 이를 저지했으나 계환자(季桓子)가 이를 받자 공자는 노나라를 떠났던 것이다. 공자가 광 땅을 지나던 중 광 땅 사람들은 폭정을 일삼던 양호와 외모가 비슷한 공자를 붙잡고 양호라 여긴 것이다.

'광(匡)'은 춘추시대 위나라의 땅이다.

'외(畏)'는 경계하는 마음을 품고 있음을 말한다.

'문왕(文王)'은 고공단보의 손자이다. 고공단보의 셋째 아들인 계력(季歷)이 태임(太妊)과 혼인하여 얻은 아들이 바로 문왕이다. 성은 희(姬) 씨이고, 이름은 창(昌)이다. 덕으로 정치를 잘 다스려 공자의 표본이 된 인물이다.

'문(文)'은 도가 외면에 드러난 것을 일컫는다.

'자(玆)'는 공자 자신을 일컬을 것이다.

'후사자(後死者)'는 공자 자신을 말한다.

자한 제6장

大(태)宰 問於子貢曰 "夫子는 聖者與아? 何其多能也오?" 子貢이 曰 "固天縱之將聖이시고 又多能也시니라." 子 聞之하시고 曰 "大宰 知我

乎인저. 吾 少也賤故로 多能鄙事호니 君子는 多乎哉아 不多也니라."

牢(뇌)曰 子云 '吾 不試故로 藝라'하시니라."

태재가 자공에게 물었다.

"스승님께서는 성인입니까? 어쩌면 그렇게 능력이 많으십니까?"

자공이 대답했다.

"진실로 하늘이 풀어놓으신 거의 성인일 것이고 또 능력도 많으십니다."

공자가 이 말을 듣고 말했다.

"태재가 나를 아는구나. 나는 젊었을 때 미천했기 때문에 천한 일에 능력이 많았으니, 군자가 능력이 많던가? 많지 않다."

금로가 말했다.

"스승님께서는 '내가 세상에 등용되지 못했기 때문에 재주를 익혔다.'고 말씀하셨습니다."

【보】 태재가 공자의 다재다능한 면모를 보고 감탄하며 자공에게 성인일 것이라 물었으니, 공자의 제자 자공이 스승의 더없이 높고 큼을 찬미했다.

'태재(大宰)'는 관명(官名)이다. 누구인지는 미상이다.

'여(與)'는 의문사이다.

'고(固)'는 '진실로[信]'라는 뜻이다.

'종(縱)'은 '풀어놓다[肆]'와 뜻이 같으니, 그 능력을 잴 수 있는 경지가 아님을 말한다. 「위정」 제12장의 "군자는 그릇처럼 국한되지 않는다[子曰 君子 不器]."와 뜻이 통한다.

'장(將)'은 '아마도, 거의[殆]'의 뜻이다. 자공이 제자로서 조심스럽게 스승을 찬탄한 겸사로 쓴 것이다.

'젊어서 미천했다'는 말은, 공자가 젊었을 적에 부모 공양을 위해 창고지기[委吏]와 목장지기[乘田]를 맡은 일을 가리킨다.

'능력과 재주가 많음'은 사람들을 지도하는 일과는 거리가 멀다. 그러므로 공자가 능력이 많지 않다고 말한 것이다.

'로(牢)'는 공자의 제자이다. 성은 금(琴)이고, 자(字)는 자개(子開), 자장이다.(전손사(顓孫師) 자장과 다른 인물이다.) 뇌(牢)의 고음이 '로'이며, 언해본에도 그렇게 되어 있기 때문에 이를 따른다.

'시(試)'는 세상에 등용되는 것을 말한다.

자한 제7장

子曰 "吾 有知乎哉아. 無知也로라. 有鄙夫 問於我호되 空空如也라도 我 叩其兩端而竭焉하노라."

공자가 말씀했다.

"내가 아는 것이 있던가. 나는 아는 것이 없다. 그러나 잘 모르는 사람이 나에게 묻되 아무것도 모르는 듯해도 난 그 질문의 양쪽을 모두 알려준다."

【보】 비록 자신이 아는 것은 없지만 남에게 아는 것을 말할 때 아무것도 모르는 사람일지라도 처음부터 끝까지 모두 알려줌을 말하고 있다.

'나는 아는 것이 없다'라는 말은 겸사이다.

'비부(鄙夫)'는 지식이 매우 옅어 아무것도 모르는 사람을 가리킨다.

'공공여(空空如)'는 바로 비부의 형용이다.

'고(叩)'는 '열어주다[開]'의 의미이다.

'양단(兩端)'은 처음과 끝, 근본과 지엽적인 것 등을 가리킨다.

자한 제8장

子曰 "鳳鳥 不至하며 河不出圖하니 吾已矣夫인저."

공자가 말했다.

"봉황새가 이르지 않고 황하에서 하도가 나오지 않으니, 나의 도는 끝이구나."

【보】 태평시대에 출현했던 봉황과 하도가 나오지 않으니, 이 를 개탄한 장이다.

'봉(鳳)'은 사상(四祥-麟鳳龜龍) 가운데 하나로 신령한 새이다. 순임금 시대에 나타나 춤을 추었고, 문왕 시대에 기산(岐山)에 서 울었다고 전해졌는데, 공자 시대에 출현한 적이 없기에 애석 해 하는 것이다.

'하도(河圖)'의 '하(河)'는 중국의 황하(黃河)를 말하며, '도(圖)' 는 이곳에서 나온 용마(龍馬)의 등에 새겨진 문양(文樣)을 보고 그린 그림을 말한다. 복희씨(伏羲氏)가 이것을 보고 착안하여 팔괘(八卦)를 그렸으며, 점치는 법을 창시하였다.

'이(已)'는 '그만 둠'이니 여기서는 '끝'이라는 말이다.

자한 제9장

子見齊衰(자최)者와 冕衣裳者와 與瞽者하시고 見之에 雖少나 必作하 시며 過之에 必趨러시다.

공자는 자최를 입은 자와 관을 쓰고 의상을 입은 자와 앞을 못 보

는 사람을 보면 비록 나이가 적더라도 반드시 일어났으며 그들 옆을
지날 때 반드시 종종걸음을 했다.

【보】 상을 당한 사람, 벼슬이 있는 사람, 신체가 불편한 사람
등에 대한 공자의 처신에 대해 말하고 있다.
　'자최(齊衰)'는 상복(喪服)을 말하니, '자최자(齊衰者)'는 상을
당한 사람을 가리킨다.
　'면(冕)'은 관(冠)을 말하고, 의(衣)는 윗옷, 상(裳)은 아래옷을
말하니, '면의상자(冕衣裳者)'는 벼슬에 있는 고귀한 사람을 말
한다.
　'고(瞽)'는 눈에 이상이 있어 앞을 볼 수 없는 자를 말하니, 오
늘날 봉사를 말한다.
　'작(作)'은 '일어나다[起]'의 뜻으로, 앞서 언급한 세 부류의 사
람들에 대한 예의이다.
　'추(趨)'는 종종걸음으로 빨리 나가는 것을 말한다. 역시 세 부
류 사람들에 대한 최대한의 예의이다.
　일설에는 '소(少)' 자가 '좌(坐)' 자가 되어야 한다고 주장하기
도 하기에 참고로 적어 둘 뿐 따르지는 않는다.

자한 제10장

　顔淵이 喟然歎曰 "仰之彌高하며 鑽之彌堅하며 瞻之在前이러니 忽
焉在後로다. 夫子 循循然善誘人하사 博我以文하시고 約我以禮하시니
라. 欲罷不能하여 旣竭吾才호니 如有所立이 卓爾라. 雖欲從之나 末由
也已로다."

　안연이 감탄하며 말했다.

"우러러볼수록 더욱 높고 뚫을수록 더욱 견고하며 바라봄에 앞에 있더니 홀연 뒤에 있구나. 스승님께서 차근차근 사람을 잘 인도해주어 문(文)으로써 나의 지식을 넓혀주시고 예로써 나의 행동을 절제하도록 해주셨다. 그만두고자 해도 그만둘 수 없어 이미 나의 재주를 다하니, 스승님의 도가 나의 앞에 우뚝 서있는 듯하다. 비록 스승님의 도를 따르고자 하여도 어디서부터 시작해야 할지 모르겠다."

【보】글은 세 부분으로 구성되어 있다. '첫째, 공자의 제자 안연이 스승인 공자의 도에 대해 찬탄함, 둘째 스승님의 도가 높고 오묘하지만 사람을 가르칠 때에는 반드시 순서가 있음을 밝히고 있음, 셋째 성인의 도에 이르지 못한 한계' 등이 그것이다.

안연의 말 앞에는 주어 "스승 공자님의 도"가 생략되어 있다.

'위(喟)'는 크게 탄식할 때 쓰는 글자이니, '위연(喟然)'은 탄식하는 모양을 뜻한다. 안타까움을 드러낼 때 쓰이기도 하지만 여기에서처럼 감탄할 때도 쓴다.

'미(彌)'는 '더욱'이라는 뜻이다.

'우러러볼수록 더욱 높다'는 말은 공자의 도가 너무도 높아 따라갈 수 없는 경지에 도달한 것을 말한다.

'뚫을수록 더욱 견고하다'는 말 또한 도가 너무도 깊어 따라갈 수 없는 경지에 도달함을 일컫는다.

'도가 앞에 있다가 홀연히 뒤에 있다'는 말은 뭐라고 형상할 수 없는 경지에 이름을 말한 것이니, 이 모두 사방상하의 도가 넓고 깊음을 찬미한 말이다.

'순순(循循)'은 차례가 있는 모양을 형용한 첩자이며, 어미사 '연(然)' 자가 붙었으니 '차근차근한 모양'이라는 말이다.

'유(誘)'는 인도하여 나아가게 하는 것을 말한다.

'문(文)'은 지식을 넓혀주는 도구이며, '예(禮)'는 행동을 절제하도록 하는 도구로, 모두 가르침에 있어서의 순서인 것이다.

'탁(卓)'은 '우뚝 선'이라는 말이고, '이(爾)'는 '연(然)'이나 '호(乎)'와 같이 그러한 모양을 나타내는 접미사이니, '탁이(卓爾)'는 우뚝 선 모양이라는 말이다.

'말(末)'은 '없다[亡, 無]'는 말이다. 따라서 여기서는 스승님을 따를 방법조차 모르겠다는 '부지(不知)'의 의미로 쓰였다. 이는 안연 스스로의 학문에 대한 평가를 말한 부분으로 겸사임과 동시에 자신과 성인인 공자와의 차이를 명시한 부분이기도 하다.

자한 제11장

子 疾病이어시늘 子路 使門人으로 爲臣이러니 病間曰 "久矣哉라 由之行詐也여! 無臣而爲有臣하니 吾誰欺오 欺天乎인저. 且予 與其死 於臣之手也론 無寧死於二三子之手乎아. 且予 縱不得大葬이나 予死於 道路乎아."

공자가 병이 심해지자, 자로가 문인으로 가신을 삼았다. 병이 좀 낫자 말했다.

"오래되었구나, 중유가 거짓을 행함이여! 나는 가신이 없어야 하는데 가신을 두었으니, 내가 누구를 속였는가, 하늘을 속였구나! 또 내가 가신의 손에서 죽기보다는 차라리 자네들 손에서 죽는 것이 낫지 않겠는가. 또 내가 비록 큰 장례를 치를 수 없다 하더라도 내가 길에서 죽겠느냐?"

【보】 당시, 공자는 이미 벼슬을 하지 않아 가신을 두어서는 안 된다. 그런데도 자로가 가신을 두어 스승의 상을 치르고자 하였으니, 그 마음은 스승을 높인 것이나, 높이는 방법을 알지 못한 것이다.
'병간(病間)'은 병이 조금 나은 것을 말한다. 공자가 자로를 꾸짖은 것은 당연히 가신을 두지 말아야 하는데 두었으니, 이것이 바로 하늘을 속인 행위로 본 것이다.

'대장(大葬)'은 군신의 예장(禮葬)을 말한다.

'길거리에서 죽는다[死於道路]'는 말은 시신이 길에 버려져 장례를 치르지 않는 것을 말한다. 이는 굳이 그럴 이유가 없는 것으로써 깨우쳐 준 것이다.

자한 제12장

子貢이 曰 "有美玉於斯하니 韞匵而藏諸잇가 求善賈(개)而沽諸잇가?"
子曰 "沽之哉 沽之哉나 我는 待賈者也로라."

자공이 물었다.

"여기에 아름다운 옥이 있다면 궤 속에 넣어 감추어 두시겠습니까, 아니면 좋은 값을 구하여 파시겠습니까?"

공자가 대답했다.

"팔아야지, 팔아야지. 그러나 나는 좋은 값을 기다리는 사람이다."

【보】 선비가 위정자에게 예우를 기다리는 것처럼, 만일 좋은 옥이 있다면 좋은 값을 기다려 그것을 파는 것이 마땅하다는 뜻이다. 선비란 곡학아세(曲學阿世)와 아유구용(阿諛苟容)을 절대 해서는 안 됨을 강조하고 있다.

'온(韞)'은 '감추다', '독(匵)'은 '궤'를 뜻한다.

'고(沽)'는 파는 것이다. 자공은 공자가 도를 지니고 있으면서도 벼슬하지 않기 때문에 위의 두 가지를 가설(假設)하여 물은 것이다. 공자는 진실로 팔아야 하겠지만 다만 값을 기다려야 할 것이며, 팔리기를 구해서는 안 된다고 말한 것이다.

자한 제13장

  子欲居九夷러시니 或曰 "陋커니 如之何잇고?" 子曰 "君子 居之면 何陋之有리오."

  공자가 구이에 거처하고자 하니, 혹자가 물었다.
  "구이는 누추한 곳인데 어떻게 하시렵니까?"
  공자가 답했다.
  "군자가 거처한다면 무슨 누추함이 있겠습니까."

  【보】 공자는 천하에 어진 임금이 없기에 이를 안타깝게 여기고 구이에 거처하려고까지 했다. 이에 의문이 생긴 혹자가 누추한 곳까지 가서 어떻게 할 것인지를 묻자, 군자가 거처하는 곳이라면 모든 사람들의 표본이 되어 구이의 오랑캐라 할지라도 감화되어 변할 것이라는 의미로 답을 해 주었다.
  '구이(九夷)'는 중국 동쪽 지방의 아홉 종족을 말한다.

자한 제14장

  子曰 "吾 自衛反魯然後에 樂(악)正하여 雅頌이 各得其所하니라."

  공자가 말했다.
  "내가 위나라로부터 노나라로 돌아온 뒤에 음악이 바르게 되어 아와 송이 각각 제자리를 찾게 되었다."

【보】 공자의 나이 68세(노애공 11년), 위나라로부터 노나라로 돌아왔는데 당시 주나라의 예가 노나라에 남아 있었다. 그러나 시와 음악이 많이 손상되고 빠져 순서를 잃었다. 이에 공자가 주유천하를 하며 시와 음악을 수집하고 연구하였다. 만년에 도가 끝내 행해질 수 없음을 알아 노나라로 돌아와 음악을 바로잡았던 것이다.

'아송(雅頌)'의 '아(雅)'는 정악(正樂)이며, '송(頌)'은 조상의 공덕을 노래한 것을 말한다.

자한 제15장

子曰 "出則事公卿하고 入則事父兄하며 喪事를 不敢不勉하며 不爲酒困이 何有於我哉오."

공자가 말했다.

"집 밖을 나가면 공경을 섬기고 들어오면 부형을 섬기며 상례를 감히 힘쓰지 않음이 없으며 술에게 곤욕을 당하지 않는 것 그 가운데 무엇이 나에게 있던가."

【보】 이는 일상생활에서의 도리를 다함에 대해 말하고 있다.

집 출입 시 공경과 효제를 다하고, 상례에 있어서 신종추원(愼終追遠)을 진실로 하고, 술자리에 있어서 실수하지 않는 것 등 모두 생활 속에서 자신이 해야 할 도리를 다함을 말한다.

'무엇이 나에게 있던가'라는 말은 겸사(謙辭)로 한 말이지, 실제 공자가 이러한 행위를 못했다는 말이 아니다.

자한 제16장

子在川上曰 "逝者 如斯夫인저. 不舍晝夜로다."

공자가 시냇가에 있을 때 말했다.

"가는 것이 이 물과 같구나. 낮밤을 그치지 않으니."

【보】 천지의 끝없는 변화를 감지하여 자기 성찰의 쉼이 없음을 말한 것이다. 천지만물은 가는 것과 오는 것이 이어져 한 순간도 그치는 것이 없다. 그러나 그것을 가리켜 쉽게 볼 수 있는 것은 시냇가의 물 만한 것이 없기 때문에 이를 들어 말해준 것이다.

이 제16장부터 편 끝까지 학문에 전진하여 그치지 말 것을 당부하고 있다.

자한 제17장

子曰 "吾未見好德이 如好色者也케라."

공자가 말했다.

"나는 덕을 좋아하는 것을 마치 여색을 좋아하듯이 하는 자를 보지 못하였다."

【보】 어진 사람을 보기가 참으로 어렵다는 탄식의 말이다.

여색을 좋아함은 인간의 본성이다. 따라서 덕을 좋아하는 것을 여색을 좋아하듯이 한다면 인간의 본성처럼 진정으로 덕을 좋아하는 것이 된다. 하지만 일반 사람 가운데 이렇게 하는 사람이 거의 없기에, 공자가 탄식하고 있다.

자한 제18장

子曰 "譬如爲山에 未成一簣하여 止도 吾止也며 譬如平地에 雖覆一簣나 進도 吾往也니라."

공자가 말했다.

"비유하면 산을 만듦에 한 삼태기 흙을 나르지 않아 이루지 못하고 그만두는 것도 내가 그만두는 것이며, 비유하면 평지에 비록 한 삼태기의 흙을 붓는 것이라 하더라도 나아가도 것도 내가 나아가는 것이다."

【보】 나아감과 물러남이 모두 자신에게 달려 있으니, 스스로 학문에 힘써 중도에 그만두지 않음[自强不息]에 대해 경계하는 말이다.

'궤(簣)'는 흙 삼태기이다. 산이 거의 완성되었는데도 만일 한 삼태기의 흙이 모자라서 그만둔다면 스스로 중지하는 것이고, 평지에 산을 만드는데 이제 막 한 삼태기의 흙을 부었다 하더라도 그 나아감은 자신이 나아감을 말한 것이다.

『맹자』에 "무슨 일을 하는 것을, 비유하면 우물을 파는 일과 같으니 우물을 아홉 길을 팠더라도 샘물에 미치지 못하면 우물을 버리는 것과 같다.(「진심 상」 제29장)"라고 했으니 이와 의미가 통한다.

자한 제19장

子曰 "語之而不惰者는 其回也與인저."

공자가 말했다.

"도를 말해주면 게을리 하지 않는 사람은 안회일 것이다."

【보】 원문 '語之'에서 '지(之)' 자는 도를 가리킨다.
'이(而)'는 '즉(則)' 자의 뜻이다.
'타(惰)'는 나태함을 말하니 '불타(不惰)'는 게으름을 피우지 않는 것을 말하며, 이는 곧 '힘써 행함[力行]'과 같은 말이다.

자한 제20장

子謂顔淵曰 "惜乎라 吾見其進也요 未見其止也호라."

공자가 안연에 대해 말했다.

"애달프다! 나는 그가 나아감을 봤지만, 그가 그만 두는 것을 보지 못했다."

【보】 제자 안연이 죽자, 공자는 이를 너무도 슬퍼하면서 그의 학문적 자세에 대해 칭찬하고 있는 말이다.
'위(謂)'는 개인적 평가를 말한다.
'진(進)'은 학문에 나아감이고, '지(止)'는 중간에 그만둠을 말한다.

자한 제21장

子曰 "苗而不秀者 有矣夫며 秀而不實者 有矣夫인저."

공자가 말했다.

"싹은 났지만 꽃이 피지 못하는 경우도 있고, 꽃은 피었지만 열매를 맺지 못하는 경우도 있다."

> 【보】 학문이란 반드시 완성을 기약해야 한다[學期乎必成]. 따라서 학문을 하는 사람이 결실을 맺지 못하는 경우가 있기 때문에 이를 경계하고자 말한 것이다.
> '묘(苗)'는 곡식이 처음 나오는 것이다.
> '수(秀)'는 꽃이 피는 것을 말하니 '영(英)'과 뜻이 같다.
> '실(實)'은 곡식이 성숙된 것을 말한다.

자한 제22장

子曰 "後生이 可畏니 焉知來者之不如今也리오. 四十五十而無聞焉이면 斯亦不足畏也已니라."

공자가 말했다.

"후배란 두려워할 만하니 훗날 오늘날의 나만 같지 않으리라 어떻게 알겠는가. 마흔, 쉰 살이 되어도 명성이 없다면 이 또한 두려워할 만하기에 부족하다."

【보】일찍이 학문에 힘써 나아가는 사람은 지극한 경지에 이를 것이므로 두려울 만하다. 그러나 중도에 그만두거나 일정한 시기에 이르렀는데도 명성이 알려지지 않는다면 이 또한 두려워할 만한 자는 아니다.

'후생(後生)'은 후배, 후진(後進)을 가리킨다.

원문 '來者'는 '後生'과 같은 뜻으로 보아 '후배'로 보는 설과, '훗날'로 보는 설이 있다. 본서는 후자를 따랐다.

'금(今)'은 '오늘날의 나'의 뜻이다.

'문(聞)'은 '알려지다'의 뜻으로 여기서는 '명성'과 같은 말이다.

자한 제23장

子曰 "法語之言은 能無從乎아 改之爲貴니라. 巽與之言은 能無說(열)乎아 繹之爲貴니라. 說而不繹하며 從而不改면 吾末如之何也已矣니라."

공자가 말했다.

"바르게 해주는 말은 따르지 않을 수 있는가. 잘못을 고치는 것이 중요하다. 완곡하게 해주는 말은 기뻐하지 않을 수 있던가. 그 실마리를 찾는 것이 중요하다. 기뻐하기만 하고 실마리를 찾지 않으며 따르기만 하고 잘못을 고치지 않으면, 나는 그를 어찌 할 수 없다."

【보】비른 말에 대해서는 사람들이 공경하기 때문에 반드시 따를 것이지만, 잘못을 뉘우치고 마음으로 고치지 않는다면 겉으로만 따르는 것이다. 완곡한 말에 대해서는 마음에 거슬림이 없기 때문에 반드시 기뻐할 것이지만, 그 말의 실마리를 찾지 않는다면 은미한 뜻이 어디에 있는지 알 수 없을 것이다. 결국

누군가에게 바른 말을 들었다면 마음속으로 잘못을 뉘우치고 고쳐야 하며, 완곡한 말을 들으면 그 속뜻이 무엇인지를 살펴 역시 마음속으로 잘못을 뉘우치고 고쳐야 함을 말한다.

'법어(法語)'는 바르게 말해 주는 것을 뜻하니, 이른바 '이치에 맞는 말'이란 뜻이다. 『맹자』에 "入則無法家拂, 出則無敵國外患者, 國恒亡.(「고자 하」 제15장)"라고 했는데, 여기서의 법가(法家)는 사상가로서의 법가가 아니라 '곧은 말을 해주는 신하'를 가리키는 것과 같은 용법이다.

'손(巽)'은 '완곡하다'라는 뜻이니 원문 '巽與之言'은 '완곡하게 해주는 거슬리지 않는 말'을 의미한다.

'역(繹)'은 '실마리'라는 뜻으로 '참 뜻, 깊은 생각 등의 말이다.

(子曰 "主忠信하며 毋友不如己者요 過則勿憚改니라.")

【보】「학이」 제8장에 "子曰 君子不重則不威, 學則不固. 主忠信, 無友不如己者, 過則勿憚改."라고 하였으니 연문이다.

자한 제24장

子曰 "三軍은 可奪帥也어니와 匹夫는 不可奪志也니라."

공자가 말했다.

"삼군 가운데 수장을 빼앗을 수 있지만, 필부는 그 뜻을 빼앗을 수 없다."

【보】 남에게 달려 있는 삼군의 수장(首將)은 빼앗아 올 수 있지만, 자신에게 달려 있는 필부의 의지는 빼앗아 올 수 없다는 말이다.

'삼군(三軍)'은 대국[제후국]의 군대로 12,500명을 단위로 한다.

'필부(匹夫)'는 삼군의 반대말로 보잘 것 없는 일개 남정네를 말한다.

자한 제25장

子曰 "衣敝縕袍하여 與衣狐貉者로 立而不恥者는 其由也與인저. 不忮不求면 何用不臧이리오." 子路 終身誦之한대 子曰 "是道也 何足以臧이리오."

공자가 말했다.

"해진 솜옷을 입고 여우나 담비가죽으로 만든 갖옷을 입은 사람과 더불어 서 있으면서도 부끄러워하지 않는 자는 그 중유일 것이다. '남을 해치지 않으며 남의 것을 요구하지 않는다면 어찌 착하지 않겠는가.' "

자로가 이 시를 종신토록 외우자, 공자가 말했다.

"이 방법이 어떻게 선하기에 넉넉하겠는가."

【보】 학자는 나쁜 옷을 부끄럽게 여기지 않아야 한다. 자로는 빈부로써 처신하지 않았으니 도에 나아갈 수 있다고 공자가 칭찬한 말이다. 이러한 자로의 행위는 일반사람이 미칠 수 없는 뛰어난 행위이지만 여기에 한계를 짓는 자로를 공자는 꾸짖으며 더 높은 경지로 갈 것을 당부하고 있다.

'의(衣)'는 '입다'라는 동사로 쓰였다.

'폐(敝)'는 옷이 해짐을 뜻한다.

'온포(縕袍)'는 묵은 솜을 넣은 옷이니 빈자의 옷이다.

'호학(狐貉)'은 여우나 담비의 가죽으로 만든 옷이니 부자의 옷이다.

'기(忮)'는 '남을 해침[害]'이니 강자의 속성이다.

'구(求)'는 '남의 것을 요구하는 것'이니 약자의 속성이다. 이러한 두 행위를 하지 않는다면 착하다고 할 만하다.

'용(用)'은 '위(爲)'의 뜻으로 쓰였다.

'장(臧)'은 '착하다[善]'라는 말이다.

원문 '不忮不求면 何用不臧이리오.'는 『시경』 「위풍(衛風)」 「웅치(雄雉)」의 시구(詩句)이다. 가난한 자가 부자와 사귈 적에 강한 자는 반드시 부자를 해치고, 약한 자는 반드시 탐하는 법이니 이를 경계하고자 한 시이다.

'종신토록 외우다'란 말은 스스로 자신의 능함을 기뻐하여 가는 곳마다 공자의 칭찬을 자랑한다는 의미가 담겨 있다. 이는 중유가 남을 이기려고 하는 마음이 있다는 말이다. 공자는 이것이 평생의 도가 아니며 다시 도에 나가기를 구하지 않을 것 같아 이를 경계시킨 것이다.

자한 제26장

子曰 "歲寒然後에 知松柏之後彫也니라."

공자가 말했다.

"날씨가 추워진 뒤에야 소나무와 잣나무가 뒤늦게 시듦을 알 수 있는 것이다."

【보】 선비란 어려울 때 비로소 그 절의를 볼 수 있으니, 이러한 속성을 지닌 소나무와 잣나무에 비유하여 한 말이다.

자한 제27장

子曰 "知者는 不惑하고 仁者는 不憂하고 勇者는 不懼니라."

공자가 말했다.

"지혜로운 사람은 의혹하지 않고, 어진 사람은 근심하지 않고, 용
감한 사람은 두려워하지 않는다."

【보】 지혜로운 사람은 사리(事理)에 밝기 때문에 의혹하지 않
는다. 어진 사람은 천리(天理)가 삿된 욕심을 이길 수 있기 때문
에 근심하지 않는다. 용감한 사람은 기운이 도에 부합되므로 두
려워하지 않는다. 이것이 바로 학문의 순서이다. 만일 학문의
순서가 아닌 '마음 수양이 우선'이라면, 인(仁)이 앞으로 나와야
한다.

자한 제28장

子曰 "可與共學이오도 未可與適道며 可與適道오도 未可與立이며
可與立이오도 未可與權이니라."

공자가 말했다.

"모두 배움을 함께 할 수 있어도 도에 나감을 함께 할 수 없으며,
도에 나감을 함께 할 수 있어도 서기를 함께 할 수 없고, 서기를 함께
할 수 있어도 권도를 함께 할 수 없다."

【보】 학문의 경지가 자유로운 권도에 도달함에 있음을 말하고
있다. 여기서의 권도란『맹자』에서의 권도가 아닌 시중(時中)을
가리킨다.

'가여(可與)'는 함께 일을 하는 것을 말한다.

'립(立)'은 '확립, 확고부동'의 뜻이다.

참고로 주자는 "선유(先儒)들이 잘못하여 이 장을 아래의 '편
기반(偏其反)'이라는 글을 연결시켜서 하나의 장으로 만들었기
때문에 '경도(經道)를 뒤집어 도에 합한다.'는 말이 있게 되었는
데, 정자가 이를 옳지 못하다 하셨으니 옳다."라고 하였으니 참
고할 만하다.

자한 제29장

**唐棣之華여 偏(翩)其反而로다. 豈不爾思리오마는 室是遠而니라. 子
曰 "未之思也언정 夫何遠之有리오."**

당체의 꽃이여! 바람에 펄럭이는구나. 어찌 그대를 생각하지 않으
리오만 집이 멀기 때문이다. 공자가 말했다.

"생각하지 않을지언정 어찌 멂이 있겠는가."

【보】 자세하지 않은 글이다.

'당체(唐棣)'는 '산앵도[郁李]'를 말한다. 주자는 "편(偏)은『진
서(晉書)』에 편(翩)으로 되어 있으니, 그렇다면 번(反)도 또한 당
연히 번(翻)과 같아야 할 것이다. 이는 꽃의 흔들림을 말한 것이
다. 이 시는 일시(逸詩)로서 육의에 있어 흥(興)에 속하니, 위의
두 구는 뜻이 없고, 다만 아래 두 구의 말을 일으켰을 뿐이다.
여기에 이른바 '너'란 것은 그 누구를 가리킨 것인지 알 수 없
다.'라고 했으니 참고로 적어 둔다.

10
향당(鄕黨)

【보】이 편은 공자의 평소 행동에 대해 그 문인들이 자세히 살피고 기록한 것이다. "入太廟, 每事問"은 「팔일(八佾)」제15장에 나왔기 때문에 연문으로 보면 모두 17장이다.

향당 제1장

孔子於鄕黨에 恂恂如也하사 似不能言者러시다. 其在宗廟朝廷하사는 便便(변변)言하시되 唯謹爾러시다.

공자가 향당에 있을 때에는 진실하여 마치 말을 잘 못하는 듯하였다. 하지만 공자가 종묘와 조정에 있을 때에는 말을 잘했고 오직 신중한 듯이 했다.

【보】향당과 종묘와 조정에 있을 때의 언어와 용모가 같지 않

음에 대해 말하고 있다. 즉 향당에 있을 때에는 자신의 어짊과 지혜를 가지고 남에게 앞서려고 하지 않았고, 종묘는 예법이 있는 곳이며 조정은 정사를 시행하는 곳이므로 말을 명확하게 해야 하는 곳이기에 반드시 상세하게 묻고 극진히 말했던 것이다.

'향당(鄕黨)'은 부형(父兄)과 친족 등이 있는 곳을 말한다.

'순순(恂恂)'은 진실하고 착실함을 형용한 말이다.

'종묘(宗廟)'는 역대 임금과 왕비의 위패를 모신 곳이다.

'조정(朝廷)'은 임금이 나라의 정사를 논하고 집행하는 곳이다.

'변변(便便)'은 말을 잘하는 것이다.

향당 제2장

朝에 與下大夫言에 侃侃如也하시며 與上大夫言에 誾誾如也러시다. 君在어시든 踧踖如也하시며 與與如也러시다.

조정에서 하대부와 말할 때는 강직하게 했고, 상대부와 말할 때는 온화하게 했다. 임금이 계실 때에는 조심스럽게 행동하되 위의에 맞게 했다.

【보】 공자가 조정에 있을 때에 윗사람을 섬기고 아랫사람을 대할 때 그 행동이 같지 않음에 대해 기록한 장이다. 즉 강직할 때에는 강직하고 화평할 때에는 화평했던 시중(時中)에 대해 말하고 있다.

'조(朝)'는 현재 임금이 자리에 있지 않은 조정을 가리킨다. 조회를 임하기 전인 상황이다.

'하대부(下大夫)'는 동료 대부를 가리킨다.

'간간(侃侃)'은 강직한 모양이다.

'상대부(上大夫)'는 공자보다 높은 지위를 가리킨다.

'은은(誾誾)'은 화평하고 부드러운 모양이다.

'군재(君在)'는 임금이 조회를 볼 때를 가리킨다. 앞서 '조(朝)'
와 다른 상황을 말하고 있다.

'축척(踧踖)'은 조심하여 편치 않은 모양이다.

'여여(與與)'는 위의(威儀)가 알맞은 모양이다.

향당 제3장

**君이 召使擯이어시든 色勃如也하시며 足躩如也러시다. 揖所與立하
샤되 左右手러시니 衣前後 襜如也러시다. 趨進에 翼如也러시다. 賓退
어든 必復(복)命曰 '賓 不顧矣라'하더시다.**

임금이 불러 국빈을 대접하게 하면, 공자는 얼굴빛을 변하며 발걸
음을 조심했다. 함께 서 있는 동료의 빈(擯)에게 읍할 때 손을 좌측으
로 혹은 우측으로 했는데 옷의 앞뒤자락이 가지런한 듯했다. 빨리 나
갈 때에는 새가 날개를 편 듯 했다. 손님이 물러가면 반드시 복명하
기를 '손님이 돌아보지 않고 잘 갔습니다.' 했다.

【보】공자가 임금을 위하여 빈상(擯相)이 되었을 때의 거동을
기록한 장이다.

'빈(擯)'은 임금이 신하로 하여금 손님을 대접하게 하는 것을
말한다. 이는 매우 큰일이기 때문에, 공자가 신중하게 처신하지
않을 수 없는 것이다.

'발(勃)'은 얼굴빛을 고치는 모양이다.

'확(躩)'은 발걸음을 조심하는 것을 말한다. 외국의 손님과 자
국의 주인으로서 대접, 즉 외교의 막중한 책임이 있기 때문에
조심할 수밖에 없었던 것이다.

'함께 서 있는 동료에게 읍할 때'는 동료로서의 빈을 가리킨다. 우리나라의 경우 9품(品)으로부터 1품에 이르지만, 중국의 경우 1명(命)으로부터 9명에 이르기 때문에 9명이 가장 높다. 또한 9명(命)이 나라에 이르면 그 명의 반인 다섯 사람의 접빈관이 따르는 것이 원칙이다. 따라서 동료 빈에게 물건을 받을 때에는 오른쪽에서 받을 때에도 읍을 하고, 왼쪽으로 전해 줄 때에도 읍을 하기 때문에 '좌우수(左右手)'라는 표현을 쓴 것이다.

'첨(襜)'은 가지런한 모양이다. 신중하게 읍을 하되 옷자락이 펄럭거리며 흐트러지지 않게 하였다는 말이다.

'종종걸음으로 나갈 때에는 새가 날개를 편 듯 했다'는 말은 사신으로서 막중한 책임을 다했기 때문에 가벼운 마음으로 거동했다는 의미이다.

'복(復)'은 '아뢰다', '명(命)'은 '말하다[言]'의 뜻이다.

'손님이 돌아보지 않고 잘 갔습니다.'라고 복명한 이유는 접빈관으로서의 책임을 다했음을 임금에게 고하여 그 마음을 편안하게 하도록 하기 위함이다. 떠나가는 사람은 뒤를 돌아보지 않는 법이라고 한다. 그 이유는 뒤를 돌아보면 전송하는 자가 다시 긴장을 해야 하기 때문이다.

향당 제4장

入公門하실새 鞠躬如也하사 如不容이러시다. 立不中門하시며 行不履閾이러시다. 過位하실새 色勃如也하시며 足躩如也하시며 其言이 似不足者러시다. 攝齊(자)升堂하실새 鞠躬如也하시며 屛氣하사 似不息者러시다. 出降一等하사는 逞顔色하사 怡怡如也하시며 沒階하사는 趨翼如也하시며 復其位하사는 踧踖如也러시다.

공문에 들어갈 때에는 몸을 굽혀 용납하지 못하는 듯했다. 서 있을 때에는 문 가운데에 있지 않았고, 다닐 때에는 문지방을 밟지 않았다. 임금의 자리를 지날 때에는 얼굴빛을 변한 듯했고, 발걸음을 조심하는 듯했으며, 그 말씀을 부족한 듯했다. 옷자락을 잡고 당에 오를 때에 몸을 굽힌 듯했으며, 숨을 죽이고 마치 쉬지 않은 듯했다. 당에서 나와 한 계단을 내려가서는 얼굴빛을 펴서 화평한 듯했으며, 층계를 다 내려와서는 종종걸음으로 나가기를 마치 새가 날개를 편 듯했으며, 자신의 자리에 돌아와서는 위의에 맞게 했다.

【보】 공자가 조정에 있을 때의 모습을 기록한 것이다.

'공문(公門)'은 궁궐을 가리킨다.

'국궁(鞠躬)'은 몸을 굽히는 것이다. 공문에 들어갈 때 몸을 굽힌 것은 예의를 다했기 때문이다.

'중문(中門)'은 문의 한가운데 서는 것을 말한다. 이는 문설주와 문지방의 사이를 가리키는데, 임금이 출입하는 곳이기 때문에 세우는 것이다.

'역(閾)'은 문지방을 말하며, 문지방을 밟는 것은 불경(不敬)에 속한다. 따라서 밟지 않은 것이다.

'위(位)'는 임금의 자리인데, 여기서는 임금이 없는 빈자리를 말한다. 그 가운데 문과 병풍 사이로서 임금이 조회 볼 때 신하들을 기다리며 서 있는 곳을 '위'라고 한다. 임금이 부재중일 때에도 반드시 예의를 갖추고 공경히 행동했음을 말한다.

'말씀을 부족한 듯이 한다'는 것은 말을 감히 함부로 하지 않은 것이다.

'섭(攝)'은 손으로 잡는 것을 말한다.

'자(齊)'는 옷의 아랫자락이다. 당에 오를 때 옷자락을 잡는 것은 혹여나 밟아 넘겨져 용모가 흐트러질까를 두려워해서이다.

'병(屛)'은 '물리치다, 감추다'의 뜻이다.

'식(息)'은 숨 쉬는 것을 말한다. 따라서 '병식(屛息)'은 숨을 죽이는 것으로, 임금을 가까이 하기 때문에 숨 쉬는 것을 엄숙하게 하는 것이다.

'출(出)'은 바로 당에서 내려옴을 말한다.

'등(等)'은 계단을 뜻한다.

'영(選)'은 펴는 것이다.

'이이(怡怡)'는 화평하고 기쁜 모양이다.

'몰(沒)'은 '다하다'는 뜻으로 '몰계(沒階)'는 계단을 다 내려온 것을 말한다.

'추(趨)'는 종종걸음으로 자기 자리로 나아가는 것이다.

'축척(蹙踖)'은 위의에 맞게 하는 것을 말한다. 자신의 자리로 다 돌아와서 위의에 맞게 행동한 것은 공경함을 여전히 갖추고 있음을 뜻한다.

향당 제5장

執圭하사대 鞠躬如也하사 如不勝하시며 上如揖하시고 下如授하시며 勃如戰色하시며 足蹜蹜如有循이러시다. 享禮에 有容色하시며 私覿에 愉愉如也러시다.

홀을 잡을 때에는 몸을 굽혀 마치 무게를 이기지 못하는 듯이 했다. 홀은 위로는 서로 읍할 때의 위치와 같게 하고 아래로는 물건을 줄 때의 위치와 같게 하였다. 얼굴빛을 변하여 두려워하는 빛을 띠고 발걸음을 마치 땅에서 떼지 않는 듯하였다. 예를 바칠 때에는 온화한 얼굴빛을 띠었고 사적으로 만날 때에는 화평하게 했다.

【보】 공자가 임금을 위하여 이웃 나라에 방문하는 예를 기록한 것이다.

'규(圭)'는 제후의 명규(命圭)이다. 사신의 명을 받아 외국으로 나갔을 때 사용하는 징표로서 홀 등을 가리킨다.

'이기지 못하는 듯이 한다'는 말은, 임금이 내린 기물이므로 가볍지만 마치 무거운 듯하여 공경하고 삼가기를 지극히 하는 것을 말한다.

'상여읍(上如揖), 하여수(下如授)'는 규(圭)를 잡는 것이 평형을 이루어 손이 심장 부위와 가지런하여, 높아도 읍할 때의 위치를 지나지 않고 낮아도 물건을 줄 때의 위치를 지나지 않는 것을 가리킨다.

'전색(戰色)'은 두려운 얼굴빛을 말한다.

'축축(蹜蹜)'은 발걸음을 좁게 떼는 모습의 의태어이다.

'여유순(如有循)'은 걸음이 땅에서 떨어지지 않아 마치 물건을 따르는 것과 같음을 말한다.

'향(享)'은 물건을 드리는 것이며, '예(禮)'는 예물을 뜻한다.

'사적(私覿)'는 사사로운[비공식] 예로 만나보는 것이다.

'유유(愉愉)'는 기쁜 얼굴 모양이다. 예물을 올리며 온화하고 기쁜 모습을 띠는 것은 당연한 처신인 것이다.

향당 제6장

君子는 不以紺緅로 飾하시며 紅紫로 不以爲褻服이러시다. 當暑하사 袗絺綌을 必表而出之러시다. 緇衣엔 羔裘요 素衣엔 麑裘요 黃衣엔 狐裘러시다. 褻裘는 長호되 短右袂러시다. 必有寢衣하시니 長이 一身有半이러라. 狐貉之厚로 以居러시다. 去喪하사는 無所不佩러시다. 非帷裳이어든 必殺(쇄)之러시다. 羔裘玄冠으로 不以弔러시다. 吉月에 必朝服而朝러시다.

군자는 감색과 검붉은 빛으로 옷을 선 두르지 않았으며, 다홍색과 자주색으로 평상복을 만들어 입지 않았다. 더울 때에는 가는 갈포와

굵은 갈포로 홑옷을 만들고 반드시 겉에 입고 나갔다. 검은 옷에는 염소 가죽으로 만든 검은 옷을 입고, 흰 옷에는 사슴 가죽으로 만든 흰 옷을 입고, 누른 옷에는 여우 가죽으로 만든 누른 옷을 입었다. 평상 시 입는 갖옷은 옷을 길게 했지만 오른쪽 소매를 짧게 했다. 반드시 잠옷이 있었는데 길이가 한 길하고 또 반이 있었다. 여우와 담비의 두터운 가죽옷으로 거처했다. 상복을 벗은 후에는 패물을 차지 않은 것이 없었다. 유상이 아니면, 반드시 줄였다. 염소 가죽으로 만든 갖옷과 검은 관으로는 조문하지 않았다. 초하룻날에는 반드시 조복을 입고 조회했다.

【보】 의복에 대해 기록한 장이다.

'군자(君子)'는 공자를 말한다.

'감추(紺緅)'는 자줏빛을 가리킨다. 간색이므로 피한다.

'식(飾)'은 옷에 동전과 같은 것을 매다는 것을 뜻한다.

'홍색(紅色)'은 자줏빛의 간색이므로 바르지 못할 뿐 아니라 부인과 여인의 옷 색깔을 말하므로 공자가 피한 것이다.

'설복(褻服)'은 평상복을 가리킨다.

'진(袗)'은 홑옷이다.

'치격(絺綌)'은 오늘날 모시옷을 말한다. 가늘고 정밀한 모시를 '치'라 하고, 거친 모시를 '격'이라고 한다.

'표(表)'는 겉옷을 가리킨다. 홑옷만 입고 나가면 속살이 보이기 때문에 반드시 겉에 다른 옷을 입고 나감을 말한다.

'치의(緇衣)'는 검정 옷을 가리킨다.

'고구(羔裘)'는 검은 염소의 가죽을 사용하여 만든 갖옷이다.

'예구(麑裘)'는 사슴새끼의 하얀 가죽을 사용하여 만든 갖옷이다.

'호구(狐裘)'는 여우의 누런 가죽을 사용하여 만든 갖옷이다.

'평상 시 입는 옷을 길게 했다'는 것은 따뜻하게 하기 위해서이다.

'오른쪽 소매를 짧게 했다'는 것은 일하는 데 편하게 하기 위해서이다.

'잠옷이 한 길 하고 반이 더 있다'는 것은 따뜻하게 하고 자기 위함이다.

'호학(狐貉)'은 따뜻한 옷을 뜻한다.

'거상(去喪)'은 상복을 벗는 것을 가리키니 상이 끝나면 관료로서의 상징인 패물을 반드시 차는 것이다.

'유상(帷裳)'은 옷 전폭에 주름을 세 칸으로 잡는 것이다.

'쇄(殺)'는 여기에서 비스듬하게 3분의 2를 줄이는 것을 뜻한다.

'고구(羔裘)'와 '현관(玄冠)'은 모두 경사가 있을 때 입는 것이므로 조문할 때에는 사용하지 않는다. 참고로 좋은 일에는 검은 옷을, 슬픈 일에는 하얀 옷을 입는 것이 전통이었다[吉主玄, 喪主素].

'길월(吉月)'은 달의 초하루이다. 이 때 공자는 조정을 향해 반드시 절을 했다.

향당 제7장

齊必有明衣러시니 布러라. 齊必變食하시며 居必遷坐러시다.

재계할 때에는 반드시 밝은 옷을 입었으니 그것은 무명으로 만들어졌다. 재계할 때에는 반드시 음식을 바꾸고, 거처할 때에 반드시 자리를 옮겼다.

【보】 이는 공자의 재계(齋戒)에 대해 기록이다.

'명의(明衣)'는 재계복으로 깨끗한 옷을 가리키며, 소재는 무명으로 한다.

'변식(變食)'은 음식을 바꿨다는 것으로 냄새가 나는 음식을 비롯하여, 술 같은 것을 먹지 않았다는 뜻이다.

향당 제8장

食不厭精하시며 膾不厭細러시다. 食饐而餲와 魚餒而肉敗를 不食하시며 色惡_(악)不食하시며 臭惡不食하시며 失飪不食하시며 不時不食이러시다. 割不正이어든 不食하시며 不得其醬이어든 不食이러시다. 肉雖多나 不使勝食_(사)氣하시며 唯酒無量하시되 不及亂이러시다. 沽酒市脯를 不食하시며 不撤薑食하시며 不多食이러시다. 祭於公에 不宿肉하시며 祭肉은 不出三日하더시니 出三日이면 不食之矣니라. 食不語하시며 寢不言이러시다. 雖疏食菜羹이라도 瓜_(필)祭하시되 必齊如也러시다.

밥은 정미를 싫어하지 않았으며, 회는 가늘게 썬 것을 싫어하지 않았다. 밥은 상하여 쉰 것과, 생선은 상하고 고기가 부패한 것을 먹지 않았으며, 빛깔이 나쁜 것을 먹지 않았고, 냄새가 나쁜 것을 먹지 않았으며, 조리가 잘못된 것을 먹지 않았고, 제철 음식이 아니면 먹지 않았다. 자른 것이 바르지 않으면 먹지 않았고, 육장을 얻지 못하면 먹지 않았다. 고기가 비록 많으나 밥 기운을 이기게 하지 않았고, 술은 일정한 양이 없으나 어지러운 데에 이르지 않았다. 산 술과 포를 먹지 않았고, 생강을 먹는 것을 거두지 않았으며, 과식하지 않았다. 나라에서 제사지내고 받은 고기는 하루를 넘기지 않았고, 집에서 제사지낸 고기는 삼 일을 넘기지 않았으니, 삼 일이 지나면 먹지 못하기 때문이다. 음식을 먹으면서 말하지 않았고, 잠을 자면서 말하지 않았다. 비록 거친 밥과 나물국이라도 반드시 작은 제사를 지내되 공경히 했다.

【보】 공자의 음식에 대한 예절을 기록한 장이다.

'정(精)'은 깨끗이 쌀을 벗긴 정미를 말한다.

'회(膾)'는 육회를 가리킨다. 가늘게 썰어 먹었던 것은 소화를 위해서이다.

'애(饐)'는 밥이 상한 것이고, '애(餲)'는 맛이 변한 것이다.

'뇌(餒)'는 생선이 상한 것을, '패(敗)'는 고기가 상한 것을 말한다.

'색악(色惡)'은 음식 색이 나쁜 것을 가리킨다.

'임(飪)'은 조리를 말하니, '실임(失飪)'은 음식을 잘못 요리한 것을 말한다.

'불시(不時)'는 제철이 아닌 음식을 가리킨다.

'장(醬)'은 고기에 먹는 소스, 즉 육장을 가리키지 간장을 말하는 것이 아니다.

'고기가 비록 많아도 밥 기운을 이기지는 않게 했다'는 것은 주식이 곡식이기 때문이다.

'고(沽)'와 '시(市)'는 모두 '사다'는 뜻이다.

'산 술과 포를 먹지 않은 것'은 그 만드는 과정을 알 수 없기 때문에 몸을 해칠까 두려워서이다.

'생강(生薑)'은 정신을 맑게 해주고, 독을 제거해주기에 늘 먹었던 것이다.

'공(公)'은 종묘(宗廟)를 가리킨다.

'출(出)'은 '벗어나다'는 뜻으로 쓰였다.

'과(瓜)'는 '필(必)' 자의 오기로 본다.

'제(祭)'는 오늘날 '고수레'와 같은 것으로 작은 제사를 말한다.

향당 제9장

席不正이어든 不坐러시다.

자리가 바르지 않으면 앉지 않았다.

【보】 '석(席)'은 방석을 가리킨다.

향당 제10장

**鄕人飲酒에 杖者 出이어든 斯出矣러시다. 鄕人儺에 朝服而立於阼
階러시다.**

고을 사람들이 술을 마실 때에 지팡이를 짚은 분이 나가면 따라 나
갔다. 고을 사람들이 굿을 할 적에는 조복을 입고 동쪽 섬돌에 서 있
었다.

【보】 향당에서의 처신을 기록한 장이다.
'향인음주(鄕人飲酒)'는 오늘날 고을잔치와 같은 말이다.
'장자(杖者)'는 지팡이를 잡은 사람이니 대략 60세 정도의 노
인을 가리킨다. 50세가 되면 집안에서 짚을 수 있고, 60세에는
향당에서, 70세가 되면 조정에서도 지팡이를 짚을 수 있다.
'나(儺)'는 역귀(疫鬼)를 쫓는 것을 말한다.
'조계(阼階)'는 동쪽 섬돌을 가리킨다. 굿을 할 때 선조와 오사
(五祀 -문(門), 정(庭), 호(戶), 조(阼), 중류(中霤))의 신을 놀라게
할까 두려워해서, 그 신들이 자기의 몸에 의지하여 편안케 하고
자 해서 동쪽에 서 있었던 것이다.

향당 제11장

問人於他邦하실새 再拜而送之러시다. 康子 饋藥이어늘 拜而受之曰

'丘未達이라 不敢嘗이라.'하시다.

다른 나라에 사람을 보내어 안부를 물을 때에는 두 번 절하고 보냈다. 계강자가 약을 보내오자 절하고 받으면서 '나는 이 약의 성분을 알지 못하기 때문에 감히 맛보지 못합니다.'라고 생각했다.

【보】 전자는 사신을 보낼 때의 일이고, 후자는 윗사람과의 교제에 관한 장이다. 제자를 보내면서도 예를 지극히 했으며, 윗사람이 물건을 주면 공손히 받되, 그 성분을 알지 못하기 때문에 먹을 수 없음에 대해 말하고 있다. 즉 성의는 받고 쓰임은 자신의 몫이라는 말이다.

'인(人)'은 사자(使者)이기도 하지만, 구체적으로 공자의 제자를 가리킨다는 설이 있다. 제자를 보내면서도 두 번 절하는 것은 예의를 지극히 한 것이다.

'달(達)'은 '미지(未知)'의 뜻으로 약의 성분을 알 수 없기에 자신의 병에 어떻게 이를 것인지 알지 못한다는 말이다.

향당 제12장

廐焚이어늘 子退朝曰 '傷人乎아?'하시고 不問馬하시다.

마구간에 불이 났었는데, 공자가 조정에서 물러나 '사람이 다쳤는가?'라고만 묻고는 말에 대해서 묻지 않았다.

【보】 말을 사랑하지 않는 것은 아니지만, 인간이 동물보다 우선시되어야 함을 말했을 뿐이다. 항간에는 구두를 "傷人乎不,

問馬."라고 하여 "사람은 다치지 않았는가? (又) 말은 어떠한가?"라고 해석하기도 하니, 참고로 적어둘 뿐이다.

향당 제13장

君이 賜食이어시든 必正席先嘗之하시고 君이 賜腥이어시든 必熟而薦之하시고 君이 賜生이어시든 必畜(흑)之러시다. 侍食於君에 君이 祭어시든 先飯이러시다. 疾에 君이 視之어시든 東首하시고 加朝服拖紳이러시다. 君이 命召어시든 不俟駕行矣러시다.

임금이 음식을 주시면 반드시 자리를 바르게 한 후에 먼저 맛보고, 임금이 날고기를 주시면 반드시 익혀서 조상께 올리고, 임금이 살아 있는 것을 주시면 반드시 길렀다. 임금을 모시고 밥을 먹을 때에, 임금이 작은 제사를 하면 먼저 밥을 먹었다. 병이 있을 때에 임금이 문병을 오면 머리를 동쪽으로 두고 조복을 몸에 걸치고 띠를 그 위에 걸쳐놓았다. 임금이 명하여 부르면 수레에 멍에하기를 기다리지 않고 곧장 갔다.

【보】임금을 어떻게 섬기는가에 대한 기록이다.

'제(祭)'는 오늘날 '고수레'와 같이 상 모퉁이에 음식을 두고 작은 제사를 지낸 것이다.

'반(飯)'은 '맛보다[嘗]'는 뜻이다. 임금이 먹기 전에 먼저 맛을 보고는 어느 것이 맛이 있는지 권하기 위함이다.

'시(視)'는 '문병을 오다'는 뜻이다.

'동수(東首)'는 머리를 동쪽으로 향하는 것인데, 이는 생기를 돌게 하기 위함이다.

(入太廟하사 每事問이러시다.)

(태묘에 들어가서 모든 일을 물었다.)

【보】「팔일(八佾)」 제15장에 있는 절이지만 향당편에 두는 것이 당연하다고 보아 기록해 둔 것이다. 그러나 별도의 장으로 두기에는 중복되므로 본서에서는 연문으로 처리했다.

향당 제14장

朋友 死하여 無所歸어든 曰 '於我殯이라.'하더시다. 朋友之饋는 雖車馬라도 非祭肉이어든 不拜러시다.

벗이 죽어 돌아갈 곳이 없으면 '우리 집에 빈소를 차려라.'라고 말했다. 벗의 선물은 비록 수레와 말처럼 큰 것이라 하더라도 제사지낸 고기가 아니면 절하지 않았다.

【보】붕우의 도리에 대해 말한 장이다.
'무소귀(無所歸)'는 장례를 치를 곳이 없음을 말한다.
'거마(車馬)'는 선물 가운데 큰 것을 말한다.
'제육(祭肉)'은 벗을 위한 것이 아니라 부모님을 위한 것이기 때문에 이를 받으면 반드시 절을 한 것이다.

향당 제15장

寢不尸하시며 居不容이러시다. 見齊衰[자최]者하시고 雖狎이나 必變하시며 見冕者與瞽者하시고 雖褻이나 必以貌러시다. 凶服者를 式之하시며 式負版者러시다. 有盛饌이어든 必變色而作이러시다. 迅雷風烈에 必變이러시다.

잠잘 때에는 시체처럼 엎드려 자지 않았고, 집에 거처할 때에는 용모를 꾸미지 않았다. 상복을 입은 자를 보면 비록 친한 사이라도 낯빛이 변했고, 면류관을 쓴 자와 봉사를 보면 비록 가까운 사이라도 반드시 예를 다했다. 상복을 입은 사람을 만나면 허리를 숙였고, 호적을 쓴 판을 짊어진 자에게도 허리를 숙었다. 진수성찬을 받으면 반드시 낯빛이 변하고 일어났다. 빠른 우뢰와 맹렬한 바람이 생기면 반드시 낯빛이 변했다.

【보】 용모의 변함을 때에 맞게 한 것에 대해 기록한 장이다.
'시(尸)'는 시체처럼 엎드려 있는 것을 말한다.
'거(居)'는 평소 집에 거처하는 것을 말한다.
'용(容)'은 외모를 꾸미는 것을 뜻한다.
'자최(齊衰)'는 상복을 말한다.
'압(狎)'과 '설(褻)'은 모두 가까운 사이[親狎]를 뜻한다.
'모(貌)'는 예의를 갖춘 모양을 말한다.
'식(式)'은 수레 앞에 가로로 댄 나무를 가리킨다. 이를 잡으려면 허리를 저절로 숙여야 하기 때문에 '공경하다[敬]'라는 뜻으로 쓰인 것이다.
'부판(負版)'은 죽은 자의 호적을 판에 새겨 짊어지고 가는 자를 말한다. 일설에는 '나라의 지도와 호적'을 가진 사람이라는 설도 있으니 참고로 적어둔다.

'진수성찬을 받으면 반드시 낯빛이 변하여 일어선 것'은 주인의 예우에 공경을 표한 것이다.

'빠른 우뢰와 맹렬한 바람이 생기면 반드시 낯빛이 변한 것'은 하늘을 경외하는 마음이 있었기 때문이다.

향당 제16장

升車하사 必正立執綏러시다. 車中에 不內顧하시며 不疾言하시며 不親指러시다.

수레에 오를 때에는 반드시 바르게 서서 끈을 잡았다. 수레에서는 안을 돌아보지 않았고 말을 빨리 하지 않았으며 손가락으로 직접 가리키지도 않았다.

【보】 수레에서의 모습을 기록한 장이다.

'수(綏)'는 붙잡고 수레에 오르는 끈을 가리킨다.

'수레 안을 돌아보지 않은 것'은 수레 안에 혼자만 탄 것이 아니기 때문에 예의를 지킨 것이다.

'말을 빨리하지 않은 것'은 수레를 타면 시끄럽기 때문에 천천히 말한 것이다.

'손가락으로 가리키지 않은 것'은 남들의 시선이 집중되지 않기 위함이다.

향당 제17장

色斯擧矣하여 翔而後集이니라. 曰 '山梁雌雉 時哉時哉인저.' 子路共之한대 三嗅而作하시다.

(새는) 사람의 나쁜 표정을 보면 위로 날아서 돌며 살핀 이후에 내려앉는다. 공자가 '산 교량의 암꿩이 때에 맞는구나! 때에 맞는구나!' 라고 말하니, 자로가 그 꿩을 잡아 올렸는데, (공자는) 세 번 냄새를 맡고 일어났다.

【보】 주자 또한 빠진 글자가 있을 것으로 추정하고 억지로 주석을 내지 않았다고 밝힌 것으로 보아 문장의 전후에 논리적 비약이 보인다. 그러나 시중(時中)을 중시했던 공자가 새의 모습을 보고 인간 또한 시중을 해야 함을 비유로 말한 것으로 봐도 무방할 것이다. 이는 『대학』 전문3장에 "『시경』에 '면만히 우는 황조여, 구우에 멈춘다.' 하니, 공자께서 '그칠 때에 그 그칠 곳을 아니, 사람으로서 새만 못해서야 되겠는가.' 했다. [詩云 '緡蠻黃鳥, 止于丘隅.' 子曰 '於止, 知其所止, 可以人而不如鳥乎.]"라는 구절과 궤를 같이 하기 때문이다.

'색(色)'은 새가 사람의 얼굴빛을 바라본 것을 말한다.

'상(翔)'은 멀리 피해 날아감을 뜻한다. 즉 새가 사람의 나쁜 표정을 보면 날아 멀리 간 이후에 내려앉는다는 말이니, 기미를 보고 떠남을 뜻한다.

'때에 맞다[時哉]'는 말은, 꿩이 물을 마시고 모이를 쪼아 먹는 것이 제 때를 얻었음을 말한 것이다.

'공(共)'은 '움켜잡다[拱]'는 뜻과 '바치다[供]'는 뜻 두 가지로 해석된다. 즉 자로가 움켜잡으려고 하니 '꿩이 세 번 푸드득[狊] 소리를 치고 달아났다[三嗅而作].'고 보기도 하고, 자로가 공자에게 제철음식이라 생각하고 바치니 공자가 세 번 냄새를 맡고 일어섰다는 뜻으로 보기도 한다.

11

선진(先進)

【보】 앞선 「향당」은 공자의 평소 거동을 언급한 편으로 상편(上篇)의 끝이다. 따라서 이 편부터는 하편(下篇)이라고 한다. 상편의 "자왈(子曰)"로 시작하는 부분과는 달리 하편부터는 "공자왈(孔子曰)"로 시작되는 부분이 보이는가 하면, 상편보다는 내용이 긴 글이 많기에 서로 다른 책[異書]으로 보는 견해도 있다. 「선진」은 제자의 인과 불인에 대해 말한 글이 많다. 모두 25장이다. 일각에서는 민자건의 이야기가 네 절이나 등장하며, '민자(閔子)'라는 말이 등장하므로 민자건의 제자가 기록한 편이라고까지 말하기도 한다. 그러나 이 편에는 안연의 죽음과 관련된 글이 네 절을 차지하기도 하고, 인간과 죽음, 귀신에 대한 이야기가 많기에 민자건에 대한 편으로 보기에는 다소 무리가 있다.

선진 제1장

子曰 " ‘先進이 於禮樂에 野人也요 後進이 於禮樂에 君子也라.’하나니 如用之則吾從先進호리라."

공자가 말했다.

" ‘선배들은 예악에 있어서 촌스러운 사람이었고, 후배들은 예악에 있어서 군자다운 사람이다.’라고 하니, 만일 예악을 쓴다면 나는 선배들을 따르겠다."

【보】 예악은 유가 사상의 핵심 가운데 하나로, 이는 지나치지도 모자람도 없어야 한다. 옛날 사람들은 예악에 있어서 다소 소박한 면이 있었고, 오늘날 사람들은 지나치게 꾸며 겉만 화려하게 하고 있으니 오늘날을 경계함과 동시에 중도에 맞게 하고자 함을 말하고 있다.

‘선진(先進)’ 앞에 ‘세상 사람들이 말하기를[世人曰]’이 생략되어 있는 글로 봐야 쉽다. 즉 세인들의 말을 인용한 후에 공자 자신은 오늘날의 예악이 아닌 예전 겉모습과 내면이 잘 조화를 이룬 예악을 취하겠다는 말이다[文質彬彬].

‘선진(先進)’은 오늘날 선배와 같은 말이다.

‘야인(野人)’은 교외(郊外)의 백성을 말하니 문명에 있어서는 촌스러운 사람을 가리킨다.

‘군자(君子)’는 야인과 반대되는 개념으로 직위와 관련한 사대부들을 가리킨다.

‘용지(用之)’에서의 ‘지(之)’ 자는 예악을 가리킨다.

선진 제2장

子曰 "從我於陳蔡者 皆不及門也로다. 德行엔 顔淵閔子騫冉伯牛仲弓
이요 言語엔 宰我子貢이요 政事엔 冉有季路요 文學엔 子游子夏니라."

공자가 말했다.

"진나라와 채나라에서 나를 따르던 제자들이 지금은 모두 문하에
있지 않구나. 덕행에는 안연·민자건·염백우·중궁이, 언어에는 재
아·자공이, 정사에는 염유·계로, 문학에는 자유·자하가 뛰어났다."

【보】소위 '네 과목에 있어서의 열 명의 현인[四科十哲]'이라고
불리는 공자의 제자들에 대한 장이다. 여기에는 반드시 진나라
와 채나라 사이에서 곤경을 당했던 당시의 제자들이라는 전제
가 포함되어 있다. 예를 들어 '증자(曾子)'의 경우, 당연히 공자에
게 손꼽히는 제자이지만 여기에는 포함되어 있지 않기 때문에
공자의 훌륭한 제자 10명으로 보는 견해로 봐서는 안 된다.

'진채(陳蔡)'는 진나라와 채나라로서, 초나라를 가는 도중에
있는 작은 나라들이다. 공자가 초나라 군주의 초대를 받고 가던
중 진나라와 채나라의 대부들이 대국에서 공자를 등용할 경우
자신들의 나라가 위태로워질 것을 염려하여 공자를 포위하여
식량이 7일간 끊어졌던 것이다. 이 소식을 들은 초나라 군주는
군사를 동원하여 공자를 호위했을 정도이니, 목숨이 위태로울
만큼 어려웠던 시기였다.

'덕행(德行)'은 도가 내면에 있으면 덕이 되고, 외면으로 실행
되면 행이 됨을 말한다.

'언어(言語)'는 교언(巧言)의 개념이 아니라 도를 말하나.

'정사(政事)'는 도를 실현하는 것이다.

'문학(文學)'은 도를 싣는 도구[載道之器]를 말한다.

선진 제3장

子曰 "回也는 非助我者也로다. 於吾言에 無所不說(열)이온여."

공자가 말했다.

"안회는 나를 돕는 자가 아니구나! 나의 말에 대해 기뻐하지 않은 바가 없다."

　　【보】 문면으로만 보면 안연에 대해 유감이 있는 듯이 보이지만, 이면에는 안연을 지극하게 칭찬하고 있는 장이다.
　　'조아(助我)'는 '교학상장(敎學相長)'이라는 말과 같은 뜻이다.
　　'기뻐하지 않은 바가 없다'라는 말은 마음으로 이해했기에 더 이상의 말이 필요 없어 하지 않았던 것이다. 다른 제자들처럼 일보 전진한 응용의 말을 했던 것과는 달리, 안연은 이미 마음속으로 터득하여 아무런 말도 하지 않았고 이러한 의중을 파악한 공자가 찬미한 것이다.

선진 제4장

子曰 "孝哉라 閔子騫이여! 人不間於其父母昆弟之言이로다."

공자가 말했다.

"효자로구나, 민자건이여! 사람들은 그의 부모 형제가 하는 말에 대해 시비를 따지지 않으니."

【보】 민자건의 효성스러움에 대해 찬미한 장이다.

부모나 형제의 말은 대개 칭찬이 일색인 경우가 많다. 즉 아무리 잘못이 있다 하더라도 집 밖을 나서면 되레 다른 사람에게 나쁜 점보다는 좋은 점을 말하는 경우가 대부분이다. 그러나 민자건의 효성은 자타가 공인했기에 사람들이 어떠한 시비를 따지지 않았던 것이다.

실제 민자건은 어려서 모친을 잃었는데, 부친이 재가하여 새 부인을 얻었다. 훗날 그녀는 두 자식을 더 낳았는데, 친자만 챙기느라 민자건에게 소홀했다. 엄동설한에 민자건이 떨고 있기에 그의 부친이 옷을 살펴보니 옷 안에는 솜이 아닌 갈대꽃이 있었다. 이에 화가 난 부친이 그의 부인을 내쫓으려 하자, 민자건은 "저 하나만 참으면 두 동생이 편하지만, 만일 새로 어머니를 얻는다면 동생들 또한 다시 고생할 것이니 그렇게 하지 마십시오."라고 했다. 이를 들은 새어머니는 자신의 죄를 뉘우쳤다고 한다. 이러한 소문은 순식간 마을에 퍼졌고, 민자건의 효행이 세상에 알려졌던 것이다.

선진 제5장

南容이 三復(복)白圭어늘 孔子 以其兄之子로 妻之하시다.

남용이 백규시를 세 번 반복하여 외우니, 공자가 그 형님의 딸을 그에게 시집보냈다.

【보】 남용의 훌륭한 점을 찬미한 장이다. 『시경』 「대아」 「억(抑)」에 "백옥으로 만든 규의 흠은 오히려 갈면 될 수 있지만 말의 흠은 갈아낼 수 없다."라고 하는 시가 있다. 남용이 이를 하루에 세 번 반복하여 외웠던 것이다. 이는 말을 삼간다는 의미가 담겨 있으며, 말을 삼간다면 행동을 삼갈 수 있다.

선진 제6장

季康子 問 "弟子 孰爲好學이니잇고?" 孔子對曰 "有顔回者 好學하더니 不幸短命死矣라 今也則亡(무)하니라."

계강자가 물었다.

"제자 가운데 누가 학문을 좋아합니까?"

공자가 대답했다.

"안회라는 자가 학문을 좋아했었는데 불행하게도 명이 짧아 죽어서 지금은 없습니다."

【보】 이른바 호학제자(好學弟子)인 안연에 대한 칭찬과 아울러 현재 그가 없음을 안타까워하는 장이다.
「옹야」 제2장에 이미 나왔으며 약간의 글자 출입이 있다.

선진 제7장

顔淵이 死커늘 顔路 請子之車하여 以爲之槨한대 子曰 "才不才에 亦各言其子也니 鯉也 死커늘 有棺而無槨호니 吾不徒行하야 以爲之槨은 以吾 從大夫之後라 不可徒行也니라."

안연이 죽자, 안로가 공자의 수레를 팔아 외관을 만들 것을 청하니, 공자가 말했다.

"재주가 있거나 재주가 없거나 또한 각각 자기의 아들이라 말할 것이니, 공리가 죽었을 때 내관만 있었고 외관은 없었으니 내가 수레를 팔아 도보로 걸어 다니며 외곽을 만들어주지 못함은 내가 대부의 뒤를 따르기 때문에 도보로 걸어 다닐 수 없어서이다."

【보】 제7장부터 제10장까지 연이어 네 번에 걸쳐 안연의 죽음에 대해 말하고 있다. 여기에서는 임금이 하사한 수레를 개인적으로 사용할 수 없음과, 대부로서의 신분으로 인해 수레를 팔아 안연의 장례를 후히 할 수 없음을 말하고 있다. 또한 초상이라는 것은 자신의 살림 형편에 따라 해야 할 뿐, 지나치게 소략하거나 화려해서도 안 됨을 말하고 있다.

'안로(顔路)'는 안연의 부친이다. 이름은 무요(無繇)이다. 일찍이 공자에게 가르침을 받은 제자이니, 증자 부자처럼 부자지간이 모두 공자에게 수학했다.

'관(棺)'은 시체를 넣는 내관을, '곽(槨)'은 내관 위의 외관을 가리킨다.

'재(才)'는 안연을, '부재(不才)'는 공리를 지칭한다.

'리(鯉)'는 공자의 아들 '공리(孔鯉- 자는 백어(伯魚))'를 가리킨다.

'도행(徒行)'은 도보로 걷는 것을 말한다.

선진 제8장

顔淵이 死커늘 子曰 "噫라! 天喪予삿다 天喪予삿다!"

안연이 죽자, 공자가 말했다.

"아! 하늘이 나를 버렸다! 하늘이 나를 버렸다!"

【보】 이 장은 도가 전수되지 못함을 애통해 하는 말이다. 공자

는 자신의 도를 전수할 수 있는 사람을 오직 안연으로 봤다. 그
러나 그가 죽자 도가 끊어질 것을 탄식하며 이렇게 말하고 있
는 것이다.

'희(噫)'는 슬퍼하고 애통해 하는 소리이다.

선진 제9장

**顔淵이 死커늘 子 哭之慟하신대 從者曰 "子 慟矣샤소이다." 曰 "有
慟乎아? 非夫人之爲慟이요 而誰爲리오."**

안연이 죽자 공자의 곡이 지나치게 애통해 하니, 종자가 말했다.

"스승님께서 지나치게 애통해 하십니다."

공자가 말했다.

"지나치게 애통해 했었는가? 저 사람을 위해 애통해 하지 않는다면
누구를 위해 애통해 하겠는가."

【보】안연의 죽음에 지나치게 애통해 하면서도 스스로 그러한
모습인지조차 모르고 있음을 말하고 있다.

'통(慟)'은 슬퍼함이 지나친 것이다.

'종자(從者)'는 공자 문하의 제자를 가리킨다.

'부인(夫人)'은 '저 사람'이라는 말로 여기서는 안연을 지칭한다.

선진 제10장

顔淵이 死커늘 門人이 欲厚葬之한대 子曰 "不可하니라." 門人이 厚葬之한대 子曰 "回也는 視予猶父也어늘 予不得視猶子也호니 非我也라 夫二三子也니라."

안연이 죽자 문인들이 후하게 장례를 치르려고 하니, 공자가

"옳지 않다."

했다. 그런데도 문인들이 후히 장사지내자, 공자가 말했다.

"안회는 나를 아버지처럼 봤는데, 나는 자식처럼 그를 보지 못했으니 나의 잘못이 아니라 너희들이 그렇게 한 것이다."

【보】 이는 제7장과 함께 봐야 한다. 장례란 형편에 맞게 해야 하는데, 그렇지 않고 지나치게 화려하게 장례를 치르니 이를 한탄한 것이다.

'시(視)' 자가 여기에서는 '~처럼 보다, ~처럼 대하다'라는 뜻으로 쓰였다.

선진 제11장

季路 問事鬼神한대 子曰 "未能事人이면 焉能事鬼리오.", "敢問死하노이다." 曰 "未知生이면 焉知死리오."

계로가 귀신을 섬기는 것에 대해 묻자, 공자가 말했다.

"사람을 잘 섬기지 못한다면 어떻게 귀신을 섬기겠는가."

"감히 죽음에 대해 묻겠습니다."

"삶을 알지 못한다면 어떻게 죽음을 알 턱이 있겠는가."

【보】『논어』에는 귀신(鬼神)과 생사(生死)에 대한 글이 거의 부재하다. 이는 이러한 내용이 중요하지 않아서가 아니라, 어려운 측면이 있음은 물론이며, 공부에도 차서가 있기에 인간과 삶을 먼저 안 뒤에 귀신과 죽음을 알아야 한다.

선진 제12장

閔子는 侍側에 誾誾如也하고 子路는 行行(항항)如也하고 冉有子貢은 侃侃如也어늘 子樂(락)하시다. "若由也는 不得其死然이로다."

민자건이 공자의 옆에서 모시고 있음에 온화했고, 자로는 굳세었고, 염유와 자공은 강직했으니, 공자가 즐거워했다.

"이 사람 중유는 제 죽음을 얻지 못할 듯하다."

【보】도를 완성하는 가장 기본적인 태도는 강직함이다[强者進道]. 공자는 여러 제자들의 강직함을 보고 즐거워했던 것이다. 그러나 지나치게 강함이 드러난 자로를 보고 염려하며 저와 같이 말한 것이다.

'은은(誾誾)'은 온화한 모양의 의태어이다. 중요한 것은 강직함을 전제로 한 온화함이다. 즉 강직함과 온화함이 존재하지만 온화함이 조금 더 드러난 모습이다.

'항항(行行)'은 굳세고 강한 모양이다.

'간간(侃侃)'은 부드러움 속에 강직함이 조금 더 있는 모양이다.

혹자는 '낙(樂)' 자를 '왈(曰)' 자의 오기로 보는 견해가 있으니 참고로 적어 둔다.

'이 사람 중유는 제 죽음을 얻지 못할 듯하다'라는 말은 자로의 강직함이 지나쳤기 때문에 한 말이다. 실제 자로는 공회(孔悝)의 난에 목숨을 잃고 만다. 자로는 위(衛)나라의 출공(出公) 아래에서 벼슬을 했다. 출공은 부친 괴외(蒯聵)에 의해 쫓겨나고, 그가 장공(莊公)으로 들어서는 정변이 일어났다. 당시 이 소식을 듣고 달려간 자로는, 친구인 자고(子羔)가 이미 끝난 상황이니 자리를 피하라고 말렸지만, "출공의 녹을 먹었다면, 그가 어려움에 처했을 때 피해서는 안 된다."고 하면서 성안으로 들어간다. 장공에게 역적 공회를 내달라고 요구했으나, 장공은 거절한다. 당시 장공의 부하에 의해 자로는 죽음을 당했는데, 적군의 칼에 갓끈이 끊어지자 "군자는 죽더라도 관은 벗지 않는다."면서 갓끈을 다시 매고는 죽었다.

선진 제13장

**魯人이 爲長府러니 閔子騫이 曰 "仍舊貫如之何오 何必改作이리오."
子曰 "夫人이 不言이언정 言必有中이니라."**

노나라 사람들이 큰 창고를 짓자, 민자건이 말했다.

"옛 일을 따르면 어떠한가, 어째서 굳이 고쳐지으려 하는가."

공자가 말했다.

"저 사람이 말을 하지 않으면 몰라도 말을 하면 반드시 도에 맞는다."

【보】민자건의 언행과 행실이 중도에 맞음을 찬미한 장이다. 즉 창고를 확장하면 백성의 세금을 더 걷을 것이니 가렴주구를

염려한 민자건을 칭찬한 것이다.

'위(爲)'는 '짓다[作]'의 뜻이다.

'장부(長府)'는 '큰 창고' 또는 '창고를 확장하다'라는 뜻이다. 대개 재화(財貨)를 보관해 두는 곳을 '부(府)'라고 한다.

'잉(仍)'은 '따르다[從]'는 뜻이다.

'관(貫)'은 '일[事]'의 뜻으로 쓰였다.

선진 제14장

子曰 "由之瑟을 奚爲於丘之門고." 門人이 不敬子路한대 子曰 "由也는 升堂矣요 未入於室也니라."

공자가 말했다.

"중유가 거문고 연주를 어찌하여 나의 문 앞에서 하는가."

문인들이 자로를 공경하지 않자, 공자가 말했다.

"중유는 당에 올랐으나 아직 방에 들어가지 못했을 뿐이다."

【보】 중유의 거문고 소리에는 그의 지나친 강직함으로 인하여 살벌함이 드러나 있었다. 때문에 이를 책망한 것인데, 제자들이 자로를 공경하지 않자, 중유가 입실은 못했으나 승당은 했다며 그래도 높은 경지에 들었음을 칭찬하고 있다.

'당(堂)'은 대청마루를 가리키니, 학문으로 치면 무척 높은 경지를 가리킨다.

'실(室)'은 내실을 가리키니, 학문으로 치면 높은 데에다 정밀하고 심원한 경지를 가리킨다. 여전히 '입실제자(入室弟子)'라는 말을 사용하는데, 이는 심원한 경지에 오른 제자를 지칭하는 말이다.

선진 제15장

子貢이 問 "師與商也 孰賢이니잇고?" 子曰 "師也는 過하고 商也는 不及이니라." 曰 "然則師 愈與잇가?" 子曰 "過猶不及이니라."

자공이 물었다.

"전손사와 복상 가운데 누가 더 낫습니까?"

공자가 말했다.

"전손사는 지나치고, 복상은 미치지 못한다."

"그렇다면 전손사가 더 나은 겁니까?"

"지나침은 미치지 못함과 똑같다."

【보】 이는 중도(中道)에 대해 말하고 있다. 자공은 안연 다음
의 경지에 오른 인물로, 영리한 사람이 둔한 사람보다 낫다는
생각을 가지고 있었다. 그러나 공자는 이를 경계하고 중도를 지
킬 것을 강조하고 있다.
　'사(師)'는 '전손사(顓孫師)'인 자장(子張)을 가리킨다.
　'상(商)'은 '복상(卜商)'인 자하(子夏)를 가리킨다.
　'유(愈)'는 '낫다[勝]'는 뜻이다.

선진 제16장

季氏 富於周公이어늘 而求也 爲之聚斂而附益之한대 子曰 "非吾徒
也로소니 小子아! 鳴鼓而攻之可也니라."

계씨가 주공보다 부유하였는데도 염구가 그를 위해 세금을 걷고 계씨의 재산을 더 늘려주니, 공자가 말했다.

"염구는 우리의 무리가 아니다. 소자들아! 북을 울려 죄를 성토하는 것이 옳다."

【보】 공자의 제자인 염구가 제후의 경(卿) 신분인 계씨를 도와 임금의 자리에 있었던 주공보다도 부를 축적하도록 했으니, 이를 꾸짖고 있는 장이다.

'공(攻)'은 '다스리다[治]'라는 뜻으로, 여기에서는 성토한다는 말이다.

선진 제17장

柴也는 愚하고 參也는 魯하고 師也는 辟하고 由也는 喭이니라.

"고시는 어리석고, 증삼은 노둔하고, 전손사는 한쪽만 잘하고, 중유는 거칠다."

【보】 '우노벽언(愚魯辟喭)' 이 네 가지는 성질이 한쪽으로 치우쳐 있는 것이다. 공자는 제자들의 단점을 직접적으로 언급하여 그들로 하여금 스스로 힘쓸 것을 알게 해 주었다. 문장 처음에 "자왈(子曰)" 두 글자를 생략된 형태로 보는 것이 일반적 견해이다.

'시(柴)'는 공자의 제자로 성은 고(高)이고, 자(字)는 자고(子羔)이다.

'벽(辟)'은 한쪽만 잘하는 것으로 대개 용모나 행동거지에만 익숙하고 성실성이 부족함을 말한다.

'언(喭)'은 거칠고 속됨이다.

선진 제18장

　子曰 "回也는 其庶乎요 屢空이니라. 賜는 不受命이요 而貨殖焉이
나 億則屢中이니라."

　공자가 말했다.

　"안회는 도에 가까웠고 자주 끼니를 굶었다. 단목사는 천명을 받아
들이지 않고 재화를 늘렸으나 생각을 헤아리면 자주 맞았다."

　【보】 윗장과 마찬가지로 단목사(자공)의 병폐를 지적하여 학
문적으로 더욱 성장할 것을 당부하고 있다. 처음 안연을 언급한
것은 그가 가난으로 마음을 움직여 부를 구하지 않았고 또 도
에 가까워 안빈낙도를 실천한 인물이었기 때문이다. 그러나 자
공은 처음에는 가난했으나 마음을 움직여 부를 축적했다. 이는
안빈낙도와 반대되는 것이기에 이를 경계하고자 말한 것이다.
그러나 자공은 생각을 헤아려 자주 중도에 부합된 적이 있었기
에 더욱 학문에 힘쓸 것을 당부하고 있다.

선진 제19장

　子張이 問善人之道한대 子曰 "不踐迹이나 亦不入於室이니라."

　자장이 선인의 도에 대해 묻자, 공자가 말했다.

　"성인의 자취를 밟지 않고 또 성인의 경지에 들어가지 못한다."

【보】 성인(聖人)이란 자질이 아름답고 또한 후천적 노력마저
한 인물을 가리킨다. 반면 선인(善人)이란 자질은 아름답지만
배우지 못한 사람을 가리킨다. 선인은 굳이 옛 성인의 자취를
밟지 않더라도 저절로 악한 짓을 하지는 않을 것이다. 그것이
그들의 한계이니 성인의 경지에 들어가지는 못할 것임을 말하
고 있는 장이다.

원문 '不踐迹'은 성인의 자취를 밟지 않는 것을 말하며, 이는
선인의 자질이 좋기 때문에 악한 짓은 하지 않을 것을 의미한다.
'실(室)'은 성인의 심오한 경지를 가리킨다.(제14장 참고)

선진 제20장

子曰 "論篤을 是與면 君子者乎아 色莊者乎아."

공자가 말했다.

"말을 독실하게 하는 사람을 인정한다면 군자다운 사람인가, 얼굴
만 장엄하게 한 사람인가."

【보】 군자란 내면의 덕이 외면의 실천으로 드러난 자를 지칭
한다. 말을 독실하게만 하고 행실은 그렇지 않다면 이는 겉모습
만 치중한 사람이므로 군자다운 사람이라고 보기 어렵다. 결국
언행이 일치된 자만이 군자의 자격을 갖추었다고 볼 수 있는
것이다.

선진 제21장

子路問 "聞斯行諸잇가?" 子曰 "有父兄이 在하니 如之何其聞斯行之리오." 冉有問 "聞斯行諸잇가?" 子曰 "聞斯行之니라." 公西華曰 "由也問 '聞斯行諸'어늘 子曰 '有父兄在라.'하시고 求也 問 '聞斯行諸'어늘 子曰 '聞斯行之라.'하시니 赤也惑하여 敢問하노이다." 子曰 "求也 退故로 進之하고 由也는 兼人故로 退之니라."

자로가 물었다.

"옳은 것을 들으면 곧 행해야 합니까?"

공자가 답했다.

"부형이 계시니 어찌 들으면 행할 수 있겠는가."

염유가 물었다.

"옳은 것을 들으면 곧 행하여야 합니까?"

공자가 답했다.

"들으면 행해야 한다."

공서화가 물었다.

"중유가 '옳은 것을 들으면 행해야 합니까?'라고 묻자, 스승님께서는 '부형이 계시다.'라고 하셨고, 염구가 '옳은 것을 들으면 행해야 합니까?'라고 묻자, 스승님께서는 '들으면 행해야 한다.'라고 대답하셨으니, 저는 의혹이 생겨 감히 여쭙겠습니다."

공자가 말했다.

"염구는 남들보다 물러나려 하기 때문에 나아가게 한 것이고, 중유는 남들보다 앞섰기 때문에 물러나게 한 것이다."

【보】 이른바 재주에 따라 가르침을 달리하는 교육[隨才教育法]을 통해 제자를 이끌고 있는 장이다. 말미에 언급한 것처럼 자로는 자꾸 앞서 가려는 습성이 있으므로 옳은 것을 들으면 당장 행하기보다 부모님과 형님 즉 윗사람에게 한번 여쭈어 본 연후에 행해야 한다는 것을 말해 주었고, 염구는 자꾸 뒷걸음치려 하는 습성이 있으므로 옳은 일을 들으면 윗사람에게 여쭙기 전에 바로 실천할 것을 당부한 것이다.

'사(斯)'는 의(義), 선(善) 등을 가리킨다.

'겸(兼)'은 '두 곱절'이라는 말로 보통 사람보다 앞서 감을 말한다.

선진 제22장

子畏於匡하실새 顔淵이 後러니 子曰 "吾以女(汝)爲死矣라호라." 曰 "子在어시니 回 何敢死리잇고"

공자가 광 땅에서 곤욕을 치르고 있을 때, 안연이 뒤처져 있으니 공자가 말했다.

"나는 네가 죽은 줄만 알았다."

안연이 말했다.

"스승님께서 살아계시는데, 제가 어찌 감히 죽겠습니까."

【보】 사제지간의 돈독한 마음이 드러난 장이다.

'후(後)'는 서로 잃어 뒤에 처져 있음을 말한다.

'어찌 감히 죽겠습니까'라는 말은 광 땅에 달려가 싸움을 하여 부질없이 죽을 이유가 없음을 뜻한다.

선진 제23장

　季子然이 問 "仲由冉求는 可謂大臣與잇가?" 子曰 "吾以子爲異之問
이라니 曾由與求之問이로다. 所謂大臣者는 以道事君하다가 不可則止
하나니 今由與求也는 可謂具臣矣니라." 曰 "然則從之者與잇가?" 子曰
"弑父與君은 亦不從也리라."

계자연이 물었다.

"중유와 염구는 '대신'이라고 말할 만합니까?"

공자가 말했다.

"나는 당신이 남들과 다른 질문을 할 것이라고 생각했었는데 기껏
중유와 염구에 대한 질문입니다. 이른바 '대신'이란 도로써 임금을 섬
기다가 할 수 없으면 그만두는 것입니다. 지금 중유와 염구는 숫자만
채우는 신하라고 말할 만합니다."

"그렇다면 따르기만 하는 자들입니까?"

"아버지와 임금을 시해하는 일은 또한 따르지 않을 것입니다."

　　【보】 신하의 삼 등급에 대해 설명하고 있는 장이다. 즉 도로써
　　충언을 하며 임금을 섬기는 신하[以道事君者]가 최상의 등급이
　　고, 숫자만 채우고는 있지만 그래도 제 할 일은 하는 신하[具臣]
　　가 다음이며, 남의 말에 따라 움직이는 신하[從之者]가 최하의
　　등급이다.
　　　'계자연(季子然)'은 계씨의 자제이다. 그의 집안에서 공자의
　　제자인 두 사람을 신하로 삼았기에 우쭐거리며 공자에게 질문
　　한 것이다.
　　　'나는 당신이 남들과 다른 질문을 할 것이라고 생각했었는데

기껏 중유와 염구에 대한 질문입니다.'라는 말은, 공자는 계자연이 임금의 자제이므로 남들과는 다른 질문, 즉 대의(大義)에 대해 질문을 할 것으로 기대했는데 집안에 있는 가신에 대해 질문했으니 실망한 것이다.

'도로써 임금을 섬긴다'는 말은 목숨을 바쳐 충언을 하며 요임금과 순임금과 같은 군주로 만드는 일이다.

'구신(具臣)'은 본래 숫자만 채우는 신하를 말하나 여기에서는 제 할 일을 하는 신하를 뜻한다. 자로의 경우 군대와 관련된 일들을 잘 수행했으며, 염구는 비록 계씨의 재산을 불려 성토 당했지만 정치에 재능이 있었다.

'종지자(從之者)'는 줏대 없이 임금이 시키는 대로만 움직이는 신하를 말한다.

'아버지와 임금을 시해하는 일은 또한 따르지 않을 것입니다.'라는 말은 자로와 염구가 대신이라는, 즉 도의로 훌륭한 군주를 이끌지는 못하지만 도의로 자신의 몸은 지킬 줄 안다는 말이다.

선진 제24장

子路 使子羔로 爲費宰한대 子曰 "賊夫人之子로다." 子路曰 "有民人焉하며 有社稷焉하니 何必讀書然後에 爲學이리잇고?" 子曰 "是故로 惡(오)夫佞者하노라."

자로가 자고로 하여금 비 땅의 읍재로 삼자, 공자가 말했다.

"남의 아들을 망치는구나."

자로가 말했다.

"백성이 있고 사직이 있으니 왜 군이 글을 읽은 뒤에야 학문을 하는 것이겠습니까."

"이러므로 말을 잘하는 자를 미워하는 것이다."

【보】학문이 완성된 후 정치에 참여해야 함을 강조하고 있다. 자로는 계씨의 가신이 되어 일을 하고 있었다. 계씨의 영역 가운데 비 땅은 늘 골칫거리였다. 그래서 자로에게 명을 했고, 자로는 학문이 완성되지 않은 자고를 추천한 것이다. 앞선 장에서 공자가 "시(자고)는 어리석다"고 평을 했으니 자질은 좋지만 학문이 완성되지 않아 아직 정사를 돌볼 형편이 되지 못했던 것이다. 자로는 호승지벽(好勝之癖-남 이기기를 좋아하는 버릇)이 있는 자이다. 스승의 말에도 지기를 싫어하여 "비 땅에 백성이 있고, 종묘도 있으니 글을 읽은 뒤에야 만이 학문을 하는 것이겠습니까."라며 실제 경험도 학문의 일부로 보고 있는 것이다. 글을 읽는, 즉 문자 안에만 공부가 있지 않음을 반박하고 있는 것이다. 하지만 정사란 실습이 아니므로 이를 심하게 나무란 것이다.

'시고(是故)'는 "이러한 헛된 말 때문에"라는 뜻이다.

선진 제25장

子路曾晳冉有公西華 侍坐러니 子曰 "以吾 一日長乎爾나 毋吾以也하라. 居則曰'不吾知也라.'하나니 如或知爾면 則何以哉오."

子路 率(솔)爾而對曰 "千乘之國이 攝乎大國之間하여 加之以師旅요 因之以饑饉이어든 由也 爲之면 比及三年하여 可使有勇이요 且知方也케호리이다." 夫子哂之하시다.

"求아 爾는 何如오?" 對曰 "方六七十과 如五六十에 求也爲之면 比及三年하여 可使足民이어니와 如其禮樂엔 以俟君子하리이다."

"赤아 爾는 何如오?" 對曰 "非曰能之라 願學焉하노이다. 宗廟之事

와 如會同에 端章甫로 願爲小相焉하노이다.”

“點아 爾는 何如오?” 鼓瑟希러니 鏗爾舍瑟而作하여 對曰 “異乎三子者之撰(선)호니다.” 子曰 “何傷乎리오 亦各言其志也니라.” 曰 “莫(모)春者에 春服旣成이어든 冠者五六人과 童子六七人으로 浴乎沂하여 風乎舞雩하여 詠而歸호리이다.” 夫子 喟然嘆曰 “吾與點也하노라.”

三子者 出커늘 曾晳 後러니 曾晳이 曰 “夫三子者之言이 何如하니잇고?” 子曰 “亦各言其志也已矣니라.” 曰 “夫子何哂由也시니잇고?” 曰 “爲國以禮어늘 其言이 不讓이라 是故로 哂之호라.”, “唯求則非邦也與잇가?”, “安見方六七十과 如五六十而非邦也者리오”, “唯赤則非邦也與잇가?”, “宗廟會同이 非諸侯而何오 赤也 爲之小면 孰能爲之大리오”

자로와 증석과 염유와 공서화가 공자를 모시고 앉아 있었는데, 공자가 말했다.

“내가 너희들보다 조금 더 나이가 많다고 하여 그렇게 여길 것은 없다. 너희들이 평소 ‘나를 알아주지 못한다.’고 하는데 만일 혹시라도 너희들을 알아준다면 어떻게 하겠느냐?”

자로가 서슴없이 대답하였다.

“천승의 나라가 대국 사이에 끼어 전쟁이 일어나고 이어 기근마저들어, 제가 그 나라를 다스려 삼 년이 되면 백성을 용맹하게 할 수 있고 또 의를 향할 줄 알게 할 수 있습니다.”

공자가 빙그레 웃었다.

“염구야, 너는 어떻게 하겠느냐?”

“사방 육칠십 리 혹 오륙십 리 쯤 되는 작은 나라를, 제가 다스려삼 년이 되면 백성을 넉넉하게 할 수 있겠지만 그 예악과 같은 교육은 군자를 기다리겠습니다."

"공서적아, 너는 어떻게 하겠느냐?"

"제가 능하다고 말할 수는 없지만 배우기를 원합니다. 종묘의 일과 또는 제후들이 회동할 때에 단복을 입고 장보관을 쓰고서 작은 보탬이 되기를 바랍니다."

"증점아, 너는 어떻게 하겠느냐?"

거문고 연주를 점차 그치더니 바닥에 '쨍그렁' 내려놓고 일어나 답했다.

"세 사람이 갖춘 재능과는 다릅니다."

"네게 무엇이 나쁠 것이 있는가. 또한 각기 자기의 뜻을 말한 것이다."

"늦봄에 봄옷이 이미 이루어지면 관을 쓴 어른 대여섯 명과 아이 예닐곱 명과 함께 기수에서 목욕하고 무우산에서 바람이나 쐬며 시를 노래하고 돌아오겠습니다."

공자가 감탄하며

"나는 증점을 허여한다."

했다. 세 사람이 나가자, 증석이 뒤에 남았었는데 증석이 말했다.

"저 세 사람의 말이 어떻습니까?"

공자가 말했다.

"또한 각각 제 뜻을 말했을 뿐이다."

"스승님께서는 어찌하여 중유를 비웃었습니까?"

"나라를 다스림은 예로써 해야 하는데, 그의 말이 겸양하지 않았다. 그러므로 웃은 것이다."

"염구가 말한 것은 나라를 다스리는 일이 아닙니까?"

"사방 육칠십 리 또는 오륙십 리가 되어 나라가 아닌 것을 어디서 보겠는가."

"공서적은 나라를 다스리는 일이 아닙니까?"

"종묘의 일과 회동하는 일이 제후의 일이 아니고 무엇이 있던가. 적의 재주가 작다고 한다면 나라의 어떤 일이 큰 일이 되겠는가."

【보】현재의 위치에서, 일상의 생활에서 즐거움을 누린다는 것은 곧 인욕의 삿됨을 없애 천리와 함께하는 것이니 이를 언급한 증점을 공자가 찬미한 장이다.

제자의 열거는 나이 순서로 한 것이다.

'석(晳)'은 증삼의 아버지로, 이름이 점(點)이다.

'일일(一日)'은 '하루라도 더 산'이라는 말이니 '조금'이란 뜻이다.

'오이(吾以)'는 앞 구절 '以吾一日長乎爾'를 줄인 말이다.

'오지(吾知)'는 곧 등용과 관련된 말이니, 혹시 등용된다면 어떻게 정사를 펼친 것인지 물어보고 있는 것이다.

'솔이(率爾)'는 경솔하고 급한 모양이다.

'섭(攝)'은 '섭(涉)' 자와 통용되는 간섭(干涉)의 뜻이다.

'사(師)'는 군대 2,500명을, '여(旅)'는 500명을 가리킨다.

'기(饑)'는 곡식이 자라지 않은 것을, '근(饉)'은 채소가 자라지 않은 것이다.

'위(爲)'는 '다스리다[治]'라는 뜻으로 쓰였다.

'방(方)'은 '향(向)' 자의 뜻으로 의(義)를 향하는 것을 말한다.

'신(哂)'은 빙그레 웃은 것인데, 기분이 좋아서 웃은 것이라기보다는 자로에게 겸양하는 마음이 없어 실소한 것이다.

자로 다음의 대답은 증석인데, 증석이 거문고를 켜고 있어서 염구에게 질문이 넘어간 것이다.

'사방 오륙십 리, 육칠십 리'는 작은 나라를 뜻한다.

염유의 재능은 재산을 늘리는 데 있었다. 그러나 앞서 자로가 스승님께 비웃음을 당해 교육에 있어서는 양보하는 태도를 취한 것이다.

'능하다고 말할 수 없다'는 말은, 공서화가 예악의 일을 다스리는 데 재주가 있었으나 겸사로 말한 것이다.

'종묘의 일'은 제사를, '회동'은 제후의 모임을 말한다.

'단(端)'은 현단복(玄端服)을, '장보(章甫)'는 예관(禮冠)을 가리킨다.

'희(稀)'는 소리가 점차 줄어드는 모양이다.

'갱이(鏗爾)'는 '쟁그랑'과 같은 말로 거문고가 땅바닥에 닿는 소리이다.

'선(撰)'은 '갖추다'라는 뜻이다. 증자는 다른 사람들이 정치에 뜻을 갖춘 반면 자신은 다른 생각을 가지고 있었기에 주춤한 것이다.

'막(莫)'은 '모(暮)' 자와 같다.

'기(沂)'는 노나라 도성 남쪽에 있는 강물의 이름이다.

'무우(舞雩)'는 하늘에 제사를 지내는 곳으로 산의 이름이다.

12
안연(顔淵)

【보】이 편 가운데 "子曰 博學於文, 約之以禮, 亦可以弗畔矣夫."는 「옹야」제25장에서 나왔으므로 이를 제외하면 모두 23장이다. 처음 부분에 안연의 인(仁)에 대한 질문이 연이어 세 개의 장으로 등장하기에 '인'을 설명한 장으로 보기도 한다.

안연 제1장

顔淵이 問仁한대 子曰 "克己復禮 爲仁이니 一日克己復禮면 天下 歸仁焉하리니 爲仁이 由己니 而由人乎哉아." 顔淵이 曰 "請問其目하노이다." 子曰 "非禮勿視하며 非禮勿聽하며 非禮勿言하며 非禮勿動이니라." 顔淵이 曰 "回雖不敏이나 請事斯語矣로리이다."

안연이 인에 대해 묻자, 공자가 말했다.

"자기의 사사로운 욕심을 이겨 예를 회복하는 것이 인을 하는 것이다. 하루 동안이라도 사사로운 욕심을 이겨 예에 돌아가면, 천하는 인을 허여한다. 인을 하는 것은 자기에게 달려 있으니 남에게 달려있는 것이겠는가."

안연이 말했다.

"삼가 그 조목에 대해 여쭙겠습니다."

"예가 아니면 보지 말고, 예가 아니면 듣지 말며, 예가 아니면 말하지 말고, 예가 아니면 행동하지 말아야 한다."

"제가 비록 민첩하지는 못하지만 삼가 이 말씀을 일삼도록 하겠습니다."

【보】인에 대한 구체적 설명과 행위에 대해 설명하고 있다. 인은 소통을 중심으로 한다. 일상생활 속에서 이기기 어려운 삿된 욕심을 물리치고 천리로 회복되는 것이 이른바 '극기복례'라는 것이다. 제1장부터 제3장까지 이어 인(仁)에 대해 묻고 있으므로 같이 봐야 한다.

'기(己)'는 한 몸의 사리사욕을 가리키니, 좋은 것을 보고, 좋은 음식을 맛보는 등 구복(口腹)의 욕심이 이에 해당된다고 할 수 있다.

'예(禮)'는 천리(天理)를 뜻하며, 구체적인 행위규범을 포괄하는 개념인 것이다.

'귀(歸)' 자에 대해, 주자는 '허여함[與]'으로 봤으니, 본서 또한 이를 따랐다.

'목(目)'은 구체적인 조목(條目)을 가리킨다.

'비례(非禮)'는 '삿된 욕심'을 가리키는 말과 같다.

'물(勿)'은 금지하는 말이니, 이 글에서의 '극(克)'과 같은 뜻이다.

'사(事)'는 '일로 삼다'라는 말이니, 부지런히 실행에 옮기겠다는 말이다.

안연 제2장

仲弓이 問仁한대 子曰 "出門如見大賓하며 使民如承大祭하고 己所 不欲을 勿施於人이니 在邦無怨하며 在家無怨이니라." 仲弓이 曰 "雍 雖不敏이나 請事斯語矣리이다."

중궁이 인에 대해 묻자, 공자가 말했다.

"문을 나갔을 때에는 큰손님을 뵙는 듯하고, 사람을 부릴 때에는 큰제사를 받들 듯하며, 자신이 하고 싶지 않은 것을 남에게 베풀지 말아야 하니, 이렇게 하면 나라에 있어서도 원망함이 없고, 집안에 있어서도 원망함이 없을 것이다."

중궁이 말했다.

"제가 비록 민첩하지는 못하지만 삼가 이 말씀을 잘 따르겠습니다."

【보】 접물에 있어서 경(敬)과 서(恕)가 중요함을 말하고 있다.
'견대빈(見大賓)'과 '승대제(承大祭)'가 바로 접물(接物)이 되는 것이다. 여기에는 반드시 경(敬)이 있어야 한다.
'자신이 하고 싶지 않은 것을 남에게 베풀지 말아야 한다[己 所不欲 勿施於人]'라는 것은 바로 서(恕)를 말한다.

안연 제3장

司馬牛 問仁한대 子曰 "仁者는 其言也 訒이니라." 曰 "其言也 訒이 면 斯謂之仁矣乎잇가?" 子曰 "爲之難하니 言之得無訒乎아."

사마우가 인에 대해 묻자, 공자가 말했다.

"인이란 그 말을 참아서 하는 것이다."

사마우가 말했다.

"말을 참아서 하면 이를 인이라 할 수 있습니까?"

"그것이 행하기 어려우니, 말을 참아서 하지 않을 수 있겠는가."

【보】 말을 조급하게 하지 않고 신중하게 해야 됨을 말하고 있다.
　'사마우(司馬牛)'는 공자의 제자로, 이름은 리(犁)이고, 자는 자우(子牛)이다. 그의 형은 송(宋)나라 대부(大夫) 사마상퇴(司馬向魋)로, 일명 '환퇴(桓魋)'라고도 한다. 그가 송나라에서 반란을 일으킨 적이 있다. 그래서 사마우는 형의 죽음을 두려워하여 인을 공자에게 질문한 것이다. 또한 사마우는 조급하여 말을 잘 참지 못한 자이다. 참고로, 공자가 위(衛)나라를 떠나 송나라로 갔을 때 사마상퇴가 공자를 해치려고 하자 공자가 미복(微服) 차림으로 송나라를 지나간 일이 『맹자』 「만장 상(萬章上)」 제8 장에 보인다. 사마우의 질문은 제3장부터 제5장에 이르기까지 연이어 나오기 때문에 마땅히 같이 봐야 한다.
　'인(訒)'은 참는 것이며, 쓸 데 없는 말을 하지 않는 것을 말한다.
　원문 '其言也訒, 斯謂之仁矣乎?' 또한 사마우가 생각 없이 바로 말한 것이다.
　'위(爲)'는 '말의 행위'를 뜻한다.

안연 제4장

司馬牛 問君子한대 子曰 "君子는 不憂不懼니라." 曰 "不憂不懼면 斯謂之君子矣乎잇가?" 子曰 "內省不疚어니 夫何憂何懼리오"

사마우가 군자에 대해 묻자, 공자가 말했다.

"군자는 걱정하지 않으며 두려워하지 않는다."

사마우가 말했다.

"근심하지 않으며 두려워하지 않으면 이러한 사람을 군자라 말할 수 있습니까?"

"안으로 반성하며 잘못도 없으니 어떻게 근심하며 어찌 두려워하겠는가."

【보】 이 장은 덕이 온전한 군자의 경지에 대해 말하고 있다. '불우불구(不憂不懼)'는 덕이 온전하기 때문에 사심이 없는 상태를 말한다. 즉 불우(不憂)란 인자(仁者)이며, 불구(不懼)란 용자(勇者)를 가리키니 군자는 지인용(智仁勇)을 모두 갖춘 사람이라는 말이다.

안연 제5장

司馬牛 憂曰 "人皆有兄弟어늘 我獨亡(무)로다." 子夏曰 "商은 聞之矣로니 '死生이 有命이요 富貴 在天이라.'호라. 君子 敬而無失하며 與人恭而有禮면 四海之內 皆兄弟也니 君子 何患乎無兄弟也리오."

사마우가 걱정하면서 말했다.

"사람들은 모두 형제가 있는데 나만 홀로 없습니다."

자하가 말했다.

"내[商]가 들으니 '죽고 사는 것은 운명에 달려 있고, 부유함과 귀함은 하늘에 달려 있다.'고 했습니다. 군자가 공경하고 잃음이 없으며 남들과 더불어 공손하면서 예가 있으면 천하의 안이 모두 형제이니, 군자가 어찌 형제 없음을 걱정하겠습니까."

【보】 말은 원활하지 않지만 자하의 뜻이 좋다는 평이 일반적이다. 자칫 오해하여 자하가 지나친 말을 한 것으로 보면 안 된다. 즉 자하의 말 가운데 '四海之內, 皆兄弟也.'라는 말이 애무차등(愛無差等)의 소지가 없지 않지만, 그것보다는 경(敬)과 예(禮)의 중요성을 언급한 구절로 이해하면 된다.
원문 '死生有命, 富貴在天'은 삶과 죽음이라는 것이 운명에 달려 있을 뿐임을 말하고 있지, 여기에서 '부귀가 하늘에 달려 있다'는 말은 실제 의미가 없다.
여기에서의 '군자(君子)'는 사마우를 가리킨다.

안연 제6장

　子張이 問明한대 子曰 "浸潤之譖과 膚受之愬 不行焉이면 可謂明也已矣니라. 浸潤之譖과 膚受之愬 不行焉이면 可謂遠也已矣니라."

자장이 밝음에 대해 묻자, 공자가 말했다.

"서서히 무젖어 드는 참소와 피부에 와닿는 하소연이 행해지지 않는다면 '밝다'고 말할 만하다. 서서히 무젖어 드는 참소와 피부로 받는 하소연이 행해지지 않는다면 '멀다'고 말할 만하다."

【보】 마음이 사물에 가려지지 않으면 밝다고 말할 수 있고, 그 이상 심원한 경지에 도달할 수 있음을 말하고 있다.

'명(明)'은 마음이 밝음을 말한다.

'침윤(浸潤)'은 물이 천천히 번지는 것을 말하지 급작스러운 것이 아니다. 따라서 '침윤지참(浸潤之譖)'은 남의 과오를 지적할 때 쓰이는 것인데 이 때 가려짐이 생기므로 이를 미연에 방지한다면 밝다고 말할 수 있는 것이다.

'부수(膚受)'는 피부로 받는 것이다. 따라서 '부수지소(膚受之愬)'는 자신의 억울함을 말할 때 쓰이는 것인데, 이는 절박하기 때문에 마음에 가려짐이 생기는 것이다.

'불행언(不行焉)'은 미연에 방지함을 뜻한다.

'원(遠)'은 밝음[明]보다 높은 차원의 심원함을 뜻한다.

안연 제7장

子貢이 問政한대 子曰 "足食足兵이면 民이 信之矣리라." 子貢이 曰 "必不得已而去인댄 於斯三者에 何先이리잇고?" 曰 "去兵이니라." 子貢이 曰 "必不得已而去인댄 於斯二者에 何先이리잇고?" 曰 "去食이니 自古皆有死어니와 民無信不立이니라."

자공이 정사에 대해 묻자, 공자가 말했다.

"양식을 넉넉히 하고 병력을 넉넉히 하면, 백성이 정사를 믿을 것이다."

자공이 말했다.

"어쩔 수 없이 반드시 버려야 한다면, 이 세 가지 중 무엇을 먼저 버려야 합니까?"

"병력을 버려야 한다."

"어쩔 수 없이 반드시 버려야 한다면 이 두 가지 중 무엇을 먼저 버려야 합니까?"

"양식을 버려야 한다. 예로부터 모두 죽음이 있으나, 사람이 신의
가 없으면 설 수 없다."

【보】 정사에는 반드시 선후가 있음을 말하고 있다. 즉 정치 불
변의 법칙이라는 측면에서 본다면 당연히 경제가 우선시 되어
야 하지만, 위의 글에서 '부득이(不得已)'라는 말이 있기에 권도
를 쓸 상황이므로 경제보다는 민심에 초점이 맞춰져 있다.
　'족식(足食)'과 '족병(足兵)'은 다름 아닌 부국강병(富國强兵)을
뜻한다.
　'거병(去兵)'의 경우 부유하면 나라를 유지할 수 있기 때문에
병력을 버려도 된다고 말한 것이다.

안연 제8장

棘子成이 曰 "君子는 質而已矣니 何以文爲리오." 子貢이 曰 "惜乎
라 夫子之說(셜)이 君子也나 駟不及舌이로다. 文猶質也며 質猶文也니
虎豹之鞟이 猶犬羊之鞟이니라."

극자성이 말했다.

"군자는 바탕에 힘쓸 뿐이니 꾸미는 것을 어디에 쓰겠는가."

자공이 말했다.

"안타깝다, 극자성의 말은 군자와 같으나 네 마리의 말도 혀[말]에
미치지는 못한다. 꾸미는 것이 바탕과 같고, 바탕은 꾸미는 것과 같은
것이니, 범과 표범의 털 없는 가죽이 개와 양의 털 없는 가죽과 같은

것이다."

【보】'문질빈빈(文質彬彬)'이라는 측면에서 본다면, 자공의 말이 맞을 듯하지만 극자성은 지극히 질(質)에 힘썼고, 자공은 문(文)에 치중하지 못하니 둘 다 중도를 잃었다고 볼 수 있다. 즉 극자성은 근본만을 숭상하고 지엽적인 것은 억제하려 했으며, 자공은 근본과 지엽을 같은 것으로 치부했으니 둘 다 잘못된 것이다.

'극자성(棘子成)'은 위나라 대부(大夫)이다. 그는 당시 사람들이 겉치레만 신경쓰기에 이를 혐오하여 '겉치레를 어디다 쓰겠는가.'라고 말한 것이다.

'부자(夫子)'는 극자성을 가리킨다.

'사(駟)'는 네 마리 말이니, 그 속도는 일반 말보다도 네 곱절이나 빠르다. 하지만 혀[말]란 이보다도 더 빠른 것이니, 극자성의 말에 실수가 있음을 저와 같이 표현한 것이다.

'곽(鞹)'은 동물의 가죽 털을 제거한 것을 말한다. 따라서 범과 표범은 그 자체의 털이 있어야 만이 가치가 있는 것인데, 이를 제거하여 개와 양의 곽과 같다고 말한 것은 본말을 같다고 여긴 것으로 잘못이 있다.

안연 제9장

哀公이 問於有若曰 "年饑用不足하니 如之何오?" 有若이 對曰 "盍徹乎시니잇고?" 曰 "二도 吾猶不足이어니 如之何其徹也리오?" 對曰 "百姓이 足이면 君孰與不足이며 百姓이 不足이면 君孰與足이리잇고."

애공이 유약에게 물었다.

"흉년이 들어 국가비용이 부족하니 어떻게 해야합니까?"

유약이 대답했다.

"어찌하여 철법을 쓰지 않습니까?"

"십분의 이도 저는 오히려 부족하다고 생각하는데, 어떻게 철법을 씁니까?"

"백성이 넉넉하면 임금께서 누구와 더불어 넉넉하지 않을 것이며, 백성이 넉넉하지 못하다면 임금께서 누구와 더불어 넉넉하시겠습니까."

　【보】백성과 임금은 하나이니, 『맹자』의 이른바 '여민동락(與民同樂)'이 이에 해당된다고 할 수 있다.
　'용(用)'은 국가비용을 뜻한다.
　'철(徹)'은 '통한다[通]'의 뜻이다. 주나라 제도에, 한 가장은 토지 일백 묘를 받아 사람들과 더불어 같이 일하고 균등하게 수확한다. 백성은 십분의 구를 얻고, 나머지 십분의 일은 국가에 낸다. 유약은 이를 강조하고 있으니, 이는 백성을 생각한 것이다.
　'이(二)'는 '십분의 이'를 뜻하니, 애공이 더 많은 세금을 걷으려 하고 있으니, 백성이 아닌 자신을 생각한 것이다.

안연 제10장

　子張이 問崇德辨惑한대 子曰 "主忠信하며 徙義 崇德也니라. 愛之란 欲其生하고 惡(오)之란 欲其死하나니 旣欲其生이요 又欲其死 是惑也니라." (誠不以富요 亦祇以異로이라.)

자장이 '덕을 높임'과 '의혹의 분별'에 대해 묻자, 공자가 말했다.

"충신을 주로 하며 의로 옮김이 덕을 높이는 것이다. 어떤 것을 사

랑할 때에는 살기를 바라고 미워할 때에는 죽기를 바라니, 이미 그것
이 살기를 바라고 또 죽기를 바라는, 이것이 의혹이다." (진실로 부로
써 하면 안 되니 또한 다만 이상함만 취할 뿐이다.)

【보】 마음을 닦고 그것을 실천으로 옮기는 것이 중요함을 말
하고 있다.
  '덕(德)'은 마음에 얻는 바이니, 숭덕(崇德)은 그 마음을 닦고
실천하는 것을 가리킨다. 즉 선천적으로 얻은 선한 마음과, 후
천적 수양을 통한 선한 마음 모두를 아우른다.
  '혹(惑)'은 마음이 가려져 생긴 의혹됨을 말한다.
  원문 '誠不以富, 亦祇以異'는 연문(衍文)으로 보고, 읽지 않는
다. 다만 이 구절은 뒤의 「계씨」 제12장의 "齊景公有馬千駟, 死
之日, 民無德而稱焉, 伯夷叔齊, 餓于首陽之下, 民到于今稱之. 其
斯之謂與."와 관련이 있는 것으로 유추할 뿐 자세하지는 않다.

안연 제11장

**齊景公이 問政於孔子한대 孔子對曰 "君君 臣臣 父父 子子니이다."
公曰 "善哉라. 信如君不君하며 臣不臣하며 父不父하며 子不子면 雖有
粟이나 吾得而食諸아."**

제경공이 공자에게 정사에 대해 묻자, 공자가 대답했다.
  "임금은 임금답고, 신하는 신하다우며, 부모는 부모답고, 자식은 자
식다운 것입니다."
  제경공이 말했다.
  "좋습니다. 진실로 만일 임금이 임금답지 못하고, 신하는 신하답지

못하며, 부모는 부모답지 못하고, 자식은 자식답지 못한다면, 비록 곡식이 있다고 해도, 내가 얻어먹을 수 있겠습니까."

【보】 이른바 '정명사상(正名思想)'에 대해 말하고 있다.

'제경공(齊景公)'의 이름은 저구(杵臼)이다. 그는 제장공(齊莊公)의 이복동생으로, 대부 최저(崔杼)가 장공을 살해하고 군주로 삼았기에 그 왕위의 정통성마저 온당치 않다. 이에 공자가 정명사상을 내세운 것이다.

원문 '君君 臣臣 父父 子子'는 바로 인륜(人倫)을 밝힌 말이다.

'속(粟)'은 곧 녹을 뜻하니 지위를 비롯해, 나아가 임금을 뜻한다.

안연 제12장

子曰 "片言에 可以折獄者는 其由也與인저. 子路는 無宿諾이러라."

공자가 말했다.

"반 마디 말에 옥사를 결단할 수 있는 자는 그 중유일 것이다. 자로는 승낙을 묵힌 적이 없다."

【보】 자로의 결단력을 칭찬한 말이다.

'편언(片言)'은 말 한 마디 하기 전, 즉 반 토막 말을 뜻한다.

'절(折)'은 결단을 뜻하니, '절옥(折獄)'은 송사를 결단하는 일이며, 이는 시비를 따지는 일 가운데 가장 큰 일이다.

'무숙(無宿)'은 지체 없이 실천함을 뜻한다.

안연 제13장

子曰 "聽訟이 吾猶人也나 必也使無訟乎인저."

공자가 말했다.

"송사를 결단하는 일은 나도 남과 같게 하겠지만 반드시 사람들로 하여금 송사를 없게 하겠다."

【보】 청송(聽訟)과 무송(無訟)에 관한 말로, 송사를 결단하는 청송은 지엽적인 일이며, 처음부터 그 원인을 없애는 무송은 근본적인 해결책이므로 근본에 힘쓰겠다는 뜻이다.

안연 제14장

子張이 問政한대 子曰 "居之無倦하며 行之以忠이니라."

자장이 정사에 대해 묻자, 공자가 말했다.

"마음 두기를 게으름이 없게 하며 행하기를 충으로써 해야 한다."

【보】 정사란 처음과 끝이 같게 하는 것임을 말하고 있으니, 외적으로 보여주는 것보다 내면의 마음이 더 중요함을 말하고 있다. 즉 '자장(子張)'이 징사를 묻고 공사가 이와 같이 말해 순 것은 제자인 자공에게 외적인 면을 중시한 폐단이 있다고 판단하여 게으름 없이 꾸준하고 성실하게 행하는 것이 정사임을 답해 주고 있는 것이다.

‘거(居)’는 마음에 보존함[存]을 뜻한다.

‘무권(無倦)’은 ‘시종여일(始終如一)’이라는 말과 같다.

(子曰 "博學於文이요 約之以禮면 亦可以弗畔矣夫인저.")

(공자가 말했다. "문에 대해서 널리 배우고, 예로써 요약하면 도에 위배되지 않을 수 있을 것이다.")

【보】「옹야(雍也)」제25장에 나온 글이 다시 또 나왔으므로 연문(衍文)에 속한다. 읽지 않는다.

안연 제15장

子曰 "君子는 成人之美하고 不成人之惡(악)하나니 小人은 反是니라."

공자가 말했다.

"군자는 남의 아름다움을 이루어주고 남의 악을 이루어주지 않지만, 소인은 이를 반대로 한다."

【보】군자와 소인의 평소 마음 씀이 다름을 밝히고 있다. 즉 군자는 평소 마음 씀이 선에 있기 때문에 다른 사람의 아름다움을 완성시켜 주지만, 소인은 그 마음 씀이 악에 있기 때문에 반대로 악을 완성시켜 주는 것이다.

‘성(成)’은 이끌어 주고 권장하여 그 일을 완성해 주는 것을 말한다.

안연 제16장

**季康子 問政於孔子한대 孔子對曰 "政者는 正也니 子帥以正이면 孰
敢不正이리오."**

계강자가 공자에게 정사에 대해 묻자, 공자가 대답했다.

"정사란 '바로잡다'라는 뜻입니다. 만일 당신이 '바로잡는 마음'으로
써 솔선수범한다면 누가 감히 바르게 되지 않겠습니까."

【보】 제16장부터 제18장까지는 모두 계강자와 관련된 장이므
로 함께 보는 것이 좋다. 제16장은 먼저 위정자 자신부터 스스
로를 바르게 해야 한다는 솔선수범에 대해 말하고 있다.
'계강자(季康子)'는 노나라의 정권, 적자의 자리를 빼앗은 자
이다. 따라서 공자는 윗사람이 법도가 되는 것이야 말로 그것이
정사임을 말해주고 있다.

안연 제17장

**季康子 患盜하여 問於孔子한대 孔子對曰 "苟子之不欲이면 雖賞之
라도 不竊하리라."**

계강자가 도둑질을 걱정하여 공자에게 묻자, 공자가 대답했다.

"만일 당신께서 욕심을 부리지 않는다면 비록 백성에게 상을 주면
서 도둑질을 하도록 만들더라도 도둑질하지 않을 것입니다."

【보】앞 장과 연계하여 살펴본다면, 계강자는 정권과 적자의 자리를 빼앗은 자이기에 남들이 자신을 위협할 것이라 걱정한 사람이다. 따라서 자신부터 바르게 하지 않는다면 악행은 다시 반복될 것이지만, 만일 자신부터 바르게 한다면 제아무리 포상이 있다 하더라도 악행이 일어나지 않을 것임을 말하고 있다.

안연 제18장

季康子 問政於孔子曰 "如殺無道하여 以就有道인댄 何如하니잇고?" 孔子對曰 "子爲政에 焉用殺이리오 子欲善이면 而民이 善矣리니 君子之德은 風이요 小人之德은 草라 草上之風이면 必偃하나니라."

계강자가 공자에게 정사에 대해 물었다.

"만일 무도한 자를 죽여 도가 있는 곳으로 나아가게 하면 어떻습니까?"

공자가 대답했다.

"당신은 정사를 하는 데 있어서 어찌 살인을 씁니까? 만일 당신이 선하고자 하면 백성은 선해질 것입니다. 군자의 덕은 바람과 같고 소인의 덕은 풀과 같습니다. 풀 위에 바람이 가해지면 풀은 반드시 쓰러지는 법입니다."

【보】계강자는 국법을 통해 백성을 다스리는 것이 어떠한가를 묻고 있으나, 공자는 국법을 가장 먼저 위반한 사람에게는 그러한 법치정책이 소용이 없음을 말해주고 있다. 역시 앞의 두 장처럼 위정자의 솔선수범에 대해 말하고 있다.

안연 제19장

　子張이 問 "士 何如라야 斯可謂之達矣니잇고?" 子曰 "何哉오 爾所謂達者여?" 子張이 對曰 "在邦必聞하며 在家必聞이니이다." 子曰 "是는 聞也라 非達也니라. 夫達也者는 質直而好義하며 察言而觀色하야 慮以下人하나니 在邦必達하며 在家必達이니라. 夫聞也者는 色取仁而行違요 居之不疑하나니 在邦必聞하며 在家必聞이니라."

　자장이 물었다.

　"선비가 어떻게 해야 '달성했다'고 말할 수 있습니까?"

　공자가 말했다.

　"무엇을 말하는가, 자네가 말하는 '달성했다'는 것이?"

　"나라에 있어서 반드시 알려지고 집안에 있어서도 반드시 알려지는 것을 말합니다."

　"그것은 알려지는 것이지 달성했다는 것이 아니다. '달성했다'는 것은 질박하고 정직하며 의를 좋아하고 남의 말을 살피고 얼굴빛을 관찰하며 생각으로써 남들에게 낮추니, 나라에 있어서도 반드시 달성하게 되고 집안에 있어서도 반드시 달성하게 되는 것이다. '알려지다'는 것은 얼굴빛은 인을 취하지만 행실은 위배되고 머물면서 의심하지 않으니, 나라에 있어서도 반드시 알려지고 집안에 있어서도 반드시 알려진다."

　　【보】 '알려짐[聞]'과 '달성[達]'은 그 모습이 서로 비슷하지만 진정성과 위선으로 구분할 수 있음을 말하고 있다. 자장이 외면에만 힘썼기에, 공자가 이를 깨우쳐 주려고 말한 것이다.

'하여(何如)'는 행동을 어떻게 해야 하는지에 대한 의문이다.

'달(達)'은 자신의 마음가짐과 일처리가 남에게까지 이르러 어떠한 행위를 하더라도 반드시 성취됨을 말한다.

'문(聞)'은 명성을 듣는 것으로 알려지는 것과 같다.

'질박하고 정직하며 의를 좋아하는 것'은 자신을 살피는 것이며, '말을 살피고 얼굴빛을 관찰하며 생각으로써 남들에게 낮추는 것'은 남을 헤아리는 것이니 이 둘을 조화롭게 해야 만이 '달성했다.'고 말할 수 있는 것이다.

안연 제20장

樊遲 從遊於舞雩之下러니 曰 "敢問崇德修慝辨惑하노이다." 子曰 "善哉라 問이여! 先事後得이 非崇德與아. 攻其惡(악)이요 無攻人之惡이 非修慝與아. 一朝之忿으로 忘其身하여 以及其親이 非惑與아."

번지가 공자를 따라 무우산 아래에서 종유하며 물었다.

"덕을 높이고 사특함을 제거하며 의혹을 분별하는 것에 대해 감히 여쭙겠습니다."

공자가 말했다.

"훌륭하구나, 자네의 질문이! 일을 우선 하고 얻는 것을 나중에 하는 것이 덕을 높이는 것이 아니겠는가. 자신의 단점을 다스리고 남들의 단점은 신경 쓰지 않는 것이 사특함을 제거하는 것이 아니겠는가. 하루아침의 분노로 그 자신을 잊어 화가 부모님에게까지 끼치게 하는 것이 의혹함이 아니겠는가."

'덕을 높인다는 것'은 대의를 우위에 두고 이익을 밑에 두는 것이며, '사특함을 제거하는 것'이란 남의 잘못보다 자신의 잘못을 다스리는 것이며, '의혹을 분별하는 것'은 일상생활 가운데 미미한 곳부터 신경을 써야 하는 것으로, 예컨대 작은 화를 다스리는 것부터 한다면 가능한 것이다. 번지는 이 세 가지에 대해 다소 미진한 바가 있었기에 스승에게 물었던 것이고, 공자가 이에 답해 준 것이다.

'무우(舞雩)'는 「선진」 제25장에서 이미 나왔다. 하늘에 제사를 지내는 곳으로 산의 이름이다.

'종유(從遊)'는 스승을 따르는 것을 뜻한다.

'수(修)'는 다스려 제거하는 것을 의미한다.

'특(慝)'은 마음을 숨긴 것으로 사특함을 가리킨다.

'공(攻)'은 '다스리다[治]'의 뜻으로 쓰였다.

안연 제21장

樊遲 問仁한대 子曰 "愛人이니라." 問知한대 子曰 "知人이니라." 樊遲 未達이어늘 子曰 "擧直錯諸枉이면 能使枉者直이니라." 樊遲 退하여 見子夏曰 "鄕也에 吾 見於夫子而問知하니 子曰 '擧直錯諸枉이면 能使枉者直이라.'하시니 何謂也오?" 子夏曰 "富哉라 言乎여! 舜 有天下에 選於衆하사 擧皐陶(요)하시니 不仁者 遠矣요 湯 有天下에 選於衆하사 擧伊尹하시니 不仁者 遠矣니라."

번지가 인에 대해 묻자, 공자가 말했다.

"사람을 사랑하는 것이다."

지(知)에 대해 묻자, 공자가 말했다.

"사람을 아는 것이다."

번지가 완전히 이해하지 못하자, 공자가 말했다.

"정직한 사람을 등용하고 모든 부정한 사람을 버리면 능히 부정한 자로 하여금 곧게 할 수 있다."

번지가 물러나 자하를 만나보고 물었다.

"지난날 나는 스승님을 뵙고 지에 대해 물었더니 스승님께서는 '정직한 사람을 등용하고 모든 부정한 사람을 버리면 능히 부정한 자로 하여금 곧게 할 수 있다.'라고 하셨는데 무슨 말씀입니까?"

자하가 말했다.

"광대하구나. 그 말씀이여! 순임금이 천하를 소유할 때 여러 사람들 중에 선발해서 고요를 등용하니 불인한 자들이 멀어졌고, 탕왕이 천하를 소유할 때 여러 사람들 중에 선발해서 이윤을 등용하니 불인한 자들이 멀어졌습니다."

【보】 유사한 내용이 이미 「위정」 제19장에 나왔다. 부정한 자를 곧게 만드는 것을 인(仁)이라고 하며, 정직한 사람을 등용하고 부정한 자를 내치는 것을 지(知)라고 한다. 이 두 가지는 서로 모순되지 않을 뿐만 아니라 도리어 서로 쓰임이 된다.

번지는 스승이 말한 인과 지의 차이를 알지 못하고 모두 지의 일이라고 생각했기에 자하에게 재차 물은 것이다. 자하의 감탄은 지에 대해 말한 것에 그친 것이 아니라 인에까지 이른 폭넓은 가르침에 있다.

안연 제22장

子貢이 問友한대 子曰 "忠告(곡)而善道之호되 不可則止하여 無自辱

焉이니라."

자공이 벗과의 처신에 대해 묻자, 공자가 말했다.

"충심으로 말해주고 잘 이끌어 주되 불가능하면 그만두어서 스스로 욕되게 하지 말아야 한다."

> **【보】** 이 장은 뒤의 제23장과 함께 보아야 한다. 벗을 어떻게 처신해야 하는지가 이 장의 내용이라면, 뒷장은 어떻게 취해야 하는지 방법을 말해주고 있다.
> '벗[友]'은 인(仁)을 완성하도록 돕는 자를 말한다. 따라서 진심을 다해 인을 돕도록 말하다가 그것이 불가능하다면 그만두어 스스로에게도 욕을 당하는 일을 피하고 친구와의 관계가 소원해짐을 면하는 것이 옳다.
> '불가(不可)'는 '不可忠告而善道之'의 축약형으로 쓰였다. 이는 문장의 번거로움을 피한 것이다.
> '도(道)'는 도(導)의 뜻이다.

안연 제23장

曾子曰 "君子는 以文會友하고 以友輔仁이니라."

증자가 말했다.

"군자는 학문으로 벗을 모으고 벗으로 인을 돕는다."

> **【보】** 군자란 내면에 덕을 쌓아 외면의 도로 표출되는 자이다. 따라서 그 길은 도덕이라는 인을 완성하는 데 있다. 학문을 통해 정진하면서 벗이 있어 이를 돕는다면 인을 완성할 수 있는 것이다.

13

자로(子路)

【보】 이 편은 정치에 관한 글이 많다. 특히 위정자로서 솔선수범을 해야 함과 인재를 잘 등용해야 함 그리고 정명사상(正名思想)과 진정한 선비에 대해 말하고 있다. 모두 30장이다.

자로 제1장

子路 問政한대 子曰 "先之勞之니라." 請益한대 曰 "無倦이니라."

자로가 정사에 대해 묻자, 공자가 말했다.

"백성보다 솔선수범해야 하며, 백성보다 수고로워야 한다."

자로가 더 말씀해 줄 것을 청하자, 공자가 말했다.

"게을리 하지 말아야 한다."

【보】 정사란 위정자가 솔선수범해야, 백성은 감화되어 이를 따르고 원망도 없음을 말하고 있다.

'선지(先之)'는 '先於民'과 같은 말로 봐야 하며, '노지(勞之)' 또한 '勞於民'과 같은 말로 봐야 한다. 여기서의 '어(於)'는 '~보다'의 뜻이다.

'무권(無倦)'은 앞의 '선지노지(先之勞之)'를 게을리 하지 말아야 한다는 말이다.

자로 제2장

仲弓이 爲季氏宰라 問政한대 子曰 "先有司요 赦小過하며 擧賢才니라." 曰 "焉知賢才而擧之리잇고?" 曰 "擧爾所知면 爾所不知를 人其舍(捨)諸아."

중궁이 계씨의 가신이 되어 정사에 대해 묻자, 공자가 말했다.

"먼저 유사에게 맡기고 작은 죄는 용서해주며 어진 사람과 유능한 자를 등용해야 한다."

중궁이 물었다.

"어떻게 어진 사람과 유능한 자를 알아 그를 등용시킵니까?"

"자네가 아는 사람을 등용하면, 자네가 모르는 사람들을 남들이 버려두겠는가."

【보】 '만사는 인사[萬事人事]'라는 말에 대해 말하고 있다. 공자는 당시 중궁이 계씨의 가신이 되었기에 국정(國政)이 아닌 가사(家事)임을 지적하고, 덕이 있는 자와 재주를 가진 자를 선발하는 것이 인사의 핵심임을 지적하고 있다.

'유사(有司)'는 직책을 맡은 자로서 실무자를 가리킨다.

'재(宰)'는 대개 지명의 경우 읍재(邑宰)를 뜻하지만 여기서는 가신(家臣)을 말한다.

'작은 죄를 용서함[赦小過]'은 큰 일을 위해 박절하게 하지 않음을 뜻한다.

'현(賢)'은 덕이 있는 인물, '재(才)'는 재주를 가진 인물을 가리킨다.

자로 제3장

子路曰 "衛君이 待子而爲政하시나니 子將奚先이시리잇고?" 子曰 "必也正名乎인저." 子路曰 "有是哉라 子之迂也여! 奚其正이시리잇고?" 子曰 "野哉라 由也여! 君子 於其所不知에 蓋闕如也니라. 名 不正則言 不順하고 言 不順則事 不成하고 事 不成則禮樂이 不興하고 禮樂이 不興則刑罰이 不中하고 刑罰이 不中則民이 無所措手足이니라. 故로 君子 名之인댄 必可言也며 言之인댄 必可行也니 君子 於其言에 無所苟而已矣니라."

자로가 말했다.

"위나라 임금이 스승님을 기다려 정치를 하려고 하니, 스승님께서 장차 무엇을 먼저 하시겠습니까?"

공자가 말했다.

"반드시 명분을 바로잡을 것이다."

"바로 이것입니다, 스승님의 우활함이! 어떻게 그 명분을 바로잡을 수 있겠습니까?"

"저속하구나, 중유여! 군자는 그 알지 못하는 것에 대해서는 대개 빠뜨린 듯이 한다. 명분이 바르지 못하면 말이 이치에 순하지 못하고,

말이 이치에 순하지 못하면 일이 이루어지지 못하며, 일이 완성되지 못하면 예악이 일어나지 못한다. 예악이 일어나지 못하면 형벌이 알맞지 못하고, 형벌이 알맞지 못하면 백성이 손발을 둘 곳이 없다. 그러므로 군자가 어떤 것에 이름을 붙이면 반드시 말할 수 있고, 말할 수 있으면 반드시 행할 수 있는 것이니, 군자는 그 말에 대해 구차함이 없을 따름이다."

【보】 이른바 '정명사상(正名思想)'에 관해 말하고 있다. 자로는 출공의 아래에서 벼슬을 하고 있었기 때문에 위와 같이 질문한 것이다. 출공은 위나라 임금 첩(輒)이다. 그는 부친[蒯聵]를 아버지로 여기지 않고, 조부(衛靈公)를 부친으로 삼았으니 명분에 맞지 않았다. 또한 괴외는 어머니 남자(南子)의 음란함을 부끄럽게 생각하여 죽이려고 했으니 죄가 있는 몸이다. 그가 임금이 될 수 없었다면, 괴외의 숙부라도 왕위에 세워야 했다. 따라서 명분이 바로서지 못하면 말이 어긋나고 또한 일도 완성되지 못하며 예악도 완성되지 못한다. 이는 임금의 일인데, 이러한 임금의 일이 완성되지 못하면 그러한 폐단은 백성에게까지 이른다. 결국 형벌이 맞지 않고 백성을 죽음으로 몰게 되는 결과를 초래하게 된다. 그러므로 나라의 근본인 백성을 위해서는 반드시 명분을 바로 해야 하는 것이다.

'우(迂)'는 우활하여 현실성이 없는 것을 가리킨다.

'야(野)'는 저속함을 말한다.

'군자는 그 알지 못하는 것에 대해서는 대개 빠뜨린 듯이 한다'는 말은 자로를 꾸짖는 말이다.

'말이 이치에 순하지 못하다'는 말은 조부를 부친으로 부른 것을 말한다.

'일이 이루어지지 못하다'는 사당에 잘못 모셔짐을 말한다.

'백성이 손발을 둘 곳이 없다'는 더 이상 살 수 없다는 뜻이다.

'어떤 것에 이름을 붙이다'라는 말은 정명(正名)을 말한다.

'구(苟)'는 '구차하다'라는 말이니, 앞서 불순(不順)과 같은 말이다.

자로 제4장

樊遲 請學稼한대 子曰 "吾不如老農호라." 請學爲圃한대 曰 "吾不如老圃호라." 樊遲 出이어늘 子曰 "小人哉라 樊須也여! 上이 好禮則民 莫敢不敬하고 上이 好義則民 莫敢不服하고 上이 好信則民 莫敢不用 情이니 夫如是則四方之民이 襁負其子而至矣리니 焉用稼리오."

번지가 농사짓는 일을 배우기를 청하자, 공자가 말했다.

"나는 늙은 농부만 못하다."

삼가 채전 가꾸는 일을 배우기를 청하자, 공자가 말했다.

"나는 늙은 농부만 못하다."

번지가 나가자, 공자가 말했다.

"소인이구나, 번수여! 윗사람이 예를 좋아하면 백성이 윗사람을 공경하지 않는 자가 없고, 윗사람이 의를 좋아하면 백성이 복종하지 않는 이가 없으며, 윗사람이 신뢰를 좋아하면 백성이 감히 실정대로 하지 않는 자가 없다. 이처럼 되면 사방의 백성이 자식을 포대기에 업고 올 것인데 농사를 어디에다 쓰겠는가."

【보】대인의 일과 소인의 일을 구분하고, 학자란 대인의 일을 해야 함을 강조하고 있다. 즉 소인의 일이란 자신의 입을 즐겁게 하는 사람의 일이며, 대인의 일이란 마음을 수양하여 타인을 교화시키는 사람의 일을 말한다.

'번지가 농사짓는 일을 배우기를 청했다'란 공자에게는 맞지 않는 질문임을 뜻한다. 즉 공자에게는 인(仁)이라던지 덕(德)을 배워야 하지 농사짓는 일을 여쭀으니 대상이 맞지 않다.

'가(稼)'는 오곡(五穀 - 稻黍稷麥菽)을 심는 것을 말한다.

'위(爲)'는 '배우다[學]'의 뜻으로 쓰였다.

'포(圃)'는 채소를 심는 것을 말한다.

'소인(小人)'은 벼슬이 없는 서민이자 자신의 입만을 생각하는 사람이다.

'상(上)'은 위정자(爲政者)를 가리키며, 학자(學者)를 가리킨다.

'이처럼 되면[如是]'은 앞서 세 가지 일의 실행을 가리키니, 호례(好禮), 호의(好義), 호신(好信)을 뜻한다.

'지(至)'는 제 발로 찾아오는 것을 뜻한다.

자로 제5장

子曰 "誦詩三百호되 授之以政에 不達하며 使(시)於四方에 不能專對하면 雖多나 亦奚以爲리오"

공자가 말했다.

"『시』 삼백 편을 외우면서도 정사를 맡겨도 통달하지 못하고, 사방에 사신으로 나가서도 오로지 잘 대하지 못한다면 비록 많이 외운다 한들 또한 어디에 쓰겠는가."

【보】 경서를 궁구하는 것은 실제 생활에 유용하게 쓰이려 함[窮經致用]에 대해 말하고 있다. 즉 시(詩)란 성정에 근본을 하고 있기 때문에 정사를 돌볼 줄 알며, 말을 할 수 있기에[可以言] 사신의 임무도 잘 해 낼 수 있는 것이다.

원문 '授之以政'의 '지(之)' 자는 시 삼백수를 모두 외운 사람을 지칭한다.

'전(專)'은 '홀로[獨]'라는 뜻이니, 독자적 대답을 뜻한다.

원문 '亦奚以爲'에서 '이(以)'는 '용(用)'의 뜻이고, '위(爲)'는 어조사이다.

자로 제6장

子曰 "其身이 正이면 不令而行하고 其身이 不正이면 雖令不從이
니라."

공자가 말했다.

"자기 자신이 바르면 명령하지 않아도 행해지고, 자신이 바르지 못
하면 비록 명령한다 하더라도 따르지 않는다."

【보】위정자의 솔선수범에 대해 말하고 있다.
원문 '其身正'의 '기(其)' 자는 위정자를 뜻한다.

자로 제7장

子曰 "魯衛之政이 兄弟也로다."

공자가 말했다.

"노나라와 위나라의 정사는 형제간이로구나!"

【보】공자의 시대를 아파하는 탄식[傷時之歎]이다. 노나라는
주공(周公)의 후예이고, 위나라는 강숙(康叔)의 후예다. 주공과
강숙은 모두 문왕의 아들이니 형제간인 것이나. 하시만 공자 당
시 노나라는 미약해졌고, 위나라는 난이 있어 같은 상황이기에
공자가 저와 같이 탄식한 것이다.

자로 제8장

子謂衛公子荊하시되 "善居室이로다. 始有에 曰'苟合矣라.'하고 少有에 曰'苟完矣라.'하고 富有에 曰'苟美矣라.'하니라."

공자가 위나라의 공자 형에 대해 다음과 같이 평했다.

"집에 있을 때 살림을 잘했다. 처음 가재도구를 소유했을 때에는 '대략 모았다.' 하고, 조금 갖추어졌을 때에는 '대략 완비되었다.' 하며, 많이 소유했을 때에는 '대략 아름답다.' 했다."

【보】형편에 맞게 살림살이를 잘 한, 위나라 대부 공자 형에 대한 평이다.

'거실(居室)'은 평소 거처할 때라는 말로 움직임이 거의 없는 정(靜)의 상태다.

'시유(始有)'는 이제 막 움직임이 시작될 때로, 동(動)의 시작을 말하며 가난한 상태를 가리킨다.

'구(苟)'는 '그럭저럭'이라는 말이다. 따라서 살림을 처음 시작할 때에는 그럭저럭 합당하게 했다는 말이다.

'소(少)'는 재산이 이제 조금 모여 어느 정도 갖춰졌을 때를 말한다. 어느 정도 재산이 모이자 완비되었다는 뜻이다.

'미(美)'는 완전히 아름답게 부가 잘 갖추어졌음을 말한다.

자로 제9장

子適衛하실새 冉有 僕이러니 子曰 "庶矣哉라." 冉有曰 "旣庶矣어든 又何加焉이리잇고?" 曰 "富之니라." 曰 "旣富矣어든 又何加焉이리잇

고?” 曰 “教之니라.”

공자가 위나라에 갈 때 염유가 수레를 몰았는데, 공자가 말했다.
“백성이 많다.”
염유가 물었다.
“이미 백성이 많다면 또 무엇을 더하여야 합니까?”
“백성을 부유하게 해주어야 한다.”
“이미 부유해졌다면 또 무엇을 더하여야 합니까?”
“백성을 가르쳐야 한다.”

　　【보】 정치에는 선후가 있으니 경제를 우선 하고, 도덕 교육이
　　뒤에 있음을 말한다[先經濟後道義]. 따라서 이 장은 『맹자』「등
　　문공 상」 제3장, 제4장과 함께 보면 좋다.
　　　‘복(僕)’은 ‘마부 복’ 자로 쓰였으니, ‘말을 몰다’라는 동사이다.
　　　‘서(庶)’는 사람이 많은 것을 뜻한다.

자로 제10장

子曰 “苟有用我者면 期月而已라도 可也니 三年이면 有成이니라.”

공자가 말했다.
“만약 나를 등용해 주는 자가 있다면, 만 일 년 등용하더라도 괜찮
을 것이니, 삼 년 등용하면 완성됨이 있을 것이다.”

【보】시간에 따라 감화가 천천히 감화됨을 말한다.

'기월(期月)'은 '12개월' 즉 1년을 뜻하니, 예컨대 기년상(期年喪)의 경우가 그렇다.

'가(可)'는 『논어』에서 '겨우 괜찮을 뿐 미진한 점이 있다[僅可而有所未盡].'는 말로 많이 사용되는데 여기에서도 그렇다.

주자는 "『사기』를 보니, 위령공(衛靈公)이 등용해주지 못하기 때문에 하신 말씀이라 하였다."라고 했으니 참고로 적어 둔다.

자로 제11장

子曰 " '善人이 爲邦百年이면 亦可以勝殘去殺矣라.'하니 誠哉라 是言也여!"

공자가 말했다.

" '선인이 나라 다스리기를 백 년 동안 하면 잔학한 사람을 이기고, 사형을 제거할 수 있다.'고 하니, 참으로 그렇다, 이 말이여!"

【보】선인이 나라를 다스린 공효에 대해 말하고 있다.

'선인(善人)'은 훌륭한 자질은 가지고 있으나 배움이 미진한 자를 가리킨다. 따라서 이들의 교화에는 한계가 있다. 그렇다 해도 백 년이면 잔학한 이를 변화시킬 수 있으며 형벌을 없애게 만들 수 있다.

'승잔(勝殘)'은 잔학한 사람을 교화시킨다는 뜻이고, '거살(去殺)'은 살인형을 제거한다는 뜻이다.

'성(誠)'은 '참으로 그렇다[信]'라는 뜻이다. 강조를 위해 도치하여 문장을 썼다.

자로 제12장

子曰 "如有王者라도 必世而後仁이니라."

공자가 말했다.

"만일 왕자가 있다 하더라도 반드시 한 세대가 지난 뒤에야 백성이 어질게 될 것이다."

【보】 백성의 교화에는 어느 정도의 시간이 필요함을 말한다.
'왕자(王者)'는 천명을 받아 왕도정치를 행하는 사람을 가리키니, 이를테면 요임금, 순임금, 문왕 같은 사람을 말한다.
'인(仁)'은 '백성이 어질게 됨, 교화 됨'이라는 뜻이다.

자로 제13장

子曰 "苟正其身矣면 於從政乎에 何有며 不能正其身이면 如正人에 何오."

공자가 말했다.

"만일 위정자가 자신을 바르게 한다면 정치하는 데에 무슨 어려움이 있겠으며, 위정자 자신을 바르게 할 수 없다면 다른 사람을 바르게 하는 일에 어떻게 할 수 있겠는가."

【보】 위정자 자신이 솔선수범을 해야 함을 말하고 있다.

자로 제14장

冉子 退朝어늘 子曰 "何晏也오?" 對曰 "有政이러이다." 子曰 "其事也로다. 如有政인댄 雖不吾以나 吾其與(예)聞之니라."

염유가 조정에서 물러 나오자, 공자가 물었다.

"왜 늦었는가?"

"국정이 있었습니다."

"그것은 사적인 일이다. 만일 국정이 있었다면 비록 나를 등용하지 않아도, 내가 참여하여 들었을 것이다."

【보】 정명사상(正名思想)에 대해 말하고 있다. 당시 염유는 계씨의 가신이 되었는데 국정으로 인해 늦었다고 변명하자, 공자가 계씨의 일이 국정이라면 계씨를 임금으로 인정해 버리는 것이 되므로 이를 억눌러 참람된 계씨의 행태를 비판한 것이다. 즉 공자는 계씨와 염유의 관계를 주종지간으로 보았을 뿐, 군신지간으로 여기지 않았던 것이다.

'정(政)'은 국정(國政)의 뜻이고, '사(事)'는 가사(家事)의 뜻이다.

'이(以)'는 '용(用)'과 통용되므로 여기에서도 '등용'이라는 뜻으로 쓰인 것이다.

'예(與)'는 '참여할 예'로 쓰였다.

자로 제15장

定公이 問 " '一言而可以興邦이라.'하니 有諸잇가?" 孔子對曰 "言不可以若是其幾也어니와 人之言曰 '爲君難하며 爲臣不易(이)라.'하나니,

如知爲君之難也인댄 不幾乎一言而興邦乎잇가?"

曰 " '一言而喪邦이라.'하니 有諸잇가?" 孔子對曰 "言不可以若是其
幾也어니와 人之言曰 '予無樂(락)乎爲君이요 唯其言而莫予違也라.'하
니 如其善而莫之違也인댄 不亦善乎잇가. 如不善而莫之違也인댄 不幾
乎一言而喪邦乎잇가."

정공이 물었다.

" '한 마디 말로 나라를 흥하게 할 수 있다.'고 하는데 그러한 말이
있습니까?"

공자가 대답했다.

"말은 이처럼 기필할 수는 없습니다. 사람들 말에 '임금노릇 하기가
어려우며, 신하노릇 하기가 쉽지 않다.'고 하였으니, 만일 임금노릇
하기가 어려움을 안다면 한 마디 말로 나라를 흥하게 함을 기필할 수
있지 않겠습니까."

" '한 마디 말로 나라를 잃을 수 있다.'고 하는데 그러한 말이 있습
니까?"

"말은 이처럼 기필할 수는 없습니다. 사람들 말에 '내가 임금된 것
에 즐거움이 없고, 오직 내가 말을 하면 내 말을 어김이 없다.'고 말합
니다. 만일 임금의 말이 선한데도 어김이 없다면 얼마나 좋지 않겠습
니까. 만일 임금의 말이 선하지 못한데도 어기는 이가 없다면 한 마
디 말로 나라를 잃게 됨을 기필할 수 있지 않겠습니까."

【보】 한 마디 말로 나라를 흥하게 하는 말은 없다. 그렇지만
임금이 전전긍긍하며 평소 삼가 공경함으로 정사를 한다면 거

의 도에 가까울 것이다. 또한 한 마디 말로 나라를 잃게 하는 말은 없다. 그래도 임금의 말이 불선한데도 이 말을 어기는 자가 없다면 이는 거의 나라를 망하게 하는 말이 될 것이다.

'기(幾)'는 '기필, 기약[期]'의 뜻이고, '불기(不幾)'의 기(幾)는 '거의'의 뜻으로 쓰였다.

'임금노릇 하기가 어렵다'라는 말은 늘 삼가고 조심할 수밖에 없는 위치에 있기에 그렇다. 『상설고문진보대전』「대보잠(大寶箴)」에 '위군실난(爲君實難)'이라는 말은 이를 말한다.

원문 '爲臣不易'는 정공에게 답하는 데 있어 아무런 의미가 없는 말이다.

자로 제16장

葉(섭)公이 問政한대 子曰 "近者 說(열)하며 遠者 來니라."

섭공이 정사에 대해 묻자, 공자가 말했다.

"가까이 있는 자들이 기뻐하며, 먼 곳에 있는 자들을 오게 해야 합니다."

【보】 정사란 민심을 얻는 데에 있음을 뜻한다. 여기에는 당연히 해야 할, 옳은 일을 한 경우에 이르는 자연스러운 민심이지, 인기를 위한 위선이나 잠시의 민심을 얻기 위한 일이 아님을 전제로 하고 있다.

자로 제17장

子夏 爲莒父(보)宰라 問政한대 子曰 "無欲速하며 無見小利니 欲速則

不達하고 見小利則大事 不成이니라."

자하가 거보 땅의 읍재가 되어 정사에 대해 묻자, 공자가 말했다. "속히 하려 하지 말고 작은 이익을 보지 말아야 한다. 속히 하려고 하면 이르지 못하고 작은 이익을 보면 큰일을 성취하지 못한다."

【보】 제자의 단점을 얘기해 주며 고칠 것을 권면하고 있다. 즉 공자는 자하가 원대하고 큰 것을 보지 못하고, 작은 이득을 탐하는 조급함을 지녔다고 봤다. 따라서 이를 극복하고 경계할 것을 당부하고 있다. 또한 일시적 이득이나 지방에 국한된 것이 아닌, 장기적이며 국가에 관련된 정사를 할 것을 강조하고 있다.

'거보(莒父)'는 노나라 땅 이름이다.

'재(宰)'는 사적인 집에서의 일을 한다면 가신(家臣)이라는 뜻이지만, 한 지방과 같이 쓰일 때면 '고을 원님[읍재(邑宰)]'이란 말이 된다.

'욕(欲)'은 '조급함, 서두름'을 말한다.

'견(見)'은 '탐하다[貪]'라는 의미로 쓰인 것이다.

'소리(小利)'는 뒤의 대사(大事)와 상대적인 말로 눈앞의 일시적 이득이나 지방, 집 안 등에 국한된 작은 이득을 말한다.

'대사(大事)'는 천하의 일을 가리킨다.

자로 제18장

葉(섭)公이 語孔子曰 "吾黨에 有直躬者하니 其父 攘羊이어늘 而子證之하니이다." 孔子曰 "吾黨之直者는 異於是하니 父爲子隱하며 子爲父隱하나니 直在其中矣니라."

섭공이 공자에게 말했다.

"우리 무리에 몸을 정직하게 행동하는 자가 있습니다. 그의 아버지가 양을 훔치자, 아들이 그것을 증명하였습니다."

공자가 말했다.

"우리 무리의 정직한 자는 이와 다릅니다. 아버지가 자식을 위하여 숨겨주고, 자식은 아버지를 위하여 숨겨주니 정직함은 그 가운데 있는 것입니다."

【보】천리와 인정에서 벗어난 것은 정직이라 보기 어렵다는 뜻이다. 즉 섭공은 천리와 인정에서 벗어나 하찮은 곧은 말에 대한 실천을 정직으로 본 반면, 공자는 천리와 인정에 맞는 큰 일에 대한 행위를 정직으로 본 것이다.

'직궁(直躬)'은 곧은 도를 몸소 실천하는 것을 가리킨다.

'양(攘)'은 '훔치다'라는 뜻을 지니기는 했으나, '도(盜)' 자 와는 다르다. 이는 훔치려는 의도가 있다기보다 담을 넘어 온 닭이나 양 등 가축이 제 발로 찾아 왔기에 남모르게 취한 것을 가리킨다.

'은(隱)'은 부모는 자식에게 있어 의를 가르치되 남에게 알리지 않게 말하는 것이며, 자식은 부모에게 있어 의를 은미하게 간하되 남에게 알리지 않게 하는 것을 뜻한다.

원문 '直在其中矣'에서의 기(其)'는 부자간을 가리킨다.

자로 제19장

樊遲 問仁한대 子曰 "居處恭하며 執事敬하며 與人忠을 雖之夷狄이라도 不可棄也니라."

번지가 인에 대해 묻자, 공자가 답했다.

"거처할 때 공손히 하고, 일을 집행할 때 공경히 하며, 사람을 대할 때 충실하게 하여 비록 오랑캐의 나라에 가더라도 버려서는 안 된다."

【보】 '인(仁)'이란 마음을 보존하는 데 있음을 말하고 있다. 즉 가만히 있을 때나, 일을 할 때, 그리고 대인관계에 있어서도 늘 마음을 보존해야 하니 이른 바 수시수처(隨時隨處)에 인이 있다는 말이다.
　'거처(居處)'는 다음의 집사(執事)에 상대되는 말로, 아무 일도 하고 있지 않은 상태를 말한다.
　'지(之)'는 '가다[往]'의 뜻으로 사용되었다.

자로 제20장

子貢이 問曰 "何如라야 斯可謂之士矣잇고?" 子曰 "行己有恥하며 使(시)於四方하여 不辱君命이면 可謂士矣니라." 曰 "敢問其次하노이다." 曰 "宗族이 稱孝焉하며 鄕黨이 稱弟焉이니라." 曰 "敢問其次하노이다." 曰 "言必信하며 行必果 硜硜然小人哉나 抑亦可以爲次矣니라." 曰 "今之從政者는 何如하니잇고?" 子曰 "噫라 斗筲之人을 何足算也리오"

자공이 물었다.
"어떻게 해야 이를 '선비'라고 말할 수 있습니까?"
공자가 말했다.
"몸을 행함에 부끄러움이 있고, 사방에 사신으로 가서 임금의 명령을 욕되게 하지 않으면 '선비'라 말할 만하다."
"감히 그 다음을 묻겠습니다."

"종족들이 효자라고 칭찬하고, 고을 사람들이 공손하다고 칭찬하는 사람이다."

"감히 그 다음을 묻겠습니다."

"말함에 반드시 지킨다고 하고, 행함에 반드시 과단성 있게 하는 것은 국량이 좁은 소인이지만 그래도 또한 그 다음이 될 만하다."

"오늘날 정치를 하는 자들은 어떻습니까?"

"아! 한 말 두 되 들어갈 정도 그릇의 사람들에 대해 어찌 헤아릴 필요가 있겠는가."

【보】 흔히 '선비[士]'라고 말하지만 그 참뜻이 어디에 있는지 말하고 있다. 선비란 굽히지 않는 절개[志]와 재주[才]가 있어야 한다. 그러한 선비가 첫째이고, 만일 그렇지 못하다면 효제를 통해 근본이라도 세우는 선비가 그 다음이고, 그렇지 못하다면 자신이라도 지킬 수 있어야 한다[自守之道].

'행기유치(行己有恥)'는 바로 옳지 않은 일을 하지 않는 것이니 이것이 바로 지(志)이다.

'사방에 사신으로 가서 임금의 명령을 욕되게 하지 않는다'는 말은 재주가 있는 것이다. 선비란 옳은 일을 추진하면서 뜻을 변하지 않고, 아울러 재주가 있는 자이다.

'종족들이 효자라고 칭찬하고, 고을 사람들이 공손하다고 칭찬한다'는 것은 효제(孝悌)를 말하며, 효제는 인(仁)의 근본이 된다. 재주가 갖추어지지 않았다면 이것이라도 갖춘 자를 선비라고 말할 수 있다.

원문 '言必信 行必果'에서 필(必) 자가 문제가 된다. 즉 반드시 그렇게 되리라는 기필성 때문에 식견과 도량이 좁은 소인(小人)이 되는 것이다. 하지만 이들은 자신을 지키는 도를 가지고 있는 자들이다.

'희(噫)'는 하기 싫은 말을 나타내는 탄식사이다.

'두(斗)'는 한 말을, '초(筲)'는 한 말 두 되를 나타내는 단위인데 이러한 국량밖에 안 되는 사람을 '두초지인(斗筲之人)'이라고

한다. 공자가 당시 위정자들을 비하한 것이 아니라 도덕적 관념
이 부족하기에 안타까워 한 말이다.

자로 제21장

子曰 "不得中行而與之인댄 必也狂狷乎인저. 狂者는 進取요 狷者는 有所不爲也니라."

공자가 말했다.

"중도를 행하는 선비를 얻어 함께할 수 없다면 반드시 광자나 견자
와 더불어 해야 할 것이다. 광자는 진취적이고 견자는 하지 않는 바
가 있다."

【보】이 장은 『맹자』「진심 하」제37장과 같이 보면 이해가
쉽다. 맹자가 말했다. "공자가 어찌 중도(中道)를 행하는 사람을
구하려고 하지 않았겠는가마는, 반드시 얻을 수는 없는 까닭에
그 다음의 인물을 생각하신 것이다. 금장(琴張)·증석(曾晳)·목
피(牧皮)와 같은 자가 공자가 말씀하신 광자이다. 이들은 뜻이
커서 말하기를 '옛날 분들이여! 옛날 분들이여!'하고 말하지만,
평소에 그 행실을 살펴보면 행실이 말을 가리우지 못하는 자들
이다. 광자를 또 얻을 수 없다면 불결함을 달갑게 여기지 않는
선비를 얻어 가르치려고 하셨으니, 이러한 사람이 견자이다. 이
것이 또 그 다음의 인물이다." 이처럼 공자는 중도를 행하는 사
람을 만나면 좋지만 그렇지 못하다면 차선책으로 광자나 견자
라고 만났으면 좋겠다는 상시지탄을 표현한 것이다.

자로 제22장

子曰 "南人이 有言曰 '人而無恒이면 不可以作巫醫라.'하니 善夫라. '不恒其德이면 或承之羞라.'하니 子曰 '不占而已矣니라.'"

공자가 말했다.

"남쪽 사람들의 말에 '사람으로서 항심이 없으면 무당, 의원도 될 수 없다.'라고 했으니 좋은 말이다. '그 덕을 항상 지키지 않으면 어떤 사람이 부끄러움을 안겨다 준다.'라고 했으니, 내가 '점을 보지 않았기 때문일 뿐이다.'라고 말한다."

【보】사람은 늘 항심을 두어야 한다는 말이다. 항심(恒心)이란 늘 떳떳한 마음이니 이러한 덕목을 꾸준히 갖추지 않으면 귀신과 접하는 무당이나 사람을 살리는 의원처럼 보잘 것 없는 직업조차 갖기 어려울 뿐이다. 따라서 공자는 남쪽 사람들의 말과 『주역』항괘(恒卦) 구삼효(九三爻)의 효사(爻辭)를 이용하여 인간이라면 늘 항심을 갖고 살아야 함을 강조하고 있다.

'승(承)'은 '올리다[進]'라는 뜻이니, 항심이 없다면 자신도 모르는 어떤 사람이 부끄러움을 안겨다 줄 것이라는 말이다. 즉 여기서는 '안겨다 주다'라는 뜻으로 쓰였다.

'무의(巫醫)'는 무당과 의원으로 여기서는 천한 직업의 상징으로 쓰였다.

'자왈(子曰)'이 뒤에 다시 쓰인 것은 『주역』의 글과 구별하기 위해서 쓴 표현이라는 설이 있으나 자세하지는 않다.

자로 제23장

子曰 "君子는 和而不同하고 小人은 同而不和니라."

공자가 말했다.

"군자는 남들과 조화롭게 어울리되 함께하여 편당하지는 않지만, 소인은 함께 어울려 편당을 짓되 조화롭게 어울리지는 않는다."

【보】 군자의 마음가짐과 소인의 마음가짐의 차이에 대해 말하고 있다. 이른바 '부화뇌동(附和雷同)'에 대한 경계의 말이다.
　'화(和)'는 조화롭게 어울리는 것으로 거슬리거나 삐뚤어진 마음이 없는 것 또한 포함한다. 반면 '동(同)'은 편당을 짓는 것을 가리킨다. 즉 조화로움은 대의를 위한 것이며, 편당을 짓는 것은 이익을 위한 것이니 그 목적은 근본적으로 차이가 있다.

자로 제24장

子貢이 問曰 "鄕人이 皆好之면 何如잇고?" 子曰 "未可也니라.", "鄕人이 皆惡(오)之면 何如니잇고?" 子曰 "未可也니라. 不如鄕人之善者 好之요 其不善者 惡之니라."

자공이 스승께 여쭈었다.

"고을 사람들 모두 그를 좋아하면 어떻습니까?"

공자가 답했다.

"안 된다."

"고을 사람들 모두 미워하면 어떻습니까?"

"안 된다. 고을 사람 가운데 선한 자가 그를 좋아하고 불선한 자가 그를 미워하는 것만 못하다."

【보】 자공이 사람을 살피는 방법은 여러 사람들에 의한 평을 통해서이며, 공자가 사람을 살피는 방법은 부류의 선별에 의한 것이므로 많은 차이가 있다. 따라서 여론보다는 선한 사람이 좋아하고 악한 사람이 미워하지 않는다면 그 사람은 훌륭한 사람으로 여길만하다.

'미가(未可)'는 '불가(不可)'와 같은 말이다.

자로 제25장

子曰 "君子는 易(이)事而難說(열)也니 說之不以道면 不說也요 及其使人也하얀 器之니라. 小人은 難事而易說也니 說之雖不以道라도 說也요 及其使人也하얀 求備焉이니라."

공자가 말했다.

"군자는 섬기기는 쉬워도 기뻐하도록 만들기는 어렵다. 기뻐하도록 만드는 것을 도로써 하지 않으면 기뻐하지 않고 사람을 부릴 때에는 그릇처럼 재능에 맞게 한다. 소인은 섬기기는 어려워도 기뻐하게 만들기는 쉽다. 기뻐하게 만들기를 비록 도로써 하지 않더라도 기뻐하며 사람을 부릴 때에는 완벽함을 추구한다."

【보】 군자의 마음가짐과 사람을 부리는 도에 대해 말하고 있

다. 즉 군자는 정도를 추구하기 때문에 섬기기는 쉬워도 기뻐하게 만들기란 어렵다. 반면 소인은 사악한 도를 추구하기 때문에 간사한 말 한마디나 행동 하나면 쉽게 넘어가므로 섬기기는 어려워도 그 비위를 맞추기는 매우 쉬운 것이다. 아울러 완벽은 자신에게만 추구해야 하지 남에게 요구해서는 안 됨을 밝히고 있다.

자로 제26장

子曰 "君子는 泰而不驕하고 小人은 驕而不泰니라."

공자가 말했다.

"군자는 편안하지만 교만하지 않고, 소인은 교만하지만 편안하지 못하다.

【보】 군자와 소인의 평소 모습을 비교하고 있다.

'태(泰)'는 구김살 없이 편안한 모습을 뜻한다. 군자는 내면의 덕이 외면의 도로 표출되기 때문에 자랑하지도 교만하지도 않는 편안한 모습이 드러나는 것이다.

'교(驕)'는 남에게 오만하게 대하는 모습을 뜻한다. 소인은 자신의 장점을 어떻게 해서든 자랑하고 싶어 하며 아울러 남을 무시하는 습관이 있기에 교만한 모습이 겉으로 드러난 것이다.

자로 제27장

子曰 "剛毅木訥이 近仁이니라."

공자가 말했다.

"강하고 굳세고 질박하고 어눌한 것들이 인에 가까운 모습이다."

【보】마음 보존[存心]에 대해 설명하고 있는 장이다. 즉 강하고 굳센 마음을 가지고 있으면 물욕을 이길 힘을 가졌기에 인에 가까우며, 질박하고 어눌함은 바깥 꾸밈에 치중하지 않았기 때문에 인에 가까운 것이다.

'목(木)'은 '질박'을 뜻한다.

자로 제28장

子路 問曰 "何如라야 斯可謂之士矣니잇고?" 子曰 "切切偲偲하며 怡怡如也면 可謂士矣니 朋友엔 切切偲偲요 兄弟엔 怡怡니라."

자로가 스승에게 여쭈었다.

"어떻게 해야 만이 이를 '선비'라고 말할 수 있습니까?"

공자가 답했다.

"간절하고 자상하게 권면하며 또 조화롭고 기쁜 얼굴빛을 띠면 '선비'라고 말할 만하다. 붕우 간에는 간절하고 자상하게 권면하고 형제 간에는 조화롭고 기쁜 얼굴빛을 띠는 것이다."

【보】선비의 자격과 요건이 어디에 있는지 말하고 있다. 자로의 질문에 답한 것으로 보아 자로에게 부족한 간곡함, 지극 정성, 자상하게 권면함, 조화롭고 기쁜 안색 등을 스승이 알려 주고 있는 것이다. 제20장과 같이 보면 좋다.

'절절(切切)'은 간곡하고 지극한 모양을, '시시(偲偲)'는 자상하게 권면하는 모양을, '이이(怡怡)'는 조화롭고 기쁜 안색을 각각 뜻한다.

자로 제29장

子曰 "善人이 教民七年이면 亦可以卽戎矣니라."

공자가 말했다.

"선인이 칠 년 동안 백성을 가르치면 또한 전쟁터에 나가게 할 수 있을 것이다."

【보】 이 장은 다음 제30장과 함께 보면 좋다. 즉 문장 구조가 제29장에서는 '교민(教民)'으로 되어 있고, 제30장에서는 '불교민 (不教民)'으로 되어 있으며 아울러 '전쟁'을 소재로 삼았기 때문 이다. 요컨대 전쟁터에 나가기 위해서는 첫째 충군(忠君)과 애 민(愛民)이라는 사상으로 정신을 무장해야 하며, 둘째 훈련을 통해 실전에서 잘 해야 됨을 각기 말하고 있다.

자로 제30장

子曰 "以不教民戰이면 是謂棄之니라."

공자가 말했다.

"가르치지 않은 백성을 써서 전쟁을 하면 이를 일러 '백성을 버린다.'라고 말한다."

【보】 앞 장과 반대되는 말로, 정신적으로 무장하지 않고 전쟁을 가르치지 않아 실전에 쓴다면 이는 곧 목숨을 버리는 행위이다. 이는 곧 '백성을 버린다.'라는 말과 같다.

'이(以)'는 '용(用)'과 늘 통용되니 여기에서의 쓰임도 그렇다.

14
헌문(憲問)

【보】『논어』 가운데 가장 많은 장으로 구성되어 있다. 어느 특정한 주제를 찾기는 어려우며, 말미에는 노장류의 사람들이 등장한다. 「태백」 제14장의 "子曰, 不在其位, 不謀其政." 구절이 중복되어 이를 제외하면 모두 46장이다.

헌문 제1장

憲이 問恥한대 子曰 "邦有道에 穀하며 邦無道에 穀이 恥也니라."

원헌이 수치스러운 일에 대해 묻자, 공자가 답했다.

"나라에 도가 있을 때 녹만 먹으며, 나라에 도가 없을 때 녹만 먹는 것이 수치스러운 일이다."

【보】 학자는 덕성을 갖추고 재주도 겸해야 함을 말하고 있다. 원헌은 덕성은 갖추었으나 재주가 부족하여 공자가 이를 깨닫게 해주고 있다.

'헌(憲)'은 공자의 제자로, 이름은 원사(原思)이다.

'방유도(邦有道)'는 태평성세를 말하는 것으로, 도를 행할 수 있는 시대를 가리킨다.

'곡(穀)'은 녹(祿)을 뜻한다. 즉 나라에 도가 있는데 녹만 먹는다면 이른바 무위도식(無爲徒食)이라고 할 수 있다. 따라서 방유도(邦有道)와 곡(穀) 사이에는 '능력이 없어서'라는 말이 생략된 형태이다.

여기에서 원문 '邦無道, 穀, 恥也'는 굳이 쓸 필요가 없으나 대(對)를 맞추기 위해 쓴 말이다.

헌문 제2장

"克伐怨欲을 不行焉이면 可以爲仁矣잇가?" 子曰 "可以爲難矣어니와 仁則吾不知也케라."

(원헌이 물었다.) "이기기를 좋아하고 자기의 공로를 자랑하며 원망하고 탐욕 등을 행하지 않는다면, 인이라고 말할 수 있습니까?"

공자가 말했다.

"어렵다고 할 수는 있지만, 그것이 인이라 할 수 있을지는 나는 알지 못하겠다."

【보】 억지로 인간의 감정을 제압하는 것과, 처음부터 그 마음의 뿌리가 없는 것과의 차이에 대해 말하고 있다. 예를 들면 안연이 무벌선(無伐善)의 경지에 있다면, 원헌은 벌불행(伐不行)이니, 애초 마음의 뿌리에 없는 것과, 마음으로 억누르는 경지는 다른 것이다. 이 질문은 원헌 자신은 극벌원욕(克伐怨欲)을 실천에 옮기지 않았다고 여겼기에 이것이 인(仁)인지 스승님께 여

준 것이다. 그러나 공자는 애써 억제하는 것과 애초 없는 것은 다름을 허여하지 못함으로 대답하고 있다. 물론 억제의 노력이 가해질 때 결국 애초 없는 경지로 이를 수 있는 것이다.

'극(克)'은 남을 이기기 좋아하는 것이고, '벌(伐)'은 스스로 자랑하는 것이니 둘 모두 기운이 넘치는 것으로 남이 있을 때 행해지는 행위이다.

'원(怨)'은 남을 원망하는 것이며, '욕(欲)'은 남의 것을 탐하는 것이니 둘 모두 남에 대한 원망과 탐욕으로 남이 없을 때 행해지는 행위이다.

'불행(不行)'은 억지로 제압하는 것으로 애초 없는 것과는 다르다.

헌문 제3장

子曰 "士而懷居면 不足以爲士矣니라."

공자가 말했다.

"선비로서 편안하기를 생각하면 선비라 하기에 부족하다."

【보】 선비란 도에 뜻을 두는 사람으로, 의식주 등 자기 몸을 편안히 여기는 것을 생각해서는 안 됨을 말하고 있다.

'거(居)'는 대개 집에 거처하는 것을 말하는데, 여기에서는 마음에 편안하게 여기는 것을 말하니 이를테면 의식주 등을 편안하게 생각하는 것이다.

헌문 제4장

子曰 "邦有道엔 危言危行하고 邦無道엔 危行言孫이니라."

공자가 말했다.

"나라에 도가 있을 때에는 말을 높게 하고 행실을 높게 하며, 나라에 도가 없을 때에는 행실은 높게 하되 말은 공손하게 하여야 한다."

【보】 나라가 어떠한 상황에 놓여 있느냐에 따라 언행을 어떻게 해야 하는지에 대해 말하고 있다.

'위(危)'는 고준(高峻)한 것을 말한다. 따라서 나라에 도가 있어서 도를 행할 수 있을 때에는 옳은 것을 옳게 여기는 말과 행동이 필요한 것이다. 하지만 나라에 도가 없을 때에는 말 한 마디의 실수로 화가 미칠 수 있기에 우회적이며 은유적인 방법으로 부드럽게 해야 하니, 이를 '손(孫)'이라 한다.

헌문 제5장

子曰 "有德者는 必有言이어니와 有言者는 不必有德이니라. 仁者는 必有勇이어니와 勇者는 不必有仁이니라."

공자가 말했다.

"덕이 있는 자는 반드시 훌륭한 말을 하지만, 훌륭한 말을 하는 자라고 하여 반드시 덕이 있지는 못하다. 어진 자는 반드시 용기가 있지만, 용기가 있는 자라고 하여 반드시 인이 있지는 못하다."

【보】 내면과 외면, 진리와 기운 사이에 무엇이 근본이며 무엇에 힘을 써야 하는가에 대한 말이다.

'유덕자(有德者)'는 인의예지의 도를 실천에 옮기는 사람이니, 내면을 근본으로 한다.

'유언자(有言者)'는 말만 하는 사람이니, 외적인 면만을 신경 쓰는 사람이다.

'인자(仁者)'는 살신성인(殺身成仁) 혹은 사생취의(捨生取義) 등을 실천하는 사람이다.

'용자(勇者)'는 기운만 넘쳐 용맹만을 추구하는 자이니 반드시 인할 수는 없다.

헌문 제6장

南宮适이 問於孔子曰 "羿는 善射하고 奡는 盪舟호되 俱不得其死어늘 然禹稷은 躬稼而有天下하시니이다." 夫子 不答이러시니 南宮适이 出커늘 子曰 "君子哉라 若人이여! 尙德哉라 若人이여!"

남궁괄이 공자에게 물었다.

"예는 활을 잘 쏘았고, 오는 육지에서 배를 끌고 다녔지만 모두 제 죽음을 얻지 못했는데, 우왕과 후직은 몸소 농사를 지었는데도 천하를 소유하였습니다."

공자가 대답하지 않다가 남궁괄이 밖으로 나가니, 말했다.

"군자로구나, 이 사람이여! 덕을 숭상하는구나, 이 사람이여!"

【보】 힘을 바탕으로 하는 권력은 제죽음을 얻지 못한 반면, 덕을 기반으로 하는 사람은 천하를 소유할 수 있다는 뜻이다. 제

자 남궁괄은 덕을 지녔기에 우왕과 후직처럼 천하를 소유할 수 있는 인물임을 칭송한 구절이다.

'남궁괄(南宮适)'은 공자의 제자 남용(南容)을 가리킨다. 「공야장」 제1장에서 "공자가 남용을 두고 평하시기를 '나라에 도가 있을 때에는 버려지지 않을 것이고, 나라에 도가 없을 때에는 형벌을 면할 것이다.' 하시고, 형의 딸을 그에게 시집보내셨다."는 구절이 보인다.

'예(羿)'는 유궁(有窮) 땅의 임금인데 활을 잘 쏘았다. 그가 하후(夏后)의 상(相)을 멸망하고 왕위를 찬탈했다. 그런데 그의 신하 한착(寒浞)이 예를 죽이고 왕위를 대신했으니 모두 인륜을 버린 자들이다.

'오(奡)'는 한착(寒浞)의 아들이다. 힘이 세어 능히 육지에서 배를 끌고 다녔으나, 뒤에 하후(夏后) 소강(少康)에게 죽음을 당했다.

'우왕(禹王)'은 직(稷)과 함께 몸소 농사짓는 일을 하였는데, 우왕은 순임금에게 선양 받아 천하를 소유했고, 직의 후손도 주(周)나라 무왕에 이르러 또한 천하를 소유하였다.

헌문 제7장

子曰 "君子而不仁者는 有矣夫어니와 未有小人而仁者也니라."

공자가 말했다.

"군자로서 불인한 자는 있어도, 소인으로서 인한 자는 있지 않다."

【보】 군자와 소인의 마음가짐에 대해 말하고 있다.

여기서의 '군자(君子)'는 도에 뜻을 두었으나 미완성된 사람을 가리킨다.

'소인(小人)'은 군자와 달리 애초 도에 뜻을 두지 않았던 것이다.

헌문 제8장

子曰 "愛之란 能勿勞乎아. 忠焉이란 能勿誨乎아."

공자가 말했다.

"자식을 사랑한다면 수고롭게 하지 않을 수 있겠는가. 임금에게 충성한다면 깨우쳐주지 않을 수 있겠는가."

【보】 자식을 사랑하는 방법과, 임금에게 충성하는 방법에 대해 말하고 있다. 즉 무조건적인 사랑은 자식을 망치는 지름길이 되니 때로는 수고롭게 만들어야 하고, 무조건적인 충성은 의를 위배할 수 있으니 직언으로써 임금을 깨우쳐야 한다는 것이다.

'애지(愛之)'의 지(之)는 '자식[子]'을 지칭한다.

'충언(忠焉)'의 언(焉)은 '임금[君]'을 지칭한다.

헌문 제9장

子曰 "爲命에 裨諶이 草創之하고 世叔이 討論之하고 行人子羽 修飾之하고 東里子産이 潤色之하니라."

공자가 말했다.

"국서를 지을 때 비침이 초고를 만들고, 세숙이 토론하고, 행인 자우가 수식하고, 동리의 자산이 윤색했다."

【보】 문장은 초고를 통해 토론, 수식, 윤색을 거치는 과정을

통한다.

'명(命)'은 국서(國書)를 가리킨다.

'비침(裨諶)' 이하 네 사람은 모두 정(鄭)나라 대부(大夫)이다.

'초(草)'는 대략 초고를 만드는 것을 뜻한다.

'토(討)'는 연구하는 것이고, '논(論)'은 강론하는 것이다.

'행인(行人)'은 사신의 임무를 맡은 벼슬명이다.

'수식(修飾)'은 보충할 것은 보충하고 삭제할 것은 삭제하는 것이다.

'동리(東里)'는 정자산이 거주하던 곳이다.

'윤색(潤色)'은 문채를 더하는 것으로 저속한 것은 고상하게, 지나치게 직접적인 말은 우회적으로 만드는 것을 뜻한다.

헌문 제10장

或이 問子産한대 子曰 "惠人也니라." 問子西한대 曰 "彼哉彼哉여." 問管仲한대 曰 "人也奪伯氏騈邑三百하여늘 飯疏食⒮호되 沒齒無怨言하니라."

혹자가 자산에 대해 묻자, 공자가 답했다.

"은혜로운 사람입니다."

자서에 대해 묻자, 답했다.

"저 사람, 저 사람은 뭐…"

관중에 대해 묻자, 답했다.

"이 사람은 백씨의 병읍 삼백 호를 빼앗았는데, 백씨는 거친 밥을 먹으며 평생을 마치면서도 원망하는 말이 없었습니다."

【보】 여러 인물의 평을 통해 덕과 재주에 대해 설명하고 있다. 즉 정자산은 덕은 있으나 재주가 모자라고, 자서는 덕과 재주 모두 모자라고, 관중은 덕이 부족하나 재주가 넉넉하여 일처리를 잘 함을 언급한 것이다. 따라서 학자란 모름지기 덕과 재주〔賢才〕를 모두 갖춰야 함을 말하고 있다.

'자산(子産)'은 『맹자』에서도 '은혜롭지만 정치 할 줄 모르는〔惠而不知爲政〕' 인물로 평가되어 있다. 즉 은혜롭기는 하나, 재주가 부족한 인물이다.

'자서(子西)'는 초나라 공자 신(申)이다. 그는 초나라를 사양하고 소왕(昭王)을 세워서 정치를 개혁하고 기강을 세운 인물이다. 하지만 왕이라는 호칭을 사용하는가 하면, 소왕이 공자를 등용하려 하자 이를 저지하기도 했으며 나라를 어지럽게 만든 인물이다.

'피재(彼哉)'는 거론할 가치조차도 없다는 말이다.

'관중(管仲)'은 제환공을 도와 천하를 도모한 사람이다. 그는 덕은 부족하지만 재주를 갖추어 합리적인 일처리를 잘 했다. 물론 관중에 대한 평가 가운데 「팔일(八佾)」 제22장에서는 사치와 무례함에 대해 언급했으니 상황에 대한 평가는 다르다.

'인야(人也)'는 '이 사람'이란 말이다.

'백씨(伯氏)'는 제나라의 대부이다.

'병읍(駢邑)'은 땅 이름이다.

'몰치(沒齒)'는 '이가 모두 빠지도록'이라는 말이니, '평생'이라는 뜻이다.

헌문 제11장

子曰 "貧而無怨은 難하고 富而無驕는 易(이)하니라."

공자가 말했다.

"가난하면서 원망이 없기는 어렵고, 부자이면서 교만이 없기는 쉽다."

【보】 역경과 순경에 따른 그 처신의 난이를 말하고 있다. 즉 '빈(貧)'은 역경을 뜻한다. 따라서 역경에는 남을 원망하기 쉬우니 이를 없게 하는 것은 어려운 것이다. '부(富)'는 순경을 뜻한다. 순경에 교만이 없기란 그리 어렵지 않은 것이다.

헌문 제12장

子曰 "孟公綽이 爲趙魏老則優어니와 不可以爲滕薛大夫니라."

공자가 말했다.

"맹공작은 조씨와 위씨의 가신이 되기에는 충분하지만, 등나라와 설나라의 대부가 되어서는 안 된다."

【보】 노나라의 인재 등용의 실패 사례에 대해 말하고 있다. 즉 맹공작은 한 집안의 가신이 되기에는 괜찮지만 등나라와 설나라처럼 아무리 작은 나라 하더라도 그 대부는 되기 어려운데 하물며 노나라 대부의 자리에 앉혔으니 이를 개탄한 말이다.

'공작(公綽)'은 노나라 대부이다.

'조씨(趙氏)'와 '위씨(魏氏)'는 진(晉)나라 경(卿)의 집안이다.

'노(老)'는 가신을 가리키니 '가로(家老)'라는 말의 축약형이다.

'등(滕)'과 '설(薛)'은 모두 나라의 이름으로, 모두 작은 나라이다. 특히 조씨와 위씨의 집안보다 세력이 작음에 초점이 있다.

헌문 제13장

子路 問成人한대 子曰 "若臧武仲之知와 公綽之不欲과 卞莊子之勇

과 冉求之藝에 文之以禮樂이면 亦可以爲成人矣니라." 曰 "今之成人
者는 何必然이리오. 見利思義하며 見危授命하며 久要에 不忘平生之
言이면 亦可以爲成人矣니라."

자로가 완성된 사람에 대해 묻자, 공자가 답했다.

"만일 장무중의 지혜와, 공작의 탐욕하지 않음과, 변장자의 용기와,
염구의 재예에 예악으로 문채를 더하면 또한 완성된 사람이 될 수 있
을 것이다."

"오늘날의 완성된 사람이란 왜 굳이 그러할 것이 있겠는가. 이로움
을 보고 의리를 생각하고, 위태로움을 보면 목숨을 바치며, 오래된 약
속에 평소의 말을 잊지 않는다면 또한 완성된 사람이 될 수 있을 것
이다."

【보】완성된 사람이란, 본인이 가진 재능에 예악이라는 학
문이 가미되었을 때 비로소 완성되는 것이다.
　'성인(成人)'은 완벽한, 완성된 사람이라는 말이다.
　'장무중(臧武仲)'은 노나라 대부이며, 이름은 흘(紇)이다.
　'공작(公綽)'은 윗장(12장)에 나온 노나라 대부이다.
　'변장자(卞莊子)'는 노나라 변 땅의 대부이다.
　'왈(曰)'은 공자의 말로 보기도 하고, 자로의 말로 보기도 한다.
전자의 경우, 공자가 말을 한 후 보충의 말을 더한 것으로 보는
견해인데, 이러한 예는 경서에 자주 등장하기 때문에 충분히 가
능하다. 후자의 경우, 자로는 남을 이기기 좋아하는 습관[好勝
之癖]이 있어 스승의 말에 자신이 가지고 있는 장점으로 말한
것으로 풀이하기도 한다. 본서는 전자를 따랐다.
　'요(要)'는 '약속[約]'의 뜻으로 쓰였다.

子問公叔文子於公明賈曰 "信乎夫子 不言不笑不取乎아." 公明賈對曰 "以告者 過也로소이다. 夫子 時然後言이라 人不厭其言하며 樂(락)然後笑라 人不厭其笑하며 義然後取라 人不厭其取하나니이다." 子曰 "其然가? 豈其然乎리오."

공자가 공명가에게 공숙문자에 대해 물었다.

"진실로 부자 공숙문자께서는 말씀하지 않고 웃지 않으며 취하지 않으십니까?"

공명가가 대답하였다.

"말씀하는 자가 지나쳤습니다. 부자께서는 때에 맞은 뒤에 말씀하기 때문에 사람들이 그의 말을 싫어하지 않고, 즐거운 뒤에 웃기 때문에 사람들이 그의 웃음을 싫어하지 않으며, 의에 맞은 뒤에 취하므로 사람들이 그의 취함을 싫어하지 않습니다."

공자가 말했다.

"그러합니까? 어찌 그것이 그럴 수 있겠습니까."

【보】공명가는 자신이 몸담고 있는 나라의 대부 공숙문자에 대해 시중(時中)을 실천한 인물로 극찬하고 있으나, 공자는 이를 허여하지 않고 있다.

'공명가(公明賈)'는 위나라 사람이다.

'공숙문자(公叔文子)'는 위나라 대부, '공손지(公孫枝)'이다. 인물에 대한 상세한 정보가 없어 알 수 없으나, 지위가 낮은 인물을 추천하여 그 인품이 세상에 알려졌다고 한다.

'말하지 않는다'는 신중한 마음을 가지고 있음을 뜻한다.

'웃지 않는다'는 고요한 마음을 지니고 있음을 뜻한다.

'취하지 않는다'는 청렴한 마음을 가지고 있음을 뜻한다.

헌문 제15장

子曰 "臧武仲이 以防으로 求爲後於魯하니 雖曰不要君이나 吾不信
也하노라."

공자가 말했다.

"장무중이 방 땅을 가지고 노나라에게 후계자를 세워줄 것을 요구하
였으니, 비록 임금을 강요하지 않았다고 말하지만, 나는 믿지 않는다."

【보】장무중은 죄를 얻어 주(邾)나라로 달아났다가, 주나라에
서 방 땅으로 가서 후계자를 세워주면 방 땅을 떠나겠다고 요
청하고, 만일 요청을 들어주지 않으면 장차 방 땅을 점거하여
반란을 일으키겠다는 뜻을 보였다. 이는 임금에게 강요를 하지
는 않았다고는 하지만 협박과 다름없는 것이기에 이를 지적하
고 있다.

헌문 제16장

子曰 "晉文公은 譎而不正하고 齊桓公은 正而不譎하니라."

공자가 말했다.

"진문공은 속이고 바르지 않고, 제환공은 바르고 속이지 않았다."

【보】이른바 '춘추오패(春秋五伯)'가 나쁜 무리에 속하지만, 그 안에 차등은 존재한다는 말이다. 즉 무력을 사용했으니 마음은 바르지 못하지만, 환공은 초(楚)나라를 칠 때에 대의를 내세우며 속임수를 사용하지 않았기에 최소한 진문공보다는 나은 셈이 된다. 진문공은 위나라를 쳐서 초나라를 싸움으로 끌어들이고 음모로써 승리를 취하였기에 이를 비판한 것이다.

헌문 제17장

子路曰 "桓公이 殺公子糾하야늘 召忽은 死之하고 管仲은 不死하니 曰 未仁乎인저." 子曰 "桓公이 九[糾]合諸侯호되 不以兵車는 管仲之力也니 如其仁 如其仁이리오."

자로가 말했다.

"환공이 공자 규를 죽이자, 소홀은 죽었고, 관중은 죽지 않았으니, 관중은 인하지 못하다고 평가할 수 있을 것입니다."

공자가 말했다.

"환공이 제후들을 규합하였지만 병거를 쓰지 않은 것은 관중의 힘이었으니 그의 인만 같은 사람이 누구겠는가. 그의 인만 같은 사람이 누구겠는가."

【보】자로가 관중의 내면을 살펴보고서 반드시 어질지 못한 인물임을 질책하고 있다. 하지만 공자는 관중의 내면보다 그의

재주를 높게 평가하고 있으니, 학자가 지녀야할 현재(賢才)가 운데 하나라도 있다면 그래도 괜찮다는 말이다. 즉 관중이 비록 어진 사람은 될 수 없으나, 그 혜택이 많은 사람들에게 이르렀 다면 그 공을 인정할 수밖에 없다는 뜻이다.

제환공과 관중의 일화는 다음과 같다. 춘추시대 제나라 양공 (襄公)은 포악하였다. 이에 포숙아(鮑叔牙)는 공자(公子) 소백(小 白-제환공)을 받들고 거(莒)나라로 망명하였다. 무지(無知)가 양 공(襄公)을 시해하자, 관중과 소홀(召忽)은 공자 규를 받들고 노 나라로 망명하였고, 노나라 사람들이 공자 규를 제나라로 보냈 으나 싸움에 이기지 못하여 환공이 먼저 들어가게 되었다. 환공 이 노나라로 하여금 규를 죽이고 관중과 소홀을 보내줄 것을 청하자, 소홀은 죽고 관중은 함거(檻車)에 갇히기를 자청하였다. 그리하여 포숙아가 환공에게 말하여 정승을 삼게 하였고 춘추 의 패자가 되었다.

'구(九)'는 『춘추전』에 '규(糾-감독하다)'로 되어 있어 이를 따 른다.

'병거(兵車)'는 '위엄과 무력'을 뜻한다.

'여기인(如其仁)'을 두 번이나 말한 것은 크게 인정한 것이다.

헌문 제18장

子貢이 曰 "管仲은 非仁者與인저. 桓公이 殺公子糾어늘 不能死요 又相之온여." 子曰 "管仲이 相桓公霸諸侯하여 一匡天下하니 民到于 今히 受其賜하나니 微管仲이면 吾其被髮左衽矣러니라. 豈若匹夫匹婦 之爲諒也라하여 自經於溝瀆而莫之知也리오."

자공이 말했다.

"관중은 어진 사람이 아닐 것입니다. 환공이 공자 규를 죽였는데,

죽지 못하고 또 환공을 도와주었으니."

공자가 말했다.

"관중이 환공을 도와 제후의 패자가 되어 한 번 천하를 바로잡아, 백성이 오늘에 이르기까지 그 은택을 받고 있으니, 관중이 없었다면 우리는 그 머리를 풀고 옷깃을 왼편으로 하는 오랑캐가 되었을 것이다. 어찌 필부필부들이 작은 절개를 위하여 스스로 도랑에서 목매어 죽어, 남이 알아주는 이가 없는 것과 같겠는가."

【보】 자공의 생각에는 관중이 죽지 않은 것은 그래도 괜찮지만, 환공을 도운 것은 의리에 어긋나며 너무 심한 행위라고 본 것이다. 하지만 윗장(17장)에서와 마찬가지로 공자는 그의 재주와 업적에 대해서는 인정하고 있는 것이다.

'패(霸)'는 '패(伯)'와 같으며 '우두머리'라는 뜻이다.

'미(微)'는 '없다[無]'는 뜻이다.

'피발(被髮)'은 머리를 풀어헤치는 것을, '좌임(左衽)'은 옷깃을 왼쪽으로 하는 것이니 모두 오랑캐[夷狄]의 풍속을 가리킨다.

'량(諒)'은 작은 절개를 말한다.

헌문 제19장

公叔文子之臣大夫僎이 與文子로 同升諸公이러니 子聞之하시고 曰 "可以爲文矣로다."

공숙문자의 가신 대부 선이 문자와 더불어 조정에 오르니, 공자가 듣고 말했다.

"시호를 문이라고 할 만하다."

【보】 공숙문자가 자신의 가신이었던 선(僎)을 천거하여 자기와 더불어 같은 반열의 신하가 되었으니, 주종의 관계에서 수평의 관계가 되었기에 이를 칭송한 것이다. 또한 인물을 잘 알아봤고, 이와 더불어 임금을 섬기는 데 목적이 있으니 공숙문자의 장점을 공자가 알아 본 것이다. 이를 보면 관중에 대해서도 때로는 질책을, 때로는 칭송을 하는 것처럼, 공숙문자 역시 때로는 질책을, 때로는 칭송을 하여 편파적인 인물평이 없었음을 알 수 있다.

　'공숙문자(公叔文子)'는 앞서 제17장에 나왔다.

　'신(臣)'은 가신(家臣)이다.

　'공(公)'은 '공조(公朝)'라는 말이다.

　'문(文)'은 이치를 따라 문장(文章)을 이룬 것을 말한다.

헌문 제20장

子言衛靈公之無道也러시니　康子曰 "夫如是로되　奚而不喪이니잇고?" 孔子曰 "仲叔圉는 治賓客하고 祝鮀는 治宗廟하고 王孫賈는 治軍旅하니 夫如是니　奚其喪이리오."

공자가 위령공의 무도함을 말했더니, 강자가 말했다.

"이처럼 무도한데 어찌하여 지위를 잃지 않습니까?"

공자가 말했다.

"중숙어는 빈객을 다스리고, 축타는 종묘를 다스리며, 왕손가는 군대를 다스리니, 이처럼 인재를 등용하는데, 어떻게 그 지위를 잃겠습니까."

【보】 인재 등용의 중요성을 말하고 있다. 즉 임금이 무도하여
나라를 잃는 것은 당연한 이치이지만 훌륭한 인재를 등용한다
면 나라 보존은 가능함을 언급한 장이다.
　'상(喪)'은 지위를 잃는 것[失位]을 말한다.
　'중숙어(仲叔圉)'는 공문자(孔文子)이다.

헌문 제21장

子曰 "其言之不怍이면 則爲之也 難하니라."

공자가 말했다.

"그 말하는 것을 부끄러워하지 않으면 그것을 실천하기란 어렵다."

【보】 남들 앞에서 큰소리[大言] 치기를 좋아함을 경계하고 있
는 장이다. 즉 큰소리를 치며 부끄러워하지 않으면 실천하려는
뜻이 없고 또 자신 스스로의 무능함을 생각하지 못한 것이니
그 말을 실천하려고 해도 어려울 것이다.
　'위(爲)'는 행(行)의 뜻을, '지(之)'는 큰소리[大言]를 가리킨다.

헌문 제22장

**陳成子 弑簡公이어늘 孔子沐浴而朝하사 告於哀公曰 "陳恒이 弑其
君하니 請討之하소서." 公曰 "告夫三子하라." 孔子曰 '以吾從大夫之後
라 不敢不告也호니 君曰 告夫三子者온여.' 之三子하여 告하신대 '不
可라.'하여늘 孔子曰 "以吾從大夫之後라 不敢不告也니라."**

진성자가 간공을 시해하니, 공자가 목욕재계하고 조회하며 애공에게 아뢰었다.

"진항이 그 임금을 시해했으니 토벌하십시오."

애공이 말했다.

"저 삼자에게 말하시지요."

공자가 '내가 대부의 뒤를 따랐기 때문에 감히 아뢰지 않을 수 없었는데, 임금께서는 저 삼자에게 고하라고 말씀하시는구나.'라고 하고는 삼자에게 가서 아뢰자 '안 된다'라고 하니, 공자가 말했다.

"내가 대부의 뒤를 따랐기 때문에 감히 말하지 않을 수 없었다."

【보】 춘추대의에 의해 신하로서 마땅히 해야 할 도리에 대해 말하고 있는 장이다. 즉 신하가 임금을 시해하는 것은 인륜의 큰 변고이므로, 천리에 용납될 수 없는 일이다. 이웃나라의 일이지만 현 노나라의 삼자(三子-계손, 숙손, 맹손) 또한 저러한 일을 벌일 수 있으며, 이를 토벌하여 전범으로 삼고자 한 것이 공자의 목적이었다. 이는 공자가 당시 벼슬에서 물러났지만 퇴로(退老) 신하로서의 할 일을 한 것이다. 그러나 노나라 임금은 이미 삼가에게 권력을 빼앗겨 그들에게 말하라고 한 것이고, 부득이 그들에게 말했던 공자는 다시 거절을 당했다. 퇴로 신하로서 방종할 수 없음과 그 당위성에 대해 언급하고 있다.

'진성자(陳成子)'는 제나라 대부이며, 이름이 항(恒)이다.

'간공(簡公)'은 제나라 임금이다. 『춘추』 애공(哀公) 14년조에 기록이 보인다.

'목욕(沐浴)'은 머리를 감고 몸을 씻어 재계한 것으로, 그 일을 중히 여겨 감히 소홀히 하지 못함을 말한다.

'삼자(三子)'는 삼가(三家)인 계손씨, 숙손씨, 맹손씨를 가리킨다.

헌문 제23장

子路 問事君한대 子曰 "勿欺也요 而犯之니라."

자로가 임금을 섬기는 것에 대해 묻자, 공자가 답했다.

"속이지 말아야 하며 얼굴을 마주하여 간언해야 한다."

【보】임금을 섬기는 도리는 진실을 말해야 하고 숨지 말고 바로 그 앞에서 말해야 한다. 그러나 자로에게 있어서 임금의 얼굴 앞에서 간하는 것은 어려운 일이 아니기에 공자가 자공에게 진실로 해 주고 싶은 말은 속이지 않음 즉 '물기(勿欺)' 두 글자에 있을 따름이다.

'범(犯)'은 숨기지 말고 드러나 간하는 것을 말한다.

헌문 제24장

子曰 "君子는 上達하고 小人은 下達이니라."

공자가 말했다.

"군자는 위로 발달하고, 소인은 아래로 발달한다."

【보】군자와 소인이 무엇을 추구하고 무엇이 발달하고 있는지 말하고 있다. 즉 군자는 도리와 천리를 더욱 밝혀 이에 발달하는 것인데 반해, 소인은 인욕을 더욱 밝혀 이에 발달한다.

'상(上)'은 도리와 천리를, '하(下)'는 도와 반대가 되거나 인욕 등을 가리킨다.

'달(達)'은 '통달'의 의미가 강하지만 소인이 인욕에 통달했다고 하기에는 거친 면이 없지 않아 '발달'로 봤다.

헌문 제25장

子曰 "古之學者는 爲己러니 今之學者는 爲人이로다."

공자가 말했다.

"옛날 배우는 자들은 자기가 해야 할 도리를 했지만, 지금 배우는 자들은 남들이 알아주는 것만을 한다."

【보】 학문이란 자신을 위한 것이다. 즉 자신이 해야 할 마땅한 도리를 배워 이를 실천하는 데 있지, 남들이 자신을 알아봐 주기 위한 학문은 배제되어야 하는 것이다. 일명 위기지학(爲己之學)과 위인지학(爲人之學)에 대한 설명이다.

직역은 "옛날에 배우는 자들은 자신을 위한 학문을 하였는데, 지금에 배우는 자들은 남을 위한 학문을 한다."가 된다. 하지만 이렇게 번역할 경우 자칫 오해의 소지가 있다. 즉 '자기를 위한 학문'이 자칫 이기주의나 욕심으로 보일 수 있으며, '남을 위한 학문'이라는 말 또한 좋은 의미이므로 이렇게 해석하지 않았다.

헌문 제26장

蘧伯玉이 使(시)人於孔子어늘 孔子 與之坐而問焉曰 "夫子는 何爲오?" 對曰 "夫子 欲寡其過而未能也니이다." 使者 出커늘 子曰 "使乎使乎여!"

거백옥이 사람을 보내 공자에게 문안을 드리니, 공자가 그와 함께 앉아 물었다.

"부자 거백옥께서는 무엇을 합니까?"

시자가 대답했다.

"부자께서는 잘못을 적게 하려고 하지만 아직 능하지 못합니다."

시자가 나가자, 공자가 말했다.

"훌륭한 시자로다! 훌륭한 시자로다!"

【보】 심부름꾼을 보면 그 주인을 알 수 있는 법이다. 심부름꾼의 언행을 통해 거백옥의 인품에 대해 칭송한 장이다.

'거백옥(蘧伯玉)'은 위나라 대부이다. 한번은 공자가 위나라에 있을 때 그의 집에 머물러 그를 주인으로 삼았던 적이 있었다. 공자가 노나라로 돌아왔기 때문에 시자를 보낸 것이다. 참고로 거백옥은 "나이 50세가 되어서 49년 동안의 잘못을 깨달았다[行年五十而知四十九年之非]."는 전고로 유명하다.

'부자(夫子)'는 거백옥을 가리킨다.

'시(使)'는 '심부름보낼 시'로 쓰인 것이다.

'욕(欲)'은 '노력'에 의미를 담고 있는 말이다.

'기과(其過)'에서의 '기(其)'는 입, 행동, 마음 등 일체를 가리킨다.

'미능(未能)'은 더 잘하기 위해 끊임없이 노력함을 뜻한다.

'시호(使乎)'를 반복하여 말한 것은 그의 훌륭함을 칭찬하기 위해서이다.

(子曰 "不在其位얀 不謀其政이니라.")

【보】「태백」 제14장에서 나온 구절이다.

헌문 제27장

曾子曰 "君子는 思不出其位니라."

증자가 말했다.

"군자는 생각이 그 자리를 벗어나지 않는다."

【보】 생각이란 현재의 위치에서 벗어나지 않는다는 말이다. 원래 이 말은 『주역(周易)』「간괘(艮卦) 상사(象辭)」의 "君子以思不出其位"라는 구절이다.

헌문 제28장

子曰 "君子는 恥其言而過其行이니라."

공자가 말했다.

"군자는 그 말을 조심하고, 그 행동을 말보다 앞서 한다."

【보】 말을 삼가고 행동을 조심하며 말보다 행동이 우선시 되어야 한다는 말이다.

'치(恥)'는 '다하지 않는다'는 뜻이니, 말에 대해 실천에 옮기지 못했을 때를 부끄럽게 여겨 함부로 하지 않는다는 말이다

'과(過)'는 '남음이 있다는 말이니, 말보다 행동이 앞선다는 말이다.

헌문 제29장

　子曰 "君子道者 三에 我無能焉호니 仁者는 不憂하고 知者는 不惑하고 勇者는 不懼니라." 子貢이 曰 "夫子 自道也삿다."

　공자가 말했다.

　"군자의 도라는 것이 세 가지인데, 나는 능한 것이 없다. 어진 사람은 근심하지 않고, 지혜로운 사람은 의혹하지 않으며, 용기 있는 사람은 두려워하지 않는 것이다."

　자공이 말했다.

　"스승님 자신의 말씀이다."

　　【보】완성자의 입장에서 말하고, 그 잘하지 못함이 있음을 밝혀 다른 여러 사람을 독려하는 말이다. 즉 완성자의 입장에서 말했기 때문에 지인용(智仁勇) 가운데 인(仁)이 먼저 나온 것이다. 학자의 입장에서 말했다면 지(知)를 먼저 말했을 것이다. 또한 이 장은 '자도(自道)'에 핵심이 있으니, 이는 '스스로 한 말 곧 자신의 말이기에 겸손하게 말할 수밖에 없었고, 다른 사람들에게 용기를 주려고 겸사로 한 것이다.

헌문 제30장

　子貢이 方人하더니 子曰 "賜也는 賢乎哉아 夫我則不暇로라."

　자공이 사람들을 비교하니, 공자가 말했다.

"단목사는 어진사람인가, 나는 그럴 겨를이 없노라."

【보】 남보다 자신을 다스리는 데 더 힘써야 함을 강조하고 있다. 실제 『논어』에는 인물평이 많다. 하지만 이는 어디까지나 자신의 수양을 전제로 하고 있다. 공자가 보기에 자공은 자신의 수양이 부족한데 남을 평가하며 비교하고 있기에 이를 경계할 것을 당부하고 있다.
'방(方)'은 '비교하다'는 뜻이니 남들을 평가하며 따지는 것이다.

헌문 제31장

子曰 "不患人之不己知요 患其不能也니라."

공자가 말했다.

"남이 나를 알아주지 못함을 걱정하지 말고, 자신의 능하지 못함을 걱정해야 한다."

【보】 남의 시선보다 자신의 무능함을 먼저 알고 이를 근심하여 극복할 것을 당부하고 있다. 비슷한 문장이 모두 네 번 나오지만 모두 뜻이 다르다. 예컨대 「학이(學而)」의 경우 '남'에 초점이 있다면, 이 장은 '자신'에게 초점이 있으니 주의하여 봐야 한다.
'불능(不能)'은 자신의 무능력함을 뜻한다.

헌문 제32장

子曰 "不逆詐하며 不億不信이나 抑亦先覺者 是賢乎인저."

공자가 말했다.

"속임을 미리 예측하지 말고 불신을 억측해서는 안 되지만, 또한 먼저 깨닫는 사람이 현명하다."

【보】 이 글은 자세하지 않지만, 지극히 살피는 것은 중도를 벗어난 것이며, 기미가 있으면 먼저 떠남[見幾而作]이 훌륭한 처신임을 말하고 있다.

'역(逆)'은 '맞이하다'라는 뜻으로, 어떤 일이 아직 행해지지 않은 것을 미리 짐작하는 것이다.

'사(詐)'는 남이 자신을 속이는 것이다.

'억(億)'은 아직 행해지지 않은 것을 억측하는 것이다.

'선각(先覺)'은 미리 겪지 않은 일에 대해 먼저 깨닫는 것으로, 속임수를 바로 알아차림을 뜻한다.

헌문 제33장

微生畝 謂孔子曰 "丘는 何爲是栖栖者與오? 無乃爲佞乎아?" 孔子曰 "非敢爲佞也라 疾固也니라."

미생묘가 공자에게 말했다.

"공구는 어찌하여 이처럼 연연합니까? 말을 잘 하려고 하는 것이 아닙니까?"

공자가 말했다.

"내가 감히 말을 잘 하려고 하는 것이 아니라 막힌 자를 미워하는 것입니다."

【보】 천하가 어지러운데 은둔만이 최선이라고 생각하는 은자에 대한 비판의 말이다.

'미생묘(微生畝)'에 대해서는 자세하지 않다. 다만 공자의 이름을 부르거나, 말에 겸손함이 없는 것으로 봐서 나이가 많은 은자, 노장류의 사상을 가진 자로 미루어 생각할 뿐이다.

'서서(栖栖)'는 새가 둥지에 떠나지 않는 모양이니, 어느 것에 연연하는 모습의 의태어이다.

'위녕(爲侫)'은 언변을 잘 해 벼슬에 등용되는 것을 뜻한다.

'질(疾)'은 심하게 미워하는 것이다.

'고(固)'는 고집불통이라는 말이니, 천하가 어지러운데 무조건 숨는 사람을 지칭한다.

헌문 제34장

子曰 "驥는 不稱其力이라 稱其德也니라."

공자가 말했다.

"천리마는 그 힘을 칭찬하는 것이 아니라 그 덕을 칭찬하는 것이다."

【보】 외면보다 내면의 숭상을 뜻하니, 천리마는 군자를, 힘은 재주를, 덕은 마음을 각각 뜻하는 비유사이다.

'기(驥)'는 좋은 말의 명칭으로 천리마를 뜻한다. 여기서는 군자를 지칭한다.

'력(力)'은 천리마의 힘으로, 군자의 재능, 기예를 비유하고 있다.

'덕(德)'은 그 내면으로 곧 마음을 뜻한다.

헌문 제35장

  或曰 "以德報怨이 何如하니잇고?" 子曰 "何以報德고? 以直報怨이요
以德報德이니라."

  혹자가 말했다.

  "덕으로써 원수를 갚는 것이 어떻습니까?"

  공자가 말했다.

  "무엇으로써 덕을 갚아야 하겠습니까? 정직함으로써 원수를 갚고,
덕으로써 덕을 갚아야 합니다."

  【보】 원수를 사랑으로 갚는다는 『노자』 제79장 "報怨以德"에
  대해 공자는 지나침이 있다고 본 구절이다. 따라서 원수를 대할
  때에는 정직만이 최선임을 강조하고 있다.

헌문 제36장

  子曰 "莫我知也夫인저." 子貢이 曰 "何爲其莫知子也잇고?" 子曰 "不
怨天하며 不尤人이요 下學而上達하노니 知我者는 其天乎인저."

  공자가 말했다.

  "나를 알아주는 이가 없구나!"

  자공이 말했다.

  "어찌하여 스승님을 알아주는 이가 없는 것입니까?"

"하늘을 원망하지 않으며 사람을 탓하지 않고, 아래로 사람의 일을 배우면서 위로 하늘의 이치를 통달하나니, 나를 알아주는 것은 하늘일 것이다."

【보】 성인의 고독함에 대해 말하고 있다. 즉 상달천리(上達天理)를 하는 사람은 자신밖에 없으며, 이를 알아주는 이가 하늘밖에 없음을 탄식한 장이다.
　'불원천(不怨天)'의 천(天)은 '천명의 궁통(窮通)'이며, '불우인(不尤人)'의 인(人)은 '남들이 등용하고 버림'을 뜻한다.
　'하학이상달(下學而上達)'은 아래로는 사람의 일을 배우고, 위로는 천리에 도달함을 말한다.

헌문 제37장

公伯寮 愬子路於季孫이어늘 子服景伯이 以告曰 "夫子 固有惑志於公伯寮하나니 吾力이 猶能肆諸市朝니이다." 子曰 "道之將行也與도 命也며 道之將廢也與도 命也니 公伯寮 其如命에 何리오"

공백료가 자로를 계손에게 참소하니, 자복경백이 공자에게 말했다.
　"저희 부자 계손씨께서 진실로 공백료를 의혹하는 마음이 있으니, 나의 힘이 그래도 공백료의 시신을 거리에 널어놓을 수 있습니다."
　공자가 말했다.
　"도가 장차 행해지는 것도 천명이고, 도가 장차 폐해지는 것도 천명이니, 공백료가 그 천명에 어떻게 하겠습니까."

【보】 공백료는 자로를 참소하지만, 이는 공자를 참소하는 것과 같다. 따라서 공자는 자로의 참소에 대해 자신의 일로 돌리고, 모두 천명일 따름이라고 말하고 있는 것이다.

'공백료(公伯寮)'는 노나라 사람이다.

'자복경백(子服景伯)'은 노나라 대부, 하(何)이다.

'부자(夫子)'는 계손(季孫)을 가리킨다.

'사(肆)'는 시신을 늘어놓은 것을 뜻하므로, 여기서는 그를 제거할 수 있다는 말이다.

헌문 제38장

子曰 "賢者는 辟(避)世하고 其次는 辟地하고 其次는 辟色하고 其次는 辟言이니라."

공자가 말했다.

"현명한 자는 세상을 피하고, 그 다음은 땅을 피하고, 그 다음은 색을 보면 피하고, 그 다음은 말을 피한다."

【보】 성인의 처세에 관한 장이다. 즉 천하에 도가 없으면 은둔하는 것이 옳다. 하지만 지나친 피함은 옳지 않음도 내포되어 있음에 유의해야 한다.

'세(世)'는 천하를 뜻한다.

'지(地)'는 제후의 영토를 말한다.

'색(色)'은 '예의를 갖춘 모습[禮貌]'을 뜻하니 제후가 예모로 대우하지 않는다면 떠나야 한다.

'언(言)'은 신하로서 임금에게 한 충언이 받아들여지지 않음을 뜻한다.

헌문 제39장

子曰 "作者 七人矣로다."

공자가 말했다.

"우뚝 태어난 자가 일곱 사람이다."

【보】 이 절은 자세하지 않다. 일반적으로 은둔한 어진 사람, 즉 백이(伯夷)와 같은 은자 일곱 사람으로 해석한다. 이는 장의 전후에 따른 해석이므로 틀리지 않을 듯하다.

헌문 제40장

子路 宿於石門이러니 晨門이 曰 "奚自오?" 子路曰 "自孔氏로라." 曰 "是 知其不可而爲之者與아?"

자로가 석문에서 잠을 잤는데, 신문이 물었다.

"어디에서 왔습니까?"

자로가 말했다.

"공씨로부터 왔습니다."

"그가 바로 불가함을 알면서도 그것을 행하는 사람입니까?"

【보】 세상을 구하려고 하는 뜻을 지닌 공자와 그의 제자를 모두 비판한 은자의 말이다. 문면은 은자의 말이지만, 이면은 수

신과 제가, 치국과 평천하를 실천해야 하는 유가의 사상이 역설적으로 표현된 것이다.

'석문(石門)'은 땅 이름이다.

'신문(晨門)'은 새벽에 성문을 열어주는 것을 직업으로 삼은 자이다. 신분으로 보면 매우 낮지만, 여기서는 어느 정도의 지적 수준을 갖춘 '은자(隱者)'로 쓰였으니, 노장의 사상을 지닌 자로 해석하는 것이 일반적이다.

헌문 제41장

子擊磬於衞러시니 有荷蕢而過孔氏之門者曰 "有心哉라 擊磬乎여!" 旣而오 曰 "鄙哉라 硜硜乎여! 莫己知也어든 斯已而已矣니 深則厲요 淺則揭니라." 子曰 "果哉라 末之難矣니라."

공자가 위나라에서 경쇠를 두들기며 연주하고 있었는데, 삼태기를 메고 공자의 문 앞을 지나가는 자가 듣고서 말했다.

"천하에 마음이 있구나. 경쇠를 두들기는 소리가!"

한참을 듣고서 말했다.

"저속하다, 천하에 마음 둠이 또렷하니. 자기를 알아주지 못하면 그만두어야 할 뿐이다. 물이 깊으면 옷을 벗고 건너고 얕으면 옷을 걷고 건너야 한다."

공자가 말했다.

"과감함이란, 어려울 게 없지..."

【보】 공자의 천하를 구하고자 하는 또렷한 마음이 잘 드러나

있다. 은자 '하궤자'는 공자의 경쇠 연주 소리를 듣고서 그가 천하를 구하고자 하는, 너무도 확고한 의지가 보여 이를 비판한다. 그러나 공자는 오히려 그렇게 쉽게 포기하는 하궤자의 태도를 안쓰럽게 여기고 있다. 앞의 제39장을 보면, 세상에 도가 없다면 은둔하는 것이 맞지만 지나치게 은둔만을 추구하는 것은 옳지 않다고 봤으니 함께 보면 좋다.

'경(磬)'은 악기이다.

'하(荷)'는 어깨에 메는 것이고, '궤(簣)'는 풀로 만든 그릇이다. 따라서 '하궤자(荷簣者)'는 허름한 행색의 은자임을 알 수 있다. 그러나 공자의 악기 연주 소리만을 듣고 그 의중을 파악했으니 보통 사람은 아니다. 위의 신문(晨門)처럼 노장류의 사상을 지닌 자이다.

'유심(有心)'은 천하를 잘 다스리고자 하는 마음을 가리킨다.

'경경(硜硜)'은 돌 소리인데, 여기서는 천하를 도로써 구제하고자 하는 공자의 또렷한 마음을 표현한 것이다.

'기지(己知)'는 자신을 알아주는 데 그치는 것이 아니라 등용해 주는 것까지를 뜻한다.

'려(厲)'는 옷을 벗고 손에 지닌 채 물을 건너는 것을 말한다.

'게(揭)'는 옷을 걷고 물을 건너는 것을 말한다.

'과(果)'는 과단성이니, 은자가 세상을 잊는 데 과감함을 말한다. 어조사 '재(哉)'를 붙인 것은 안타깝게 여기는 마음의 탄식이다.

'말지난의(末之難矣)'는 세상을 포기하는 과단함이 어려울 게 없다는 말이다.

헌문 제42장

子張이 曰 "書云 '高宗이 諒陰(암)三年을 不言이라.'하니 何謂也잇고?" 子曰 "何必高宗이리오. 古之人이 皆然하니 君薨커든 百官이 總己하여 以聽於冢宰三年하니라."

자장이 말했다.

"『서』에 '고종이 양암에서 삼 년 동안 말하지 않았다.'하니, 무엇을 말한 것입니까?"

공자가 말했다.

"하필 고종뿐이겠는가. 옛사람이 다 그러했다. 임금이 죽으면 백관들은 자기의 직책을 총괄하여 총재에게 명령을 듣기를 삼 년 동안 한 것이다."

【보】 자장은 초상 삼 년간 국정에 관한 말을 임금이 하지 않는다면 나라가 어지러워질 것이라고 생각했다. 이에 대해 공자는 백관들 모두 자신이 맡은 바 직분을 하고 총재가 총괄하고 결정한다면 아무런 문제가 되지 않을 것이라고 생각했다.

'고종(高宗)'은 상나라 왕인 무정(武丁)을 가리킨다.

'양암(諒陰)'은 천자가 상을 치르는 곳으로 일명 '거상의 상막'이란 뜻이다.

'고지인(古之人)'은 이전 통치자 모두를 가리킨다.

'훙(薨)'은 원래는 제후의 죽음을 뜻하며, '붕(崩)'이 바로 천자의 죽음을 뜻하는 말이다. 그런데 여기에서는 보다 큰 범주에서 훙(薨) 자를 썼을 뿐 천자의 죽음을 가리키는 말이다.

'총재(冢宰)'는 가장 높은 재상이라는 뜻이다.

헌문 제43장

子曰 "上이 好禮則民 易(이)使也니라."

공자가 말했다.

"위에서 예를 좋아하면 백성은 부리기 쉽다."

【보】 윗사람 즉 통수권자가 예를 좋아한다면 곧 자신이 법이 되며 '예'라는 법칙과 원칙이 생기기 때문에 백성을 부리는 것이 쉽다는 뜻이다.

헌문 제44장

子路問君子한대 子曰 "修己以敬이니라." 曰 "如斯而已乎잇가?" 曰 "修己以安人이니라." 曰 "如斯而已乎잇가?" 曰 "修己以安百姓이니 修己以安百姓은 堯舜도 其猶病諸시니라."

자로가 군자에 대해 묻자, 공자가 말했다.

"자기를 수양함에 경으로써 하는 것이다."

자로가 물었다.

"이와 같을 뿐입니까?"

"자기를 수양하여 다른 사람을 편하게 하는 것이다."

"이와 같을 뿐입니까?"

"자기를 수양하여 백성을 편안하게 하는 것이다. 자기를 수양하여 백성을 편하게 하는 것은 요임금과 순임금께서도 오히려 불만족스럽게 여겼다."

【보】 이른바 수기치인(修己治人)의 어려움을 말하고 있다. '자기를 수양한다'는 것은 『대학』의 명명덕(明明德)에 해당된다. 또

'다른 사람을 편하게 한다'는 것은 '신민(新民)'에 해당된다. 또 '백성을 편하게 한다'는 것은 치국(治國)과 평천하(平天下)에 해당된다. 정치를 잘 했던 요임금과 순임금마저도 전 세계의 한 사람 한 사람에게 편의를 베풀어 그들을 편하게 하지 못했으니 『대학』의 삼강령과 팔조목은 쉬운 일이 아니기에 부지런히 힘쓸 것을 당부하고 있는 장이다.

'이와 같을 뿐입니까?'라고 한 자로의 말은 공자의 '자기를 수양하는 것을 경으로써 한다'에 대해 별 것 아니라는 생각으로 그렇게 말한 것이며, '자기를 수양하여 다른 사람을 편하게 한다'라고 한 공자의 말에 대해서 같은 생각을 한 것이다. 따라서 공자는 성군마저도 쉬운 일이 아니었다고 답한 것이다.

헌문 제45장

原壤이 夷俟러니 子曰 "幼而不孫弟하며 長而無述焉이요 老而不死 是爲賊이라."하시고 以杖叩其脛하시다.

원양이 마루에 걸터앉아서 공자를 기다리니 이를 본 공자가

"어려서는 공손하지 못하고 성장해서는 칭찬할 일이 없고 늙어서는 죽지 않는 것이 바로 남을 해친 놈이다."

라고 하고서 지팡이로 그의 정강이를 툭툭 쳤다.

【보】 공자의 죽마고우인 원양을 통해 그의 불손함을 지적한 장이다.

'원양(原壤)'은 공자의 친구이다. 한번은 원양의 어머니가 돌아가시자 원양은 나무에 올라가 노래를 부른 적이 있었다. 그런데도 공자는 이를 못 본체 하니, 공자의 제자들이 이를 의혹하여 공자에게 이유를 물은 적이 있다. 당시 공자는 어쩔 수 없이

지내야 할 친구이고 그 잘못이 고쳐지지 않을 것이라면 그 친함이라도 잃지 않기 위해 모르는 척 했던 것이다. 위의 지문이나 이러한 예를 통해 알 수 있는 사실은 원양이 예법을 전혀 모르는 사람이니, 항간에는 노장류에 물든 사람으로 보기도 한다.

'이(夷)'는 마루에 걸터앉은 것을 말한다.

'술(述)'은 '칭술(稱述)'이라는 말이니 '칭찬'과 같은 말이다.

'적(賊)'은 다른 사람을 해치는 것을 말한다.

'경(脛)'은 '정강이'를, '고(叩)'는 걸터앉지 않도록 툭툭 친 것이다.

헌문 제46장

闕黨童子 將命이어늘 或이 問之曰 "益者與잇가?" 子曰 "吾見其居於位也하며 見其與先生竝行也호니 非求益者也라 欲速成者也니라."

궐당의 동자가 공자의 말씀을 전달하는 일을 맡자, 혹자가 물었다.

"학문에 발전이 있는 자입니까?"

공자가 말했다.

"나는 그가 어른들의 자리에 앉는 것을 보았고 그 선생과 나란히 걷는 것을 보았으니, 학문에 발전이 있는 자가 아니라 빨리 어른이 되고자 한 자로 보입니다."

【보】 공자의 교육철학이 드러난 장이다. 즉 제자를 사랑하여 곁에 두는 경우도 있지만 궐당의 동자와 같이 교육 자체에 목적이 있는 경우도 있는 것이다. 동자는 어른의 자리에 앉는가 하면 스승과도 나란히 걸을 정도로 무례하다. 따라서 그에게 깨우침을 두기 위해 곁에 둔 것인데, 혹자가 선생의 친애가 있어서 그런가 의심하여 질문한 것이다.

‘당(黨)’은 행정구역 단위 즉 500가(家)의 이름이다.

‘동자(童子)’는 관례(冠禮)를 하지 않은 이를 부르는 말이다.

‘장명(將命)’의 ‘장(將)’ 자가 여기서는 ‘받들 봉(奉)’ 자의 뜻으로 쓰였으니, ‘장명’이란 ‘말씀[命]을 받들다’라는 뜻이 된다. 『예기(禮記)』 「단궁(檀弓) 상」에 "동자는 마땅히 모퉁이에 앉고 뒤에서 따라 가야 한다[童子隅坐之齒隨行]."고 했으니, 동자가 예를 어긴 것이다.

15
위령공(衛靈公)

【보】 순임금에 관한 내용과, 지(志), 인(仁) 등에 관한 말이 보
인다. 특히 군자(君子)에 대한 언급이 많다. 모두 41장이다.

위령공 제1장

衛靈公이 問陳於孔子한대 孔子對曰 "俎豆之事는 則嘗聞之矣어니
와 軍旅之事는 未之學也라."하시고 明日에 遂行하시다. 在陳絶糧하니
從者 病하여 莫能興이러니 子路慍見⑪曰 "君子 亦有窮乎잇가?" 子曰
"君子는 固窮이니 小人은 窮斯濫矣니라."

위령공이 공자에게 진법에 대해 묻자 공자가,

"제기에 관한 일은 일찍이 들었지만 군대에 관한 일은 아직 배우지
못했습니다."

라고 하고는 다음날 마침내 떠났다.

진나라에 있을 때 양식이 떨어져 제자들은 병들어 일어나지 못하

였다. 자로가 화난 얼굴로 공자를 뵙고 물었다.

"군자 또한 곤궁할 때가 있습니까?"

공자가 말했다.

"군자란 진실로 곤궁하다. 소인이 곤궁하면 넘친다."

【보】 위나라는 제나라와 함께 진나라를 정벌하려 했기에 위령공은 전쟁에 관한 일을 공자에게 물은 것이다. 공자는 선비뿐 아니라 나라 또한 문무를 겸비해야 함은 당연한 일이지만 이는 언제까지나 보호를 위한 것이지 무력으로 다른 대상을 제압하고자 하는 데 있지 않음을 강조했다. 따라서 군대의 일은 전혀 모른다고 대답하고서 초나라로 떠난 것이다.

초나라 소왕이 공자를 불러 공자의 일행은 초나라로 가고 있었다. 당시 진나라는 위나라와 제나라에게 제압을 당할 위기를 맞자 공자의 무리를 포위하였고, 공자 일행은 식량이 끊어진 것이다. 이에 공자의 제자들은 병들고 지쳐 있었는데, 자로가 대표로 공자와 같은 군자도 이렇게 궁함이 있느냐고 물은 것이며, 공자는 진실로 궁한 것이 바로 군자라고 대답한 것이다.

'진(陳)'은 '진(陣)'과 통한다. 군사의 항오(行伍)에 대한 열(列)을 말하므로 '문진(問陣)'은 바로 전쟁에 관해 물은 것과 같은 말이다.

'조두(俎豆)'는 예를 행할 때에 사용하는 기물(器物)로, 제기(祭器)를 말한다.

'군려(軍旅)'는 군대를 말하며, 앞선 '진(陳)'의 다른 표현이다.

'군자(君子)'는 '공자'를 지칭한다.

'고(固)' 자의 해석은 두 가지이다. 주자는 '진실로[信]'의 뜻으로 보았고, 정자는 '굳게 지킴[固守]'의 뜻으로 봤다. 정자는 뒤의 소인은 '넘친다'는 반대의 개념으로 보고 해석했지만 '궁함을 굳게 지킨다'는 말 자체가 다소 지나친 바가 없지 않기에 '진실로'의 뜻으로 보는 것이 온당할 듯하다.

'람(濫)'은 궁함을 참지 못하고 악행을 저지르는 것을 말한다.

위령공 제2장

子曰 "賜也아 女(汝)以予로 爲多學而識(지)之者與아?" 對曰 "然하이다. 非與잇가?" 曰 "非也라. 予는 一以貫之니라."

공자가 말했다.

"단목사야, 너는 내가 많이 배우고 그것을 기억하는 사람이라고 생각하느냐?"

자공이 대답했다.

"그렇습니다. 아닙니까?"

"아니다. 나는 하나의 이치로 모든 사물을 꿰뚫은 것이다."

【보】 책으로 공부한 사람과 마음으로 만물의 이치를 깨우친 사람과의 차이에 대해 말하고 있다. 즉 자공은 많이 배우고 그것을 잘 기억한 인물이다. 자신의 스승님 또한 그러한 사람이라 여겼는데 이를 간파한 공자가 그 근본이 되는 바를 알게 하고자 제자에게 저와 같이 물어본 것이며, 학문의 근본은 마음으로 깨닫는 것임을 알려주고 있다.

'지(識)'는 '기억할 지'의 뜻으로 쓰였다.

'일(一)'은 '만물에 통하는 이치(理致)'라는 뜻이다.

'관(貫)'은 '통달(通達)'의 의미이다.

'지(之)'가 지칭하는 것은 만물이다.

'일이관지(一以貫之)'는 「이인」 제15장에서도 등장한 말이다. 뜻은 일맥상통 하지만 「이인」에서는 행동의 측면에서 말한 것이고, 여기서는 지식의 측면에서 말한 것이다. 모두 '자신의 마음에 지각의 이치를 깨달아 만물에 통달함'이라는 뜻은 같다.

위령공 제3장

子曰 "由아 知德者 鮮矣니라."

공자가 말했다.

"중유야, 덕을 알고 있는 자가 드물다."

【보】 지덕(知德)과 지도(知道)의 차이에 대해 말하고 있다. 즉 '지덕'이란 도를 통하여 마음에 깨달음이 있는 것이니 행동 이후의 일을 말한다. 반면 '지도'는 도를 행하기 이전의 깨달음이니 둘 모두 힘든 정신 경계이다. 자로는 진나라와 채나라에서의 곤궁에 대해 여전히 섭섭한 마음이 가득하였기에 이러한 말을 통해 자로를 위로한 것이다.

위령공 제4장

子曰 "無爲而治者는 其舜也與신저. 夫何爲哉시리오. 恭己正南面而已矣시니라."

공자가 말했다.

"행위 없이도 다스린 자는 순임금일 것이다. 무엇을 했겠는가. 몸을 공손히 하고 남쪽을 향해 바르게 있었을 뿐이다."

【보】 순임금의 덕을 찬미한 장이다. 즉 요임금의 자리를 선양한 점, 인재를 잘 얻어 그들에게 정사를 맡긴 점 등이 바로 무

위(無爲)가 되며, 이는 곧 태평성세로 이어졌다는 말이다.

'무위(無爲)'는 작위(作爲)가 없다는 것이니 매우 자연스러움을 말한다.

'남면(南面)'은 '임금이 정사를 베푸는 자리'라는 말이다.

위령공 제5장

子張이 問行한대 子曰 "言忠信하며 行篤敬이면 雖蠻貊之邦이라도 行矣어니와 言不忠信하며 行不篤敬이면 雖州里나 行乎哉아. 立則見 其參於前也요 在輿則見其倚於衡也니 夫然後行이니라." 子張이 書諸 紳하니라.

자장이 행동에 대해 묻자, 공자가 말했다.

"말이 충신하고 행동이 독경하면 비록 오랑캐의 나라라 하더라도 행해질 수 있지만, 말이 충신하지 못하고 행동이 독경하지 못하면 나의 고향 땅이라 하더라도 행해질 수 있겠는가. 내가 서 있으면 그것이 앞에 참여하는 것을 볼 수 있고, 수레에 있으면 그것이 멍에에 기댐을 볼 수 있어야 하니 이와 같이 행동한 뒤에야 행해질 수 있는 것이다."

자장이 이 말을 띠에 썼다.

【보】 행동의 근본이 진실함[誠]에 있다는 말이다. 이는 「안연」 제19장의 "子張問 '士何如斯可謂之達矣?'"와 또 「안연」 제10장 의 "子張, 問崇德辨惑, 子曰 '主忠信, 徙義, 崇德也.'"의 구절, 「위 정」 제18장의 "子張學干祿, 子曰 '多聞闕疑, 愼言其餘則寡尤, 多

見闕殆, 愼行其餘則寡悔, 言寡尤, 行寡悔, 祿在其中矣.'"의 구절 등과 같이 봐야 한다. 여기서의 '행(行)'이 제19장의 '달(達)'의 뜻이며, 제10장의 '주충신(主忠信)'이 거듭 나왔고, 언행(言行)과 관련된 구절이 「위정」에 보이기 때문이다.

'독(篤)'은 '후(厚)'의 뜻이다.

'만(蠻)'은 남만(南蠻)을, '맥(貊)'은 북적(北狄)을 말한다.

'주리(州里)'는 본래 2,500가(家)를 단위로 하는 행정구역이지만 여기서는 그저 '내 고향 땅' 정도의 뜻으로 쓰였다.

원문 '立則見其參於前也'와 '在輿則見其倚於衡也'에서의 '기(其)'는 모두 충신(忠信)과 독경(篤敬)을 가리킨다. 여기서 '입즉(立則)'은 가만히 있을 때, '재여(在輿)'는 움직일 때를 말하니 '어떠한 때라도'라는 말과 같다.

'참(參)'은 '참여 함, 함께 함'을 뜻한다.

'형(衡)'은 멍에이다.

'신(紳)'은 큰 띠의 아래로 드리워진 것이니 이곳에 썼다는 말은 평소 잊지 않고자 해서이다.

위령공 제6장

子曰 "直哉라 史魚여! 邦有道에 如矢하며 邦無道에 如矢로다. 君子哉라 蘧伯玉이여! 邦有道則仕하고 邦無道則可卷而懷之로다."

공자가 말했다.

"정직하구나, 사어여! 나라에 도가 있을 때에도 화살처럼 곧고 나라에 도가 없을 때에도 화살처럼 곧으니. 군자답구나, 거백옥이여! 나라에 도가 있으면 벼슬하고 나라에 도가 없으면 거두어 감추니."

【보】위나라의 충직한 신하 두 명을 칭찬하며 이러한 장점을 취할 것을 당부하고 있다.

'사(史)'는 관명(官名)이며 '어(魚)'는 위나라 대부이다. 일명 시간(屍諫)이라 하여 죽어서도 이를 간한 인물이다. 즉 사어는 어진 거백옥을 내치고 못난 미자하를 등용시켰으니 신하로서 마땅히 해야 할 도리를 하지 못했다. 그래서 장례를 예에 맞게 행하지 못하게 했다. 위령공이 장례에 가서 보니 예법에 어긋나자 사어의 자식에게 그 이유를 묻고 이러한 내막을 안 위령공은 크게 뉘우쳤다고 한다.

'거백옥(蘧伯玉)'은 「헌문」제26장에서 이미 나왔다.

'회(懷)'는 감추어두는 것을 말하니 은거를 뜻한다.

위령공 제7장

子曰 "可與言而不與之言이면 失人이요 不可與言而與之言이면 失言이니 知者는 不失人하며 亦不失言이니라."

공자가 말했다.

"더불어 말할 만한 자와 더불어 말하지 않으면 사람을 잃는 것이고, 더불어 말할 만하지 못한데도 더불어 말한다면 말을 잃는 것이니, 지혜로운 자는 사람을 잃지 않고 또 말도 잃지 않는다."

【보】사람을 사귀는 방법에 대해 말한 장이다. 그 방법이란 사람도 잃지 않아야 하며 말도 잃어서는 안 되니, 첫째 허심탄회하게 말을 받아줘야 하며, 둘째 몰랐던 일에 대해서는 깨우쳐줘야 한다. 쉽게 말해 침묵과 웅변은 절대적 가치에 우위를 두기 보다는 적시적소에 행해야 함을 뜻한다.

위령공 제8장

子曰 "志士仁人은 無求生以害仁이요 有殺身以成仁이니라."

공자가 말했다.

"뜻 있는 선비와 어진 사람은 삶을 구하고자 인을 해치는 일이 없고, 자신의 목숨을 바쳐 인을 이루는 경우는 있다."

【보】 '지사(志士)'는 인을 얻지 못하였기에 추구하는 사람이고, '인인(仁人)'은 인을 이미 완성했기 때문에 안주하는 사람이다. 이들은 구차한 삶을 추구하기 위해 인을 해친 적은 없고 몸을 희생해 가며 인을 성취한 경우는 있다. 이는 진실로 옳은 일을 보고 깨달으며 이를 실천한 것을 말한다. 이른바 살신성인(殺身成仁)에 대한 고사이다.

위령공 제9장

子貢이 問爲仁한대 子曰 "工欲善其事인댄 必先利其器니 居是邦也하여 事其大夫之賢者하며 友其士之仁者니라."

자공이 인을 행함에 대해 묻자, 공자가 말했다.

"장인이 그 일을 잘하려고 하면 반드시 먼저 그 연장을 날카롭게 만들어야 하는 것처럼 이 고을에 살 때 그 대부 가운데 어진 자를 섬기며 그 선비 가운데 어진 자를 벗으로 삼아야 한다."

【보】 핵심 글자는 인(仁)보다 행위[爲]에 있다. 즉 실천적 측면에서의 질문과 답이 이 장의 주제이다. 장인이 어떤 물건을 만들려고 하면 우선 자신이 소유한 연장을 잘 정비하는 것처럼 인을 실천하기 위한 보조 수단으로는 상급자 가운데 어진 이를 섬기는 것과 동급자 중에는 어진 자를 벗으로 삼아야 만이 가능하다는 것이다.

위령공 제10장

顔淵이 問爲邦한대 子曰 "行夏之時하며 乘殷之輅하며 服周之冕하며 樂(악)則韶舞요 放鄭聲하며 遠佞人이니 鄭聲은 淫하고 佞人은 殆니라."

안연이 나라를 다스리는 것에 대해 묻자, 공자가 말했다.

"하나라의 책력을 행하고 은나라의 수레를 타며 주나라의 면류관을 쓰고, 음악은 소무를 하고 정나라 음악을 추방하며 말재주 있는 사람을 멀리 해야 하니, 정나라 음악은 음란하고 말 잘하는 사람은 위태로워서이다."

【보】 이 글은 세 가지에 대해 말하고 있는데, 첫째 삼대정치의 손익, 둘째 바른 음악, 셋째 인재 등용이 그것이다.

'하나라의 책력을 사용해야 하는 것'은 이른바 음력이라고 하는 농력(農曆)이 가장 잘 맞기 때문이다.

'은나라의 수레를 타야 하는 것'은 질박하면서도 튼튼하여 그 실용성이 뛰어나서이다.

'주나라의 면류관을 사용해야 하는 것'은 가장 화려하기 때문이다. 옛 사람들은 다른 곳은 소박해도 머리에 쓰는 면류관만은 화려함을 추구했고 용인했던 것이다.

'소무(韶舞)'는 순임금 시대의 음악과 춤을 가리킨다. 지극히 선하고 지극히 아름답기[盡善盡美] 때문에 이를 추구한 것이다.

'방(放)'은 풀어 버리는 것으로 금함[禁]을 말한다.

'정성(鄭聲)'은 정나라의 음악으로 위나라 음악과 더불어 음시(淫詩)에 속한다.

'영인(佞人)'은 몸을 낮추고 아첨하며 말을 잘하는 사람이다.

위령공 제11장

子曰 "人無遠慮면 必有近憂니라."

공자가 말했다.

"사람이 먼 생각이 없으면 반드시 가까운 근심이 있을 것이다."

【보】 유비무환(有備無患)으로 봐도 무방하다. 사람이 미리 미래의 일을 대비하지 않는다면 반드시 가까운 시일 안에 근심이 닥칠 것이라는 말이다.

'원(遠)'에 대해서는 시간으로 보는 견해와 장소로 보는 견해가 있는데 본서는 시간으로 봤다. 따라서 '먼 훗날[他日]'의 의미로 해석한 것이다.

위령공 제12장

子曰 "已矣乎라: 吾未見好德을 如色者也케라."

공자가 말했다.

"어쩔 수 없구나! 나는 덕을 좋아하기를 아름다운 여인을 좋아하는 것처럼 하는 자를 보지 못하였다."

【보】 이른바 시대를 아파하는 탄식[傷時之歎]이다. 당대 덕을 좋아하는 사람이 없어 비유를 들어 탄식한 것이다.
　　'이의호(已矣乎)'는 절망적인 어조이다. 이 말을 제외하면 「자한」 제17장에 이미 나온 구절과 같다.

위령공 제13장

子曰 "臧文仲은 其竊位者與인저. 知柳下惠之賢而不與立也로다."

공자가 말했다.

"장문중은 그 지위를 도적질한 자일 것이다. 유하혜의 어짊을 알면서도 더불어 조정에 서지 않았다."

【보】 어짊을 알지 못함도 잘못이고[不明之罪], 알고도 등용하지 않은 것도 잘못[廢賢之罪]임을 말하고 있다.
　　'절위(竊位)'는 지위에 걸맞지 못하기에 몰래 도둑질한 것을 말한다.
　　'유하혜(柳下惠)'는 식읍이 유하(柳下)이며, 시호가 혜(惠)인 사람을 말한다. 이름은 전획(展獲)이다. 노나라의 현인이다.
　　'여립(與立)'은 함께 조정에 서는 것을 말한다.

위령공 제14장

子曰 "躬自厚而薄責於人이면 則遠怨矣니라."

공자가 말했다.

"자신을 꾸짖기를 후하게 하고 남에게 요구하는 것이 적다면 원망은 멀어질 것이다."

【보】자신을 바르게[正己] 하는 것이 우선인데, 그 중 자신에 대한 반성과 회의는 심하게 하며, 남에게 바라는 것이 없다면 어느 누구에게도 원망을 받는 일은 없을 것이다.

'책(責)'은 '구하다[求]'의 뜻으로 쓰였다.

'원망[怨]'이란 남에게 구하는 것을 얻지 못했을 때 비로소 생기는 것이다.

위령공 제15장

子曰 "不曰如之何如之何者는 吾末如之何也已矣니라."

공자가 말했다.

" '어찌할까? 어찌할까?' 하고 말하지 않는 자는 나는 어찌할 수가 없을 뿐이다."

【보】일처리에 있어서 정밀하고 자세하게 하며 조심하고 또 삼가야 하는데 그렇지 않은 사람에 대해서는 어떠한 것도 도와

줄 수 없다는 말이다.

　'여지하여지하(如之何如之何)'가 바로 깊이 생각하고 살핀다는
말이다.

　'말(末)'은 '없을 말'로 쓰였다.

위령공 제16장

　子曰 "群居終日에 言不及義요 好行小慧면 難矣哉라."

　공자가 말했다.

　"여럿이 거처하며 하루를 마치면서도 말이 의리에 미치지 못하고
작은 지혜를 행하기 좋아한다면 구제하기 어렵다."

　【보】대의(大義)와 소혜(小慧)를 잘 구분해야 한다는 말이다.
즉 대의를 살펴 말과 행동이 따라야 하는데 사사로운 지혜를
가지고 말과 행동을 따르게 한다면 환난이 이를 것이니, 이러한
사람은 구제하기 어려운 것이다.

　'종일(終日)'은 매우 오랜 시간을 의미한다.

위령공 제17장

　子曰 "君子는 義以爲質이요 禮以行之하며 孫以出之하며 信以成之
하나니 君子哉라."

공자가 말했다.

"군자는 의로써 바탕을 삼고 예로써 그것을 행하며 겸손으로써 그것을 내며 믿음으로써 그것을 이루니 군자이다."

【보】 정의로운 토대 위에 예의와 겸손과 믿음이 있어야 한다는 말이다. 문장구조도 다르지만 이 글에서는 '의(義)' 자가 가장 중요하다.
　　'지(之)'는 모두 의를 가리킨다.

위령공 제18장

子曰 "君子는 病無能焉이요 不病人之不己知也니라."

공자가 말했다.

"군자는 자신의 무능함을 병으로 여기지 남이 자신을 알아주지 못함을 병으로 여기지 않는다."

【보】 이른바 '반구저기(反求諸己)'가 이에 해당된다. 군자라는 사람의 자격은 자신의 무능함을 애석해하고 노력할 뿐 남의 시선에 대해서는 인식하지 않는다는 뜻이다.

위령공 제19장

子曰 "君子는 疾沒世而名不稱焉이니라."

공자가 말했다.

"군자는 종신토록 이름이 일컬어지지 못함을 병으로 여긴다."

【보】이른바 '인사유명(人死留名)'이 이에 해당된다고 할 수 있다. 군자는 자신의 덕과 학문이 세상에 알려져 그 명성이 칭송되어야 한다. 자칫 앞 장과 상충할 수 있으나, 군자란 자신에게서 도를 구하고 그 덕과 명성이 길이 남아 남들에게 모범이 되어야 함을 말한 것이다.

위령공 제20장

子曰 "君子는 求諸己요 小人은 求諸人이니라."

공자가 말했다.

"군자는 자신에게서 찾고, 소인은 남에게서 찾는다."

【보】역시 반구저기(反求諸己)를 말하고 있는 것으로 군자와 소인을 대비하여 말했을 뿐 내용이 앞 장인 제18장과 다소 중복된 면이 있다.

위령공 제21장

子曰 "君子는 矜而不爭하고 群而不黨이니라."

공자가 말했다.

"군자는 자긍심을 지니지만 남들과 다투지 않고, 남들과 함께하지만 치우쳐 당을 만들지는 않는다."

【보】『중용』에서 말하는 불편불의(不偏不倚)가 이에 해당된다고 할 수 있다. 군자는 자긍심, 자존심을 갖고 살지만 이를 가지고 남들과 다투지는 않는다. 또한 남들과 함께하지만 어떠한 이익을 위해 도모하는 편당을 만들지는 않는다.

'당(黨)'은 서로 돕자는 데 목적이 있으나 잘못된 점은 숨겨주자는 데 잘못이 있으니 대개 좋지 않은 의미이다. 즉 이해관계로 뭉친 사람들의 모임을 '당'이라고 한다.

위령공 제22장

子曰 "君子는 不以言擧人하며 不以人廢言이니라."

공자가 말했다.

"군자는 말로써 사람을 천거하지 않으며, 사람으로써 말을 버리지 않는다."

【보】아무리 좋은 말이라도 그 말을 한 사람의 인격이 그 말과 같지는 않은 것이다. 또한 아무리 나쁜 사람이라도 그 말이 공명정대하다면 그 말을 버릴 수는 없는 것이다. 따라서 사람과 말에 치우치지 않은 공정함을 강조한 장이다.

위령공 제23장

　子貢이 問曰 "有一言而可以終身行之者乎잇가?" 子曰 "其恕乎인저. 己所不欲을 勿施於人이니라."

　자공이 물었다.
　"한 글자로 종신토록 행할 만한 것이 있습니까?"
　공자가 말했다.
　"그것은 서(恕)일 것이다. 자기가 하고 싶지 않은 것을 남에게 베풀지 않는 것이다."

　【보】 일생을 살면서 가장 간단하고 긴요한 것은 바로 서(恕)에 있음을 말하고 있다. 그리고 그 서란, 바로 자기가 원하지 않는 것을 남에게 베풀지 않는 것이다. 이는 「안연」 제2장에서 중궁(仲弓)에게도 이미 말한 바 있다.
　'언(言)'은 '자(字)' 자와 같으니 예컨대 '오언절구(五言絶句)'라 하면 '다섯 글자로 이뤄진 네 구의 한시'라고 쓴 것과 같다.
　'기(其)～호(乎)'는 강조의 용법으로 쓰였다.

위령공 제24장

　子曰 "吾之於人也에 誰毀誰譽리오. 如有所譽者면 其有所試矣니라. 斯民也는 三代之所以直道而行也니라."

　공자가 말했다.

"내가 모든 사람에 대해서 누구를 훼방하고 누구를 칭찬하겠는가. 만일 칭찬할 바가 있다면 그 시험해 볼 바가 있는 것이다. 오늘날 사람들은 삼대에 정직한 도로써 행해 온 자들이다."

【보】 공자는 남의 단점을 말하며 실체를 들춰낸 적도 없고 지나치게 칭찬하며 실체보다 더한 경우도 없었다. 간혹 칭찬할 점이 있었다면 그를 시험해 볼 만한 점이 있어서 그런 것이다.
'사민(斯民)'은 오늘날 사람들을 말한다.
'삼대(三代)'는 하은주(夏殷周)를 가리킨다.
'직도(直道)'는 선은 선대로, 악은 악대로 하는 것을 말한다.
'삼대에 정직한 도로써 행해 온 자들'이란 말은 삼대의 피가 흐르고 있는 유민이란 말이다.

위령공 제25장

子曰 "吾猶及史之闕文也와 有馬者 借人乘之호니 今亡(무)矣夫인저!"

공자가 말했다.

"나는 오히려 사관들이 글을 빼놓고 기록하지 않음과 말을 소유한 자가 남에게 빌려주어 타게 함을 미쳐 보았는데 오늘날에는 그마저도 없다!"

【보】 변한 세태에 대한 상시지탄(傷時之歎)이다. 역사란 믿을 수 있는 사실을 기록하여 전하는 것이다. 하지만 의문이 나는 것은 그 나름대로 빼 놓아 후대의 사실을 기다려야 한다. 또 말을 소유한 사람은 그렇지 못한 사람에게 빌려주는 것이 옛 풍

속이었는데 오늘날 사라져버린 미풍양속에 대해 안타까움을 드러내고 있다.

위령공 제26장

子曰 "巧言은 亂德이요 小不忍則亂大謀니라."

공자가 말했다.

"교묘한 말은 덕을 어지럽히고 작은 일을 참지 못하면 큰 도모를 어지럽힌다."

【보】 여러 사람의 말을 듣고 일을 도모해야 하지 특정 인물의 교묘한 말을 듣고 실행하면 안 되는 것이다. 또한 작은 일을 참고 큰 일을 도모해야 하지 작은 일에 연연하여 큰 일을 망쳐서는 안 됨을 경계하고 있다.

'소(小)'에 대해서는 의견이 분분연하다. 즉 일부에서는 망설이는 부인의 일로 보기도 하고, 혈기 넘치는 필부의 용맹으로 보기도 하니 참고로 적어 둔다.

위령공 제27장

子曰 "衆惡(오)之라도 必察焉하며 衆好之라도 必察焉이니라."

공자가 말했다.

"여러 사람이 그를 미워하더라도 반드시 살펴보며, 여러 사람이 그를 좋아하더라도 반드시 살펴보아야 한다."

【보】 좋아하고 미워하는 감정은 그 실상을 살펴야하지 주변 사람들의 반응만을 살펴서는 안 된다는 말이다.

위령공 제28장

子曰 "人能弘道요 非道 弘人이니라."

공자가 말했다.

"사람이 도를 넓히는 것이지, 도가 사람을 넓히는 것은 아니다."

【보】 도를 넓히는 주체는 사람인 것이다. 따라서 도가 사람을 넓힐 수는 없는 것이다. 사람이 마음으로 도를 키워 나가야 함을 말하고 있다.

위령공 제29장

子曰 "過而不改 是謂過矣니라."

공자가 말했다.

"잘못이 있어도 고치지 않는 것을 이것을 잘못이라고 한다."

【보】 이는 잘못을 고치지 않음이 더 큰 잘못임을 말하고 있다.

위령공 제30장

子曰 "吾 嘗終日不食하며 終夜不寢하여 以思호니 無益이라 不如學也로다."

공자가 말했다.

"내가 일찍이 종일토록 밥을 먹지 않으며 밤새도록 잠을 자지 않고서 생각해 봤는데 유익함이 없으니 배우는 것만 같지 못하다."

【보】 탐색만 하고 배우지 않는 것에 대한 경계의 말이다.

위령공 제31장

子曰 "君子는 謀道요 不謀食하나니 耕也에 餒在其中矣요 學也에 祿在其中矣니 君子는 憂道요 不憂貧이니라."

공자가 말했다.

"군자는 도를 도모하고 먹는 일을 도모하지 않는다. 밭을 가는 일에 굶주림이 그 가운데에 있고, 학문을 익히는 일에 녹이 그 가운데 있으니, 군자는 도를 걱정하고 가난함을 걱정하지 않는다."

【보】 모도(謀道)와 모식(謀食)의 차이를 알면 이해가 쉽다. 즉 모도란 도를 일삼아 그것을 실천하는 것이며, 모식이란 먹고 사는 일을 뜻한다. 도를 추구하는 것에는 생각지 못한 일이 있을 수 없는 반면, 먹고 사는 일에는 생각하지 못한 일이 있을 수 있으니 예를 들면 흉년과 같은 것이다. 도를 실천하다 보면 먹고 사는 일은 자연히 그 안에 있어 해결될 것이니, 군자는 먹고 사는 문제보다 도에 힘써야 하는 것이다.

'모(謀)'는 일삼아 실천함을 뜻한다.

위령공 제32장

子曰 "知及之오도 仁不能守之면 雖得之나 必失之니라. 知及之하며 仁能守之오도 不莊以涖之則民不敬이니라. 知及之하며 仁能守之하며 莊以涖之오도 動之不以禮면 未善也니라."

공자가 말했다.

"지혜가 자신에게 이르더라도 인이 능히 그것을 지켜내지 못하면 비록 얻었다 할지라도 반드시 잃게 될 것이다. 지혜가 이르고 인이 능히 그것을 지켜내더라도 장엄함으로써 백성에게 임하지 않으면 백성은 공경하지 않는다. 지혜가 이르고 인이 능히 지켜내며 장엄함으로써 백성에게 임하더라도 백성을 부릴 때 예로써 하지 않는다면 선하지 못하다."

【보】 이른바 '밝은 덕을 밝히고[明明德] 백성을 새롭게 하는 것[新民], 자신을 수양하여[修己] 남을 다스리는 것[治人]'에 대해 말하고 있다. 정치에서의 정(政) 자는 바로 자신을 바르게 하

여[正己] 남을 바르게 하는 것[正人]을 말하니 자신이 먼저 바르게 하여 지식을 쌓고 인으로 지키며 장엄함과 예로써 백성을 다스린다면 선으로 나아갈 것이다.

앞 문장의 '知及之 仁不能守之'에서의 '지(之)' 자는 자신[己]을 가리키고, '雖得之 必失之'에서의 '지' 자는 지혜[知]를 가리킨다.

뒤 문장 '知及之 仁能守之'에서의 '지' 자는 남[人]을 가리키고, '不莊以涖之'에서의 '지' 자는 백성[民]을 가리킨다.

'지(知)'는 이치를 깨닫는 것을 말한다.

'인(仁)'은 실천의 행동을 뜻한다.

'동(動)'은 백성의 흥동을 뜻하니 '부리다[使]'라는 뜻이다.

위령공 제33장

子曰 "君子는 不可小知而可大受也요 小人은 不可大受而可小知也니라."

공자가 말했다.

"군자는 작은 일에 대해 알 수는 없지만 큰 가르침은 받을 만하고, 소인은 큰 일에 대해서 받을 수는 없지만 작은 일을 맡겨 시킬 수는 있는 것이다."

【보】 사람을 관찰하는 방법[觀人之法]에 대해 밝힌 장이다. 즉 사람을 살펴 그에 맞게 장점을 쓰는 것이니, 예컨대 공자 같은 사람에게는 학식과 도덕을 배워야 하지 농사를 묻고 배울 수는 없는 것이다. 또한 목수 같은 사람은 목재를 다루는 등의 작은 재주가 있으니 그에 맞는 일을 시킬 수 있는 것이다.

위령공 제34장

子曰 "民之於仁也에 甚於水火하니 水火는 吾 見蹈而死者矣어니와
未見蹈仁而死者也케라."

공자가 말했다.

"사람이 인에 대하여 물과 불보다 심하게 간절해야 하니, 물과 불
은 밟다가 죽는 자를 나는 보았지만 인을 밟다가 죽은 자를 보지 못
했다."

> 【보】인을 실천하지 않으려는 자에 대한 비판이자 경계이다.
> '민(民)'은 '인(人)'과 통하는 글자이다.
> '물과 불[水火]'은 인간에게 있어서 하루도 없어서는 안 되는
> 것이다. 따라서 이처럼 인을 하루라도 떠나지 않도록 간절하게
> 구하여 실천해야 한다는 말이다.

위령공 제35장

子曰 "當仁하야는 不讓於師니라."

공자가 말했다.

"인을 할 때에는 스승에게도 양보하지 않는다."

> 【보】인을 안다면 미적거려서는 결코 안 됨을 말한다. 앞 장과
> 이어 보면 좋다.

위령공 제36장

子曰 "君子는 貞而不諒이니라."

공자가 말했다.

"군자는 올곧되 작은 신의를 지키지 않는다."

【보】 군자는 의(義)에 대해서 사리로 판단하여 때에 맞게 한다는 말이다.

'정(貞)'은 올바른 일에 대해 신의를 지키는 것을 말한다. 그러나 여기에는 대의(大義)를 전제로 한다.

'양(諒)'은 시비를 따지지 않고 끝까지 고집하는 것으로, 반드시 그렇게 해야만 한다고 믿는 것이다. 이는 대의를 전제로 하지 않은 고집일 뿐이다.

위령공 제37장

子曰 "事君호되 敬其事而後其食이니라."

공자가 말했다.

"임금을 섬기되 그 일을 공경히 하고 그 녹은 뒤에 해야 한다."

【보】 신하의 본분이 어디에 있는지 말하는 것으로, 공자가 강조한 정명사상이 이에 해당된다고 할 수 있다. 임금을 섬길 때 자신이 해야 할 일에 대해서는 조심하고 경계하며 신중하고 민첩하게 할 뿐 그 대가인 녹에 대해서는 마음에 두지 않아야 함

을 말한다.

'식(食)'은 녹(祿)의 뜻이다.

위령공 제38장

子曰 "有教면 無類니라."

공자가 말했다.

"가르침을 둔다면 무리대로 해서는 안 된다."

【보】스승에 관한 일로 가르침에는 차별을 두어서는 결코 안
됨을 말하고 있다. 예를 들면 공자의 경우 오랑캐도 가르쳤고
버릇없는 어린 아이도 곁에 두고 가르쳤다. 또 부처의 경우 백
정에게도 불법을 가르쳤다. 예수의 경우 창녀에게도 설교를 했
으니 성인에게는 가르침에 차별이 없는 것이다.

위령공 제39장

子曰 "道不同이면 不相爲謀니라."

공자가 말했다.

"도가 같지 않으면 서로 도모하지 말아야 한다."

【보】가는 길이 다르면 서로 같이 갈 수 없음을 말하고 있다.
'부동(不同)'은 예컨대 선(善)과 악(惡)을 들 수 있다.

위령공 제40장

子曰 "辭는 達而已矣니라."

공자가 말했다.
"말은 뜻이 통하면 그만이다."

【보】이는 공자가 앞서 "교언영색(巧言令色)"에 대해 경계한 것처럼 글에 있어서 또한 교언과 조탁(彫琢)을 경계하고자 한 말이다. 즉 말이라는 것은 자신의 의견을 막힘없이 통하게만 하면 되지 굳이 미사여구로 남들의 이목을 끌거나 화려함을 취해서는 안 됨을 말한 것이다.

위령공 제41장

師冕이 見⑴할새 及階어늘 子曰 '階也라.'하시고 及席이어늘 子曰 '席也라.'하시고 皆坐어늘 子告之曰 '某在斯 某在斯라.'하시다. 師冕이 出커늘 子張이 問曰 "與師言之道與잇가?" 子曰 "然하다. 固相師之道也니라."

악사인 면이 공자를 뵈러 와 섬돌에 이르자 공자가 '섬돌입니다' 말하고, 자리에 이르자 공자가 '자리입니다' 말하고, 모두 자리에 앉자 공자가 '아무개는 여기에 있고 아무개는 여기에 있습니다.'라고 말했다. 악사 면이 나가자 자장이 물었다.

"악사와 더불어 말하는 도입니까?"

공자가 말했다.

"그렇다. 진실로 악사를 도와주는 방법이다."

【보】 악사인 면은 앞을 볼 수 없는 약자이다. 약자를 어떻게 돕는지, 불구자에게는 어떠한 마음으로 대해야 하는지 보여주는 장이다. 즉 악사는 대개 앞을 볼 수 없으니 청각이 발달한 자들이다. 따라서 음악에 대해서는 양보하여 그들이 삶을 영위할 수 있도록 도와야 한다. 또한 그들을 대할 때에는 가식이 아닌 진심으로 대해야 한다.

『맹자』「양혜왕 하」 제5장의 환과고독(鰥寡孤獨)에 대한 구절 또한 약자들을 위한 복지정책에 대해 말하고 있으니 이 장과 같이 보면 좋다.

16

계씨(季氏)

【보】 이 편은 제나라의 『논어(論語)』라는 설이 있다. 즉 『논어』
는 대개 단구로 되어 있는데 「계씨」 제1장은 『논어』 전편에 걸
쳐 매우 긴 글 가운데 하나로서 체제를 달리 한 것이다. 또한
제자와의 대화에서도 "공자왈(孔子曰)"이라는 표현을 사용하고
있는데 이는 전편(前篇)들과는 다른 표현이다. 또 조목별 나열
이 눈에 띄게 보인다. 삼우(三友), 삼요(三樂), 삼계(三戒), 삼외
(三畏), 구사(九思) 등이 그것이다. 모두 14장이다.

계씨 제1장

季氏 將伐顓臾러니 冉有季路 見(현)於孔子曰 "季氏 將有事於顓臾로
소이다." 孔子曰 "求아 無乃爾是過與아? 夫顓臾는 昔者에 先王이 以
爲東蒙主하시고 且在邦域之中矣라 是社稷之臣也니 何以伐爲리오."
冉有曰 "夫子 欲之언정 吾二臣者는 皆不欲也로이다." 孔子曰 "求아

周任이 有言曰 '陳力就列하여 不能者止라.'하니 危而不持하며 顚而不扶면 則將焉用彼相矣리오. 且爾言이 過矣로다. 虎兕 出於柙하며 龜玉이 毁於櫝中이 是誰之過與오?" 冉有曰 "今夫顓臾固而近於費하니 今不取면 後世에 必爲子孫憂하리이다." 孔子曰 "求아 君子는 疾夫舍曰欲之요 而必爲之辭니라. 丘也는 聞 '有國有家者는 不患寡而患不均하며 不患貧而患不安이라.'호니 蓋均이면 無貧이요 和면 無寡요 安이면無傾이니라. 夫如是故로 遠人이 不服則修文德以來之하고 旣來之則安之니라. 今由與求也는 相夫子호되 遠人이 不服而不能來也하며 邦分崩離析而不能守也하고 而謀動干戈於邦內하니 吾 恐季孫之憂 不在顓臾而在蕭墻之內也하노라."

계씨가 장차 전유를 정벌하려고 했는데, 염유와 계로가 공자를 뵙고 말했다.

"계씨가 전유에서 일을 벌이려고 합니다."

공자가 말했다.

"염구야, 너의 잘못이 아니냐? 전유는 옛날 선왕께서 동몽산의 제주로 삼으셨고 또한 우리나라 안에 위치하고 있으니 이는 사직의 신하이다. 어찌 정벌할 수 있겠는가?"

염유가 말했다.

"계손씨가 전유를 정벌 하려는 것이지 저희 두 신하는 모두 원하지 않습니다."

공자가 말했다.

"염구야, 주임은 '능력을 펼쳐 대열에 나아가 능할 수 없으면 그만두라.'고 했으니, 위태로운 데에도 붙잡지 못하며 넘어지는데도 붙들지 못한다면 장차 저 신하를 어디에 쓰겠는가? 또 네 말이 잘못되었다. 호랑이와 들소가 우리에서 뛰쳐나오며 거북 등 껍질과 옥이 궤 속에서 망가졌다면 이는 누구의 잘못인가?"

"지금 저 전유는 견고하고 비 땅에 가까우니 지금 취하지 않으면 후세에 반드시 자손의 우환이 될 것입니다."

"염구야, 군자는 하고자 한다고 말하지 않고 굳이 변명하는 것을 미워한다. 내가 들으니 '국을 소유하고 가를 소유한 자는 백성이 적음을 근심하지 않고 균등하지 못함을 근심하며, 가난함을 근심하지 않고 편안하지 못함을 근심한다.'고 했다. 균등하면 가난이 없고 화목하면 백성 수가 적음이 없고 편안하면 기울어짐이 없다. 이와 같으므로 면 지방 사람이 복종하지 않으면 문덕을 닦아 그들을 오게 만들고 이미 오게 했다면 그들을 편안하게 해야 한다. 지금 중유와 염구는 계씨를 돕지만, 먼 지방 사람이 복종하지 않는데도 능히 오게 하지 못하고 나라가 분열되고 무너지는데도 능히 지키지 못하는데 나라 안에서 창과 방패를 쓸 것을 꾀하니, 나는 계손씨의 근심이 전유에 있지 않고 울타리 안에 있을까 두렵다."

【보】 춘추시대 노나라 대부 계손씨는 노나라 안의 전유 땅을 정벌하여 토지와 군사와 백성을 늘리려고 했다. 당시 중유와 염구가 계손씨의 가신으로 있었는데 이를 돕거나 혹 방치하려 했기에, 공자가 이에 대한 잘못을 지적하고 있는 장이다. 이 내용은 역사 기록에 없는 것으로 보아 아마도 공자가 대의로 이를 저지한 것으로 보는 설을 따른다.

'전유(顓臾)'는 노나라의 부용국(附庸國)이다.

'동몽(東蒙)'은 산의 이름으로 노나라 땅 안에 있다. 선왕이 전유를 이 산 아래에 봉하여 그 제사를 주관하게 했다.

'부자(夫子)'는 '계손(季孫)'을 가리킨다.

'주임(周任)'은 옛날 사관(史官)이다.

'시(兕)'는 들소, '합(柙)'은 우리, '독(櫝)'은 궤이다.

'과(寡)'는 백성의 수효가 적음을 말하고, '빈(貧)'은 재물이 모자람을 말한다.

'소장(蕭墻)'은 대개 '울타리'를 가리키는데 '병풍'으로 보는 설도 있다. 그 의미는 '참으로 가까운 것'이라는 뜻으로 노나라의 내변을 의미한다.

계씨 제2장

孔子曰 "天下 有道則禮樂征伐이 自天子出하고 天下 無道則禮樂征伐이 自諸侯出하나니 自諸侯出이면 蓋十世에 希不失矣요 自大夫出이면 五世에 希不失矣요 陪臣이 執國命이면 三世에 希不失矣니라. 天下 有道면 則政不在大夫하고 天下 有道면 則庶人이 不議하나니라."

공자가 말했다.

"천하에 도가 있으면 예악과 정벌이 천자로부터 나오고, 천하에 도가 없으면 예악과 정벌이 제후로부터 나온다. 제후로부터 나오면 십세에 국명을 잃지 않는 자가 드물고, 대부로부터 나오면 오세에 잃지 않는 자가 드물며, 배신이 국명을 잡으면 삼세에 잃지 않는 자가 드물다. 천하에 도가 있으면 정사가 대부에 있지 않고, 천하에 도가 있으면 서인들이 정치에 대해 논하지 않는다."

【보】이른바 '정명사상(正名思想)'에 대해 말하고 있다. 즉 국가의 기강과 질서가 무너져 천자와 제후와 대부가 그 역할을 수행하지 못하면 그 망하는 속도는 매우 빠르게 진행된다는 말이다.

'도(道)'는 도리, 진리, 이치, 질서 등의 뜻으로 쓰였다.

'예악정벌(禮樂征伐)'은 천자의 권한이다. 그러나 이것이 아랫사람으로 전이된다면 그 천하는 유지될 수 없는 것이다.

'희(稀)' 자를 쓴 것은 확정할 수 없기에 쓴 것으로 앞서 '선(鮮)' 자를 쓴 것과 일맥상통한다.

'서민들이 정치에 대해 논하지 않는다'는 말은 소위 「격양가(擊壤歌)」처럼 임금이 하는 일이 나오는 전혀 무관할 정도로 각자 자신이 맡은 위치에서 자신의 일을 행할 뿐이라는 말이다.

계씨 제3장

孔子曰 "祿之去公室이 五世矣요 政逮於大夫가 四世矣라 故로 夫三桓之子孫이 微矣니라."

공자가 말했다.

"녹이 공실에서 떠난 지 오세이고, 정사가 대부에게 미친 지 사세가 되었다. 그러므로 저 삼환의 자손이 미약해질 때가 되었다."

【보】앞 장이 노나라에 국한되지 않고 중국 전체를 언급했다면, 이 장에서는 노나라에 한정하여 그 무도함에 대해 탄식하고 있다.

'오세(五世)'란 노나라 문공(文公)이 죽자, 공자수(公子遂)가 자적(子赤)을 살해하고 선공(宣公)을 세우면서 임금이 실권하게 되었는데, 이때로부터 성공(成公), 양공(襄公), 소공(昭公), 정공(定

公)을 말한다.

'사세(四世)'는 계무자(季武子)가 국정을 잡은 뒤로부터 도자(悼子), 평자(平子), 환자(桓子)를 말한다.

'삼환(三桓)'은 삼가(三家-계손, 숙손, 맹손)인데 모두 환공(桓公)의 후손이다.

계씨 제4장

孔子曰 "益者 三友요 損者 三友니 友直하며 友諒하며 友多聞이면 益矣요 友便(편)辟하며 友善柔하며 友便佞이면 損矣니라."

공자가 말했다.

"유익한 자 세 가지 벗과 손해가 되는 자 세 가지 벗이 있다. 벗이 곧고 벗이 성실하며 벗이 문견이 많으면 유익하고, 벗이 편벽됨을 잘하고 벗이 유순하기를 잘하며 벗이 말을 잘하면 손해가 된다."

【보】 이른바 '익자삼우(益者三友)', '손자삼우(損者三友)'에 대한 말로, 벗을 어떻게 사귀어야 하는지를 보여주고 있다. 즉 벗이 곧으면 자신의 잘못을 들을 수 있고, 벗이 성실하면 자신도 성실하게 될 수 있으며, 벗이 아는 것이 많으면 나 또한 지혜가 밝은 곳에 나아갈 수 있을 것이다. 반면 벗이 외모에만 치중한다면 나 또한 곧음이 무엇인지 알 수 없고, 벗이 아첨하여 기쁘게 하는 데만 잘한다면 나 또한 성실하지 못할 것이며, 벗이 아는 것이 없어 말 잘하는 데에만 능할 것이니 익자와 손자는 서로 정반대의 모습이다.

'편(便)'은 '잘하다[善]'의 뜻이다.

계씨 제5장

孔子曰 "益者 三樂_(요)요 損者 三樂니 樂節禮樂_(악)하며 樂道人之善하며 樂多賢友면 益矣요 樂驕樂_(락)하며 樂佚遊하며 樂宴樂이면 損矣니라."

공자가 말했다.

"유익한 것에는 세 가지 좋아함이 있고, 손해되는 것에는 세 가지 좋아함이 있다. 예악을 절제하기 좋아하고 남의 좋은 점을 말하기를 좋아하며 어진 벗이 많음을 좋아하면 유익하고, 교만함과 방종함을 좋아하고 나태하게 노는 것을 좋아하며 어진 사람 없이 향락에 빠짐을 좋아하면 손해이다."

【보】무엇을 좋아해야 하는지 말하고 있으니, 앞 장과 마찬가지로 유익한 것과 손해 보는 것이 서로 상반된 개념으로 쓰이고 있다. 즉 예악으로 자신을 절제하고 남의 선을 말하며 어진 벗을 많이 사귀는 것을 좋아해야 하며, 반대로 사치와 무절제를 일삼고 남의 말을 듣지 않으며 어진 친구 없이 혼자만의 쾌락을 즐긴다면 손해가 이를 것이라는 말이다.

'절(節)'은 예의 제도와 악의 절도를 분변함을 말한다.

계씨 제6장

孔子曰 "侍於君子에 有三愆하니 言未及之而言을 謂之躁요 言及之而不言을 謂之隱이요 未見顔色而言을 謂之瞽니라."

공자가 말했다.

"군자를 모실 때 세 가지 잘못이 있다. 말씀을 다하지 않았는데 말하는 것을 '조급'이라 하고, 말씀을 마쳤는데 말하지 않는 것을 '숨김'이라 하며, 얼굴을 보지 않고 말하는 것을 '봉사'라고 한다."

【보】 어른을 모시고 있을 때 어떻게 말해야 하는지에 대해 말하고 있다. 즉 말씀이 끝나지 않았는데 말하는 것, 말씀이 끝났는데 말하지 않는 것, 얼굴을 보지 않고 말하는 것 모두 예에 어긋나는 것들이다. 따라서 때에 맞게 말씀을 모두 경청한 후 말할 것, 말씀이 끝나면 그에 대한 말씀을 올릴 것, 반드시 얼굴을 보면서 말할 것에 대해 말하고 있다.

계씨 제7장

孔子曰 "君子 有三戒하니 少之時에는 血氣 未定이라 戒之在色이요 及其壯也하야 血氣 方剛이라 戒之在鬪요 及其老也하야 血氣 旣衰라 戒之在得이니라."

공자가 말했다.

"군자에게는 세 가지 경계가 있다. 젊을 때 혈기가 정해지지 않았으므로 경계는 여인을 탐하는 데 있고, 장성했을 때 혈기가 바야흐로 강하기에 경계는 싸우는 데 있고, 늙어서는 혈기가 쇠하므로 경계는 얻는 데 있다."

【보】 이른바 '삼계(三戒)'에 대한 설명이다.

'혈기(血氣)'는 '형체(形體)'와 같은 말로 형체의 부림을 당하지 않으려는 의지가 바로 경계[戒]인 것이다.

계씨 제8장

孔子曰 "君子 有三畏하니 畏天命하며 畏大人하며 畏聖人之言이니라. 小人은 不知天命而不畏也라 狎大人하며 侮聖人之言이니라."

공자가 말했다.

"군자에게는 세 가지 두려움이 있다. 천명을 두려워하고 대인을 두려워하며 성인의 말씀을 두려워한다. 소인은 천명을 알지 못하여 두려워하지 않기에 대인을 함부로 대하며 성인의 말씀을 업신여긴다."

【보】 이른바 '삼외(三畏)'에 대한 글이다. 모든 도의 실천은 바로 앎[知]으로부터 시작되고 있음을 밝히고 있다. 이를 군자와 소인으로 대비하여 그 실천 양상을 보여주고 있다. 즉 군자는 진리에 대해 탐구하고 이를 구현하려 노력하며 형상화하여 세상에 알리려 하기에 두렵고 두려워한다. 그러나 소인의 경우 진리 자체를 알지 못하기 때문에 두려움이 전혀 없어 하지 못할 바가 늘 있는 것이다.

'외(畏)'는 '경(敬)'의 의미이다.

'천명(天命)'은 진리의 본체이고, '대인(大人)'은 그 진리의 본체를 구현하는 사람을 지칭하며, '성인지언(聖人之言)'은 바로 진리를 뜻하니, 이 세 가지 것은 모두 하나이며 표현민 달리한 것이다.

'압(狎)'이 여기에서는 함부로 대하다는 뜻으로 쓰였다.

계씨 제9장

　孔子曰 "生而知之者는 上也요 學而知之者는 次也요 困而學之는 又
其次也니 困而不學이면 民斯爲下矣니라."

　공자가 말했다.

　"태어나면서부터 도를 아는 자는 상등에 속하고, 배워서 아는 자는
다음이며, 곤욕을 치르면서 배우는 자가 또 그 다음이니, 곤욕을 치르
면서도 배우지 않으면 백성으로서 하등이 된다."

　【보】공자가 인간을 삼등과 하등으로 구별한 장이다. 즉 태어
나면서부터 어떻게 삶을 살아가야 하는지, 도를 어떻게 실천해
야 하는지를 아는 자는 가장 높은 등급에 속하고, 다음으로는
자기주도적으로 배워 익히는 사람이며, 마지막으로는 남들에
의해 배우는 사람이다. 문제는 다른 사람에 의해서도 배우려 하
지 않는 사람이 있으니 가장 낮은 등급의 사람이 되는 것이다.
　주의할 것은 생지(生知)가 태어나면서부터 도를 아는 바도 있
지만 여기에는 반드시 노력이 더해지고 있다는 것이다.
　참고로 『중용』 제20장에는 "或生而知之, 或學而知之, 或困而
知之, 及其知之, 一也."라고 했다.

계씨 제10장

　孔子曰 "君子有九思하니 視思明하며 聽思聰하며 色思溫하며 貌思恭
하며 言思忠하며 事思敬하며 疑思問하며 忿思難하며 見得思義니라."

공자가 말했다.

"군자는 아홉 가지 생각함이 있다. 바라볼 때 밝음을 생각하고, 들을 때 귀밝음을 생각하며, 얼굴빛은 온화함을 생각하고, 온 몸은 공손함을 생각하며, 말은 충실함을 생각하고, 일은 공경함을 생각하며, 의심스러움은 물음을 생각하며, 분함은 어려움을 생각하며, 얻는 것을 보면 의를 생각한다."

【보】 이른바 '구사(九思)'에 대한 설명이다. 여기에서의 '사(思)' 자는 조심을 말하니 경(敬)과 뜻이 같다. 아홉 가지를 조심하고 삼가는 것은 곧 자신의 마음을 잃지 않고자 하는 경계인 것이다. 구사의 처음이 보는 것[視]으로부터 시작하는 것은 인간의 삿된 욕심이 보는 것으로부터 발생하기 때문이다. 따라서 보고 듣는 것 [視聽]은 사물 접촉의 시작이기에 이로부터 경계하는 것이다. '모(貌)'는 온 몸 즉 전신을 가리킨다.

계씨 제11장

孔子曰 "見善如不及하며 見不善如探湯을 吾見其人矣요 吾聞其語矣로라. 隱居以求其志하며 行義以達其道를 吾聞其語矣요 未見其人也로라."

공자가 말했다.

"선한 사람을 보고 마치 따라가지 못할 듯하며, 불선한 짓을 보면 마치 끓는 물에 손을 빼는 것처럼 하는 자를 나는 그러한 사람을 보았고 그러한 말을 들었다. 은거하며 그 뜻을 구하고 의를 행하며 그 도를 행하는 것을 나는 그러한 말만 들었지 그러한 사람은 보지 못했다."

【보】 여러 제자들을 언급하며 전도할 제자가 없다는 상시지탄
(傷時之歎)이다. 즉 선한 사람을 본받아 급급하게 따르며 불선
한 짓은 결코 하지 않으리라는 마음가짐으로 벗어난 제자는 있
었다. 하지만 은거할 만하면 은거하고 벼슬할 만하면 벼슬하는
중용을 실천하는 제자가 당대 뿐 아니라 공자의 문하에 있지
않음을 탄식한 것이다. 예를 들어 염유는 선인을 본받고 불선한
짓을 하지 않았지만 계씨를 도와 부를 증식시켰으니, 벼슬할 만
하지 않은데도 벼슬을 했던 과오를 범했던 것이다. 안연의 경우
은거할 만할 때 은거를 했으니 시중(時中)을 실천한 인물인데
공자는 이러한 제자가 없음을 안타까워 한 것이다.

'선(善)'은 선인(善人)을 말한다.

'탐탕(探湯)'은 뜨거운 물에 손을 넣으면 뜨거워 바로 빼는 것
처럼 악에서 빨리 벗어나는 것을 말한다.

계씨 제12장

**齊景公이 有馬千駟호되 死之日에 民無德而稱焉이요 伯夷叔齊는
餓于首陽之下호되 民到于今稱之하나니라 其斯之謂與인저.**

제경공이 사천 마리의 말을 소유했지만 죽는 날에 사람들은 덕을
칭송함이 없었다. 백이와 숙제는 수양산 아래에서 굶주려 죽었지만
사람들이 오늘날에 이르기까지 칭송하고 있다. 그 이를 말한 것이다.

【보】 인물에 대한 사후 평가는 그 가치개념을 달리 하는 것이
다. 살아 있을 때 제아무리 부를 소유한 사람이라 하더라도 인
덕을 갖추지 못하면 인덕을 갖춘 사람만 못하다.

'사(駟)'는 네 필의 말을 가리키는 것으로 수레를 끌 때 필요한 말의 수이다. '천사(千駟)'라고 했으니 매우 많은 부를 상징한다.

'수양(首陽)'은 산명이다. 여기에서 고사리를 캐다 죽은 고사가 전해지기 때문에 매우 곤궁한 삶을 의미한다.

원문 '其斯之謂與' 앞에 백이와 숙제를 칭송하는 시(詩)를 생략한 형태로 보는 견해가 있으니 참고로 적어 둔다.

또 혹자는 「안연」 제10장의 연문(衍文) '誠不以富, 亦祇以異.(진실로 부로써 하면 안 되니 또한 다만 이상함만 취할 뿐이다.)'가 바로 이 장의 위에 있어야 한다고 주장하는데 문맥상 살펴보면 맞는 듯하다.

계씨 제13장

陳亢이 問於伯魚曰 "子 亦有異聞乎아?" 對曰 "未也로라. 嘗獨立이어시늘 鯉 趨而過庭이라니 曰 '學詩乎아?' 對曰 '未也로이다.', '不學詩면 無以言이라.'하여시늘 鯉 退而學詩호라. 他日에 又獨立이어시늘 鯉 趨而過庭이라니 曰 '學禮乎아?' 對曰 '未也로이다.', '不學禮면 無以立이라.'하여시늘 鯉 退而學禮호라. 聞斯二者로라." 陳亢이 退而喜曰 "問一得三호니 聞詩聞禮하고 又聞君子之遠其子也호라."

진항이 백어에게 물었다.

"당신은 또한 부친에게 특별한 가르침을 받은 적이 있습니까?"

백어가 대답했다.

"없습니다. 부친께서 일찍이 홀로 서 계실 때 내가 빠른 걸음으로 뜰을 지나는데

'시를 배웠느냐?'

'아직 배우지 못했습니다.'

'시를 배우지 않으면 말을 할 수 없다.'

하시기에 내가 물러 나와 시를 배웠습니다. 다른 날에 또 부친께서 홀로 서 계실 때 내가 빠른 걸음으로 뜰을 지나는데

'예를 배웠느냐?'

'아직 배우지 못했습니다.'

'예를 배우지 않으면 설 수 없다.'

하시기에 내가 물러 나와 예를 배웠습니다. 이러한 두 가지를 들었습니다."

진항이 물러 나와 기뻐하면서 말했다.

"하나를 물어 셋을 들었구나. 시를 듣고 예를 들었으며 또 군자는 그 자식을 멀리하는 것을 들었다."

【보】『시』와 『예』의 중요성에 관한 것과 성인이 자식을 대할 때 어떻게 처신하는가에 대해 말하고 있다. 즉 시를 배우면 사리에 밝아지고 또한 마음이 편안해지기 때문에 말을 잘하게 될 수 있으며, 예를 배우면 행동할 때의 절제가 생기게 되는 것이다. 이른바 "興於詩 立於禮"가 모두 이에 해당된다. 한편 진항은 스승인 공자가 자신의 아들에게만 남다른 가르침이 있을 것으로 생각했는데, 여느 문인과 다름이 없음을 확인하고서 하나의 질문에 세 가지의 답을 얻었다고 말한 것이다.

'이문(異聞)'은 사적인 가르침을 뜻한다.

'추(趨)'는 부친이 사색함에 방해를 주지 않도록 빨리 걷는 것을 말한다. 여기에서 '추정(趨庭)'이란 말이 유래되었으니 '자녀의 교육'을 뜻하는 말로 쓰인다.

'립(立)'은 행동을 어떻게 해야 되는지에 대한 정립을 가리킨다.

'원(遠)'은 공자의 사사롭지 않은, 공명정대한 가르침을 의미한다.

계씨 제14장

　邦君之妻를 君이 稱之曰 '夫人'이요 夫人이 自稱曰 '小童'이요 邦人이 稱之曰 '君夫人'이요 稱諸異邦曰 '寡小君'이요 異邦人이 稱之에 亦曰 '君夫人'이니라.

　나라 임금의 아내를 그 임금은 '부인'이라 부르고, 부인은 스스로 '소동'이라 말하며, 나라 사람들은 '군부인'이라 부르고, 다른 나라 사람에게 '과소군'이라 말하며, 다른 나라 사람들이 '군부인'이라 부른다.

　【보】 나라 임금의 역할이 결코 가볍지 않음을 호칭을 통해 입증하고 있다.

17
양화(陽貨)

【보】「학이」의 "子曰 巧言令色 鮮矣仁."이 거듭 나왔다. 이를
제외하면 모두 25장이다.

양화 제1장

　陽貨 欲見孔子어늘 孔子 不見하신대 歸孔子豚이어늘 孔子 時其亡
(무)**也而往拜之러시니 遇諸塗하시다. 謂孔子曰 "來하라. 予 與爾言호리**
라." 曰 "懷其寶而迷其邦이 可謂仁乎아?" 曰 "不可하다.", "好從事而亟
(기)**失時 可謂知乎아?" 曰 "不可하다.", "日月이 逝矣라 歲 不我與니라."**
孔子曰 "諾다. 吾 將仕矣로리라."

　양화가 공자를 만나려고 했으나 공자가 만나주지 않자 그가 없는
틈을 타 공자에게 삶은 돼지를 선물로 보내주었다. 공자 또한 양화가
없는 틈을 타 가서 절하고 오는데 길에서 마주쳤다. 양화가 공자에게

말했다.

"이리 오시오. 내가 당신과 더불어 할 말이 있습니다."

또 말했다.

"그 보배를 가슴에 품었지만 그 나라를 어지럽게 한다면 어질다고 말할 수 있습니까?"

공자가 말했다.

"할 수 없습니다."

"일을 따르기 좋아하면서 자주 때를 놓친다면 지혜롭다고 할 수 있겠습니까?"

"할 수 없습니다."

"해와 달이 흘러가니 세월은 나를 위하여 기다려 주지 않습니다."

"알겠습니다. 나는 장차 벼슬할 것입니다."

【보】소인배를 대하는 군자의 처신에 대해 말하고 있다. 예에 대부(大夫)가 사(士)에게 선물을 하면, 사는 자기 집에서 직접 받지 못하였을 경우 대부의 집에 찾아가 사례하여야 한다. 따라서 양화는 이를 이용하여 공자가 없는 틈을 타 삶은 돼지를 선물하여 공자로 하여금 사례하러 오게 한 뒤 공자를 만나 자신의 위상을 세상 사람들에게 알리고자 했던 것이다. 그러나 이를 간파한 공자 또한 양화가 없는 틈을 타 집에 가서 절을 했던 것인데 우연히 길에서 만난 것이다. 말미의 공자의 말은 당시 상황에 따라 부득이 했던 말이지 곧장 양호 밑에 가서 벼슬을 하겠다는 말은 아니니 군자의 처신이 이와 같다. 즉 아무리 소인배라 하더라도 지위가 높으면 예에 맞게 해야 하며, 부득이한 상황이라면 이를 현명하게 대처해야 함을 밝히고 있는 것이다.

'양화(陽貨)'는 계씨의 가신으로, 이름은 호(虎)이다. 일찍이 계환자(季桓子)를 가두고 정권을 농단한 자이다.

'견(見)'은 '찾아오도록 만들다'라는 뜻으로 쓰였다.

'공자불견(孔子不見)'은 대의에 의한 처신이다.

'귀(歸)'는 '되돌려 보내다'라는 말이다.

'돈(豚)'은 삶은 돼지를 가리킨다.

'시(時)'는 여기서 '때를 엿보다'라는 동사로 쓰였다.

'보(寶)'는 공자의 도덕을 비유로 쓴 것이다.

'불가(不可)'는 이치에 따른 대답일 뿐이다.

'종사(從事)'는 '행도(行道)'의 의미이다.

'기(亟)'는 '자주[數]'의 뜻으로 쓰였다.

'오장사의(吾將仕矣)'는 언젠가 도를 펼치기 위해 벼슬을 한다는 말이지, 양화를 위해 그 밑에 들어가 벼슬을 한다는 말이 아니다.

양화 제2장

子曰 "性相近也나 習相遠也니라."

공자가 말했다.

"기질성은 서로 비슷하지만 학습으로 인해 서로 멀어진다."

【보】사람의 성품은 선하지 않음이 없으니 이는 『맹자』가 말한 본연성을 뜻한다. 하지만 여기에서의 성(性)이란 사람마다 다른 기질의 성품을 언급한 것으로 후천적으로 어떻게 길러지느냐에 따라 그 차이는 심해짐을 말한다.

양화 세3상

子曰 "唯上知與下愚는 不移니라."

공자가 말했다.

"오직 지극히 지혜로운 자와 어리석은 자는 변화시킬 수 없다."

【보】 교육적으로 보면 다소 위험할 수 있는 말이지만, 이 또한 앞 장과 마찬가지로 기질성으로 본 것이지 본연성으로 본 것은 아님에 유의해야 한다. 즉 사람마다 기질이 다르기 때문에 성인은 학습을 통해 더욱 성인이 되며, 어리석은 자는 어리석은 짓을 꾸준히 익히기 때문에 그 둘은 서로 바뀌기 어렵다는 말이다.

'이(移)'는 '변하다[變]'의 뜻으로 쓰였다.

양화 제4장

子 之武城하사 聞弦歌之聲하시다. 夫子 莞爾而笑曰 "割鷄에 焉用牛刀리오?" 子游對曰 "昔者에 偃也 聞諸夫子하니 曰 '君子 學道則愛人이요 小人이 學道則易(이)使也라.'호이다." 子曰 "二三子아 偃之言이 是也니 前言은 戲之耳니라."

공자가 무성 땅에 가서 거문고와 노랫소리를 들었다. 부자가 빙그레 웃으며 말했다.

"닭을 잡는 데 어찌 소 잡는 칼을 쓰는가?"

자유가 대답하였다.

"예전 제[偃]가 스승님께 '군자가 도를 배우면 사람을 사랑하고, 소인이 도를 배우면 부리기가 쉽다.'라는 말을 들었습니다."

공자가 말했다.

"제자들아, 언(자유)의 말이 옳다. 앞서 했던 말은 농담이다."

【보】 작은 나라보다 큰 나라에서 예악이 펼쳐지기를 바라는 공자의 바람이 드러난 장이다. 공자는 제자 자유가 무성 땅에서 정치에 참여하고 있기에 지나다 들렸다. 그러나 자유가 무성 땅의 사람들에게 예악을 가르쳤기에 거문고와 이에 맞는 노랫소리가 들렸던 것이다. 즉 작은 나라에서 큰 도가 실천되고 있음을 안 공자는 농담으로 닭 잡는 데 소 잡는 칼을 사용한다고 말했던 것이다. 그러나 제자 자유는 이를 진담으로 오해하고 예전 공자의 문하에서 배웠을 때의 말을 인용하여 답을 한 것이다. 이에 오해를 풀어주려 전언이 농담이었음을 알려 준 것이다.

'현(弦)'은 거문고와 비파 등 현악기 일체를 가리킨다.

'완이(莞爾)'는 빙그레 기쁘게 웃는 모습이다.

'할계(割鷄)'는 무성 땅을, '우도(牛刀)'는 현가지성(弦歌之聲)을 각기 비유한 것이다.

'석자(昔者)'는 공자의 문하에서 공부했을 때를 말한다.

'군자(君子)'는 위정자를 가리킨다.

'도(道)'는 예악이니 앞서 말한 현가지성을 말한다.

'이삼자(二三子)'는 두서너 제자들이다.

'전언(前言)'은 '割鷄 焉用牛刀'를 말한다.

양화 제5장

公山弗擾 以費畔하여 召어늘 子 欲往이러시니 子路 不說_열曰 "末之也已니 何必公山氏之之也시리잇고?" 子曰 "夫召我者는 而豈徒哉리오. 如有用我者인댄 吾其爲東周乎인저."

공산불요가 비 땅을 가지고 반란을 일으켜 공자를 불렀는데 공자가 가려고 하니, 자로가 기뻐하지 않으며 말했다.

"갈 곳이 없다면 그만두셔야지 하필 공산씨에게 가려고 하십니까?"

공자가 말했다.

"나를 부르는 자가 어찌 헛되게 그러했겠느냐? 나를 등용해 주는 자가 있다면, 나는 동주를 만들 것이다."

【보】이 장은 실제 행위가 이뤄진 것이 아니라 도를 실천하고자 한 마음을 드러낸 것이다. 다음의 제6장과 내용이 유사하니 함께 보면 좋다. 주인인 계씨를 배반한 공산불요 아래에서 벼슬을 하는 것은 대의에 어긋난다. 따라서 자로가 기뻐하지 않은 것이다. 그러나 공자는 그간 등용되지 않았기에 답답한 마음으로 가려고 하는 흉내를 낸 것이지 그렇게 한 것은 아니었다. 결국 말미에 '나를 등용만 해 준다면 동주를 만들 것'이라는 포부만 드러내었을 뿐이다.

'불요(弗擾)'는 계씨의 가신인데, 양호(陽虎)와 함께 계환자(季桓子)를 잡아 가두고 비 땅을 점거하여 반란을 일으킨 인물이다.

'말(末)'은 '무(無)'와 같은 말로 갈 곳이 없다는 뜻이다.

원문 '吾其爲東周乎'에서 '기(其)'가 지칭하는 것은 비 땅이다. '동주(東周)'는 주나라의 왕도정치를 의미한다.

양화 제6장

子張이 問仁於孔子한대 孔子曰 "能行五者於天下면 爲仁矣니라." 請問之한대 曰 "恭寬信敏惠니 恭則不侮하고 寬則得衆하고 信則人任焉하고 敏則有功하고 惠則足以使人이니라."

자장이 공자에게 인에 대해 묻자, 공자가 말했다.

"능히 천하에 다섯 가지를 실행할 수 있으면 인이 된다."

삼가 그것에 대해 묻자, 말했다.

"공손·너그러움·믿음·민첩·은혜이다. 공손하면 업신여김을 받지 않고, 너그러우면 대중을 얻게 되며, 믿음직하면 남들이 신임하고, 민첩하면 공이 있게 되며, 은혜로우면 남들을 부리기에 넉넉하다."

【보】 인의 구체적 실천 방안에 대해 말한 이른바 오행(五行)이라는 것이다. 이는 구사(九思), 육언(六言), 육폐(六蔽), 오미(五美), 사악(四惡) 등과 마찬가지로 『논어』 상권과는 체제가 다름을 알 수 있다.

양화 제7장

佛(필)肸이 召어늘 子 欲往이러시니 子路曰 "昔者에 由也 聞諸夫子호니 曰 '親於其身에 爲不善者어든 君子 不入也라.'하시니 佛肸이 以中牟畔이어늘 子之往也는 如之何잇고?" 子曰 "然하다. 有是言也니라. 不曰堅乎아 磨而不磷이니라. 不曰白乎아 涅而不緇니라. 吾 豈匏瓜也哉라 焉能繫而不食이리오"

필힐이 공자를 부르니 공자가 가려고 하자, 자로가 말했다.

"옛날 제[由]가 스승님께 들으니 '직접 그 몸에 불선한 행위가 있는 자에게 군자는 들어가지 않는다.'라고 하셨습니다. 필힐이 중모 땅을 가지고 배반했는데도 스승님께서 가려고 하는 것은 어찌해서입니까?"

공자가 말했다.

"그렇다. 그런 말을 한 적이 있다. 하지만 견고하다고 말하지 않겠는가! 갈아도 얇아지지 않으니. 하얗다고 말하지 않겠는가! 검은 물을 들여도 검어지지 않으니. 내가 어찌 뒤웅박이겠는가! 어찌 능히 매달려 먹지 못하는 것이 되겠는가."

【보】「양화」제4장과 마찬가지로 실제 이뤄진 일은 아니다. 도를 실천하고자 하는 마음을 표현한 것이지 대의에 어긋나기 때문에 결단한 것은 아니다.

'필힐(佛肹)'은 진(晋)나라 대부 조간자(趙簡子)의 중모 땅 읍재이다.

'친(親)'은 '스스로[自]'라는 뜻과 같다.

원문 '有是言也'는 스승과 제자 간의 상황이 분명 다름을 밝히고 있는 말이다. 즉 제자에게 그러한 말을 한 것은 사실이지만 뒤의 구절에서도 알 수 있듯이 도가 내면에 쌓이면 대의에 어긋나는 어떠한 행위도 자신을 더럽힐 수 없음을 밝히고 있는 것이다.

'포과(匏瓜)'는 한 곳에 매달려 있기에 먹을 수가 없는 것이다. 따라서 사람은 이처럼 되어서는 안 되며 쓰임이 될 큰 인물이 되어야 함을 말한다.

양화 제8장

子曰 "由也아 女(汝) 聞六言六蔽矣乎아?" 對曰 "未也로이다.", "居하라 吾 語女하리라. 好仁不好學이면 其蔽也 愚요 好知不好學이면 其蔽也 蕩이오 好信不好學이면 其蔽也 賊이오 好直不好學이면 其蔽也 絞요 好勇不好學이면 其蔽也 亂이오 好剛不好學이면 其蔽也 狂이니라."

공자가 말했다.

"중유야, 너는 육언 가운데 육폐에 대해 들어봤는가?"

자로가 대답했다.

"아직 듣지 못했습니다."

"자리에 앉아라. 내가 너에게 알려 주겠다. 인만 좋아하고 배우기를 좋아하지 않으면 그 폐단은 어리석게 되고, 지혜만 좋아하고 배우기를 좋아하지 않으면 그 폐단은 호방하게 되고, 믿음만 좋아하고 배우기를 좋아하지 않으면 그 폐단은 해치게 되고, 정직만 좋아하고 배우기를 좋아하지 않으면 그 폐단은 급하게 되고, 용맹만 좋아하고 배우기를 좋아하지 않으면 그 폐단은 어지럽게 되고, 강함만 좋아하고 배우기를 좋아하지 않으면 그 폐단은 경솔하게 된다."

【보】 어떠한 덕목에도 단계가 있고 경중이 있음을 밝히고 있다. 특히 자로에게 이와 같은 말을 해 준 것으로 보면 자로의 지나친 호용(好勇), 호직(好直), 호신(好信), 호강(好剛) 등을 경계하고 아울러 이 밖의 덕목에서도 '배움'이라는 것이 그 덕목을 뒷받침 해주며 가치를 높이는 것에 얼마나 중요한 지를 말해주고 있다.

'육언육폐(六言六蔽)'는 육언 가운데 육폐[六言之六蔽]라는 말이지, 육언과 육폐라는 말이 아니다.

'호(好)'는 '좋은'의 뜻이 아닌 '그저 그것만 좋아함'이라는 뜻이니 이 장에서 가장 유의해서 봐야할 글자이다.

양화 제9장

子曰 "小子는 何莫學夫詩오? 詩는 可以興이며 可以觀이며 可以群

이며 可以怨이며 邇之事父며 遠之事君이요 多識(식)於鳥獸草木之名
이니라."

공자가 말했다.

"그대들은 어찌하여 『시』를 배우지 않는가? 『시』는 일으킬 수 있고
살필 수 있으며 무리를 지을 수 있고 원망할 수 있으며, 가까이는 어
버이를 섬길 수 있게 하고 멀리는 임금을 섬길 수 있게 하며 새와 짐
승과 풀과 나무의 이름을 많이 알게 해 준다."

【보】 동양에서의 시학(詩學)은 대개 이 장을 근원으로 삼는다.
특히 공자 당시의 『시경』의 음악성과 교육성의 가치에 대해 말
하고 있으니 인간의 성정을 바르게 하고 인륜을 밝히며 격물을
궁구하게 만드는 것이 바로 『시경』임을 밝히고 있다.
　'소자(小子)'는 제자들을 지칭한다.
　'어찌하여 시를 배우지 않는가?'라는 말은 제자들을 질책한 말
이다.
　'흥(興)'은 시의 감발(感發)과 징창(懲創)을 뜻한다. '일으킬 수
있다'는 말은 인간의 선한 마음을 이끌고 악한 마음은 경계하도
록 만든다는 말이다.
　'관(觀)'은 자신의 잘잘못을 살피는 것을 말한다.
　'원(怨)'은 감정을 잘 다스리는 것을 말한다. '원망할 수 있다'는
것은 원망은 하지만 성내는 데에는 이르지 않는다는 의미이다.
　'군(群)'은 '어울리다[和]'는 말이다. '무리를 지을 수 있다'는 것
은 일명 "화이부동(和而不同)"과 같은 말로서 조화롭게 어울리
면서도 편당을 짓지 않는 것을 뜻한다.

양화 제10장

　　子謂伯魚曰 "女⒧ 爲周南召南矣乎아? 人而不爲周南召南이면 其猶
正牆面而立也與인저."

　　공자가 백어에게 말했다.

　　"너는「주남」과「소남」을 배웠는가? 사람으로서「주남」과「소남」을
배우지 않으면 담장을 정면으로 마주하고 서 있는 것과 같을 것이다."

　　【보】『시경』가운데 핵심이 되는 편명이 바로「주남」과「소남」
이다. 그 내용은 모두 자기의 몸을 수양하고 남을 다스리는 일
[修己治人]이기에 이를 강조하고 있다.「주남」은「관저(關雎)」로
부터 시작하여「인지(麟止)」로 끝을 맺고 있다. 관저는 훌륭한
부인을, 인지는 훌륭한 자손들을 읊고 있으니 모두 인륜의 근본
이 되는 것들이다.「소남」또한「작소(鵲巢)」로 시작하여「추우
(騶虞)」로 끝을 맺고 있는데 작소는 훌륭한 부인을, 추우는 훌륭
한 자손을 노래하고 있다.
　　'위(爲)'는 '배우다[學]'의 뜻으로 쓰였다.
　　우리나라의 속담 가운데 '알아야 면장(免牆)을 하지.'라는 말
이 있는데, 바로 여기에서 유래한 것이다.

양화 제11장

　　子曰 "禮云禮云이나 玉帛云乎哉아? 樂⒜云樂云이나 鍾鼓云乎哉아?"

　　공자가 말했다.

"예이다, 예이다 말들을 하지만 옥이나 비단을 말하는 것이겠는가? 악이다, 악이다 말들을 하지만 종과 북을 말하는 것이겠는가?"

【보】 당시 겉치레에 치중한 습속이 있다고 판단한 공자가 예악의 근본으로 회복할 것을 강조한 장이다.

'옥백(玉帛)'은 폐백 가운데 가장 화려한 것이며, '종고(鐘鼓)' 또한 악기 가운데 가장 큰 것으로 예악의 근본과는 가장 거리가 있는 화려한 것들이다. 따라서 예악의 근본으로 돌아갈 것을 의문사를 통해 강조하고 있다.

양화 제12장

子曰 "色厲而內荏을 譬諸小人컨댄 其猶穿窬之盜也與인저."

공자가 말했다.

"얼굴빛은 장엄하면서 마음이 허약한 것을 소인에게 비유하면 벽을 뚫고 담을 넘는 도적과 같을 것이다."

【보】 도둑은 물질에 국한되는 것이 아니라 명예를 도둑질한 것조차도 모두 포함된다. 실상 없이 이름만 훔쳤기에 남이 알까봐 두려워하며 겉으로 더욱 장엄한 척한다. 하지만 그 마음은 허약하기 짝이 없다.

'려(厲)'는 엄숙하고 장엄한 것을 뜻한다.

'임(荏)'은 마음이 매우 허약한 것이다.

'소인(小人)'은 백성이다.

'천(穿)'은 벽을 뚫는 것이고, '유(窬)'는 담을 넘는 것이다.

양화 제13장

子曰 "鄕原(愿)은 德之賊也니라."

공자가 말했다.

"향원은 덕을 해치는 자이다."

【보】사람에 대한 평이 군자의 평인지, 고을 사람 즉 일반 사람들의 평인지 잘 살필 필요가 있다. '향원(鄕原)'은 고을 사람들의 좋은 평가를 한 몸에 받은 자를 말한다. 그는 대의와는 무관하게 남들의 비위만을 맞춰주었기 때문에 호평을 받은 것이다. 따라서 공자는 이들을 미워하며 '덕을 해치는 자'라고 했으니 이른바 사이비(似而非)가 이에 해당된다.

양화 제14장

子曰 "道聽而塗說이면 德之棄也니라."

공자가 말했다.

"길에서 듣고 길에서 말하면 덕을 버리는 것이다."

【보】어떤 사람 앞에서 귀로 듣고 입으로 바로 말한다면 내면에 덕이 쌓일 수 없기 때문에 이를 경계하고자 한 말이다.

양화 제15장

子曰 "鄙夫는 可與事君也與哉아. 其未得之也에는 患得之하고 旣得之하얀 患失之하나니 苟患失之면 無所不至矣니라."

공자가 말했다.

"비루한 사람과 더불어 임금을 섬길 수 있겠는가. 그들은 신하의 자리를 얻기 이전에는 얻을 것을 걱정하고 이미 얻고 나서는 잃을 것을 걱정하니 만일 잃을 것을 걱정한다면 못할 짓이 없다."

【보】소인배는 결코 신하가 될 수 없으니 잠시도 미루지 말고 내쳐야 함을 말하고 있다. 특히 이들은 그 천성적 바탕이 좋지 않은데다가 그 행동마저 포악하기 때문에 잠시도 함께해서는 안 되는 것이다.

'비부(鄙夫)'는 용렬하고 악하며, 비루하고 졸렬한 사람을 지칭한다.

원문 '其未得之也'에서 '지(之)' 자를 본서에서는 '신하의 자리'로 보았다. 그러나 『논어집주』를 비롯하여 여타의 책에서는 '부귀(富貴)'로 보기도 하니 참고로 적어둔다.

양화 제16장

子曰 "古者에 民有三疾이러니 今也에는 或是之亡(무)也로다! 古之狂也는 肆러니 今之狂也는 蕩이요 古之矜也는 廉이러니 今之矜也는 忿戾요 古之愚也는 直이러니 今之愚也는 詐而已矣로다."

공자가 말했다.

"옛날에 백성에게는 세 가지 병이 있었는데 오늘날에는 심지어 이 것마저 없다! 옛날의 광자는 예에 어긋나지는 않았는데 오늘날의 광자는 경계를 넘어섰고, 옛날의 긍자는 행동에 청렴했지만 오늘날의 긍자는 사납기만 하고, 옛날의 우자는 정직했지만 오늘날의 우자는 속이기만 할뿐이다."

【보】 기질의 편파성은 당연히 미덕이 될 수 없다. 하지만 편파적인 기운 가운데 좋은 점은 조금이나마 남아 있다. 공자가 보기에는 당시 풍속에 그마저도 사라지고 없으니 이를 개탄한 것이다.

'광(狂)'은 뜻은 높으나 행동이 따라주지 못함을 말한다.

'사(肆)'는 작은 예절에는 구애받지 않는 것이기는 하지만 넘지 말아야 할 경계를 넘은 것은 아니다.

'탕(蕩)'은 큰 한계를 넘어서는 것으로 넘지 말아야 할 경계를 넘은 것이다.

'긍(矜)'은 자신을 심하게 지키는 것을 뜻한다.

'분려(忿戾)'는 매사에 화를 내는 것을 뜻한다.

(子曰 巧言令色이 鮮矣仁이니라)

【보】「학이」 제3장에 나온 글로 연문이다.

양화 제17장

子曰 "惡(오)紫之奪朱也하며 惡鄭聲之亂雅樂(악)也하며 惡利口之覆邦家者하노라."

공자가 말했다.

"나는 자색이 주색을 빼앗는 것을 미워하고, 정성이 아악을 어지럽히는 것을 미워하며, 입만 살아 말만 잘해서 나라를 전복시키는 것을 미워한다."

【보】 이른바 '삼오(三惡)'로서 사악한 것이 바름을 해치는 것을 공자가 증오한다는 말이다.
'주색(朱色)'은 정색(正色)이고, '자색(紫色)'은 간색(間色)이다.
'정성(鄭聲)'은 정나라의 음악으로 위(魏)나라의 음악과 함께 음시(淫詩)로 불린다.
'아악(雅樂)'은 바른 음악을 가리킨다.
'이구(利口)'는 입만 살아 말만 그럴듯하게 잘 할 뿐 실속이 없는 자이다.
'복(覆)'은 기울고 망하게 하는 것이다.

양화 제18장

子曰 "予欲無言하노라." 子貢이 曰 "子如不言이시면 則小子 何述焉이리잇고?" 子曰 "天何言哉시리오. 四時 行焉하며 百物이 生焉하나니 天何言哉시리오."

공자가 말했다.

"나는 말을 하지 않으려 한다."

자공이 말했다.

"스승님께서 만일 말씀을 하지 않으면, 저희 제자들이 어떻게 도를 전하겠습니까?"

"하늘이 무슨 말씀을 하는가. 사시가 운행되고 만물이 생장하는데 하늘이 무슨 말씀을 하는가."

【보】 도라는 것은 말보다 실제 행위를 통해 몸소 터득되는 것이며, 이는 일상생활에서조차도 자연스럽게 구현되고 있음을 밝히고 있다. 공자는 이에 대해 말을 한 것인데, 자공은 교육적 측면에서의 말로 오해했다.

양화 제19장

孺悲 欲見孔子어늘 孔子 辭以疾하시고 將命者 出戶어늘 取瑟而歌하사 使之聞之하시다.

유비가 공자를 만나고자 했지만, 공자가 병을 이유로 거절했다. 공자는 명을 전달하는 자가 문밖으로 나가자 비파를 취해 노래를 불러 그로 하여금 듣게 했다.

【보】 '유비(孺悲)'는 노나라 사람으로만 알려졌을 뿐 어떤 인물인지는 자세하지 않다. 공자가 병을 핑계로 만나지 않은 것으로 보아 좋은 평을 가진 자는 아니다. 그러나 그가 나가자 악기를 연주하며 노래를 불러준 것은 시자로 하여금 그의 잘못을 깨닫게 해 준 것이니, 성인이 사람을 대할 때 너무 심하게 대한 것이 아님을 알 수 있다. 또한 『맹자』의 '달갑게 여기지 않는 가르침[不屑敎誨]'이 있으니 절교보다는 교화를 통해 사람을 잘 이끌어 줌을 볼 수 있다.

양화 제20장

宰我 問 "三年之喪이 期已久矣로소이다. 君子 三年을 不爲禮면 禮
必壞하고 三年不爲樂(악)이면 樂必崩하리니 舊穀이 旣沒하고 新穀이
旣升하며 鑽燧改火하나니 期可已矣로소이다." 子曰 "食夫稻하며 衣
夫錦이 於女(여)에 安乎아?" 曰 "安하이다.", "女安則爲之하라. 夫君子
之居喪에 食旨不甘하며 聞樂(악)不樂(락)하며 居處不安故로 不爲也하
니 今女 安則爲之하라." 宰我 出커늘 子曰 "予之不仁也여! 子生三年
然後에 免於父母之懷하나니 夫三年之喪은 天下之通喪也니 予也 有
三年之愛於其父母乎아."

재아가 말했다.

"삼년상은 기년만 하더라도 충분히 오래했다고 할 것입니다. 군자
가 삼 년 동안 예를 행하지 않으면 예가 반드시 무너지고 삼 년 동안
음악을 행하지 않으면 음악이 반드시 무너질 것입니다. 묵은 곡식이
이미 없어지고 새 곡식이 벌써 오르며 불씨 만드는 나무도 바뀌어지
니 기년상이면 충분합니다."

공자가 말했다.

"삼년상을 하지 않고 쌀밥을 먹고 비단옷을 입는 것이 너에게 편안
한가?"

"편안합니다."

"네가 편안하면 그렇게 해라. 군자가 초상을 치를 때 맛있는 음식
을 먹어도 달지 않고 음악을 들어도 즐겁지 않으며 거처할 때에도 편
안하지 않기 때문에 하지 않는 것인데, 지금 네가 편안하다면 그렇게

해라."

재아가 밖으로 나가자, 공자가 말했다.

"재여의 어질지 못함이여! 자식이 태어나 삼 년이 지난 뒤에야 부모의 품을 벗어나게 되니, 삼년상은 천하의 공통된 상이다. 재여는 그 부모에게 삼 년의 사랑이 있었는가."

【보】 상을 줄이자는 이른바 단상설(短喪說)에 관한 논의이다. 부모님이 돌아가시면 삼년상을 치르는 것이 공통된 법이다. 이는 인간이란 너무도 약한 존재여서 동물들과 달리 삼 년 동안 부모님께서 품어주어야 겨우 살 수 있기 때문이다. 하지만 이 기간이 너무도 길다고 느꼈던 것이 당시 풍습이었다. 실제로는 만 이 년일 뿐 햇수로만 삼 년인 것이다. 공자가 살던 춘추시대부터 이러한 단상설이 제기되었고, 전국시대에는 일 년만 지내는 기년상이 이미 자리 잡았다. 그러나 공자는 단상설에 대해 단호히 반대하고 있었고, 이를 주장했던 재아를 심하게 꾸짖었던 것이다. 특히 재아는 일주년이 되면 하늘의 운행이 한 바퀴를 돌고 제철의 음식과 불씨도 모두 바뀌기 때문에 상도 일 년이 되면 그쳐도 된다고 생각했다.

'기(期)'는 일주년을 가리킨다.

'수(燧)'는 불씨를 취하는 나무를 가리키는데 철마다 다르다. 『집주』에 의하면, 봄에는 느릅나무와 버드나무의 불씨를 취하고, 여름에는 대추나무와 살구나무의 불씨를 취하고, 늦여름에는 뽕나무와 산뽕나무의 불씨를 취하고, 가을에는 갈참나무와 섶나무의 불씨를 취하고, 겨울에는 느티나무와 박달나무의 불씨를 취한다.

양화 제21장

子曰 "飽食終日하야 無所用心이면 難矣哉라. 不有博奕者乎아 爲之猶賢乎已니라."

공자가 말했다.

"배부르게 먹고 하루해를 마치면서 마음을 쓰는 곳이 없다면 그를 구제하기란 어렵다. 장기와 바둑이라도 있지 않은가, 그것을 하는 것도 그만두는 것보다는 나을 것이다."

【보】공부할 여건이 되지만 공부를 하지 않고 빈둥빈둥 놀고만 있다면 나쁜 생각이 생겨 자신과 남을 해칠 것이니 그렇게 살기보다는 차라리 장기나 바둑이라도 하는 것이 오히려 낫다는 말이다.
　　'포식(飽食)'이 바로 공부할 여건이 되었다는 말이다.
　　'난의재(難矣哉)'는 '구제하기가 어렵다'는 뜻이다.
　　'현(賢)'은 '낫다[勝]'의 뜻으로 사용되었다.

양화 제22장

　子路曰 "君子 尙勇乎잇가?" 子曰 "君子 義以爲上이니 君子 有勇而無義면 爲亂이요 小人이 有勇而無義면 爲盜니라."

자로가 말했다.

"군자가 용맹을 숭상합니까?"

공자가 말했다.

"군자는 의를 최상으로 여긴다. 군자가 용맹만 지니고 의가 없으면 난을 일으키고, 소인이 용맹만 있고 의가 없으면 도적질을 할 것이다."

【보】혈기지용(血氣之勇)과 도의지용(道義之勇)에 대한 차이를

말하고 있다. 즉 혈기의 용맹만 가지고 도의를 따르지 않는다면 벼슬하는 이가 난을 일으킬 것이고, 벼슬하지 않는 사람은 도적질을 일삼을 것이니 혈기의 용맹을 버리고 도의의 용맹을 따라야 함을 말하고 있다.

'군자(君子)'는 벼슬을 하는 사람을, '소인(小人)'은 보통사람을 가리키고 있으니 지위로 말한 것이지 인격체로 말한 것은 아니다.

양화 제23장

子貢이 曰 "君子 亦有惡(오)乎잇가?" 子曰 "有惡하니 惡稱人之惡(악)者하며 惡居下流而訕上者하며 惡勇而無禮者하며 惡果敢而窒者니라." 曰 "賜也 亦有惡乎아?", "惡徼以爲知者하며 惡不孫以爲勇者하며 惡訐以爲直者하노이다."

자공이 물었다.

"군자 또한 미워함이 있습니까?"

공자가 말했다.

"미워함이 있다. 남의 나쁜 점을 말하는 자를 미워하고, 아랫자리에 거처하면서 윗사람을 비방하는 자를 미워하며, 용맹만 알고 무례한 자를 미워하고, 과단함만 알고 융통성이 없는 자를 미워한다."

"단목사야, 너도 미워함이 있느냐?"

"뒷조사나 하며 그것을 지혜로 여기는 자를 미워하고, 불손함을 용맹으로 여기는 자를 미워하며, 고자질을 정직으로 여기는 자를 미워합니다."

【보】남을 미워하는, 이른바 증오라는 것이 어디에서부터 시작하고 있는지 공자와 자공의 대화를 통해 드러나고 있는 장이다.

'역(亦)'은 '도덕적 인격체인 군자 또한'이라 하여 증오가 없을 것만 같은 군자도 증오를 가지고 있음을 강조한 말이다.

'하류(下流)'는 지위가 낮은 것을 가리킨다.

'요(徼)'는 살피는 것으로 쉽게 말하면 염탐을 뜻한다.

'알(訐)'은 남의 사사로움을 들추어내는 것으로 고자질 같은 것이 이에 해당된다고 할 수 있다.

양화 제24장

子曰 "唯女子與小人이 爲難養也니 近之則不孫하고 遠之則怨이니라."

공자가 말했다.

"여자와 소인은 가까이에서 보살피기 어려우니 가까이 하면 불손하고 멀리 하면 원망한다."

【보】여기에서의 '여인(女人)'은 남성의 반대개념인 여성이 아니라 여자종 또는 첩을 가리키며, '소인(小人)'은 하인(下人)을 가리킨다. 이들에게 너무 사랑스럽게 대하면, 그들의 행위가 불손함으로 나타나고, 그렇다고 지나치게 장엄하게 대하면 원망이라는 행위로 나타나기 때문에 가까이에서 보살피기 어렵다고 한 것이다.

양화 제25장

子曰 "年四十而見惡(오)焉이면 其終也已니라."

공자가 말했다.

"나이 마흔에 남들에게 미움을 사면 그것은 끝인 것이다."

【보】 공자가 말한 '불혹(不惑)', 맹자가 말한 '부동심(不動心)'이 모두 이에 해당되니 사람의 나이 마흔은 도덕적 인격체의 완성 단계이자 결실의 시기임을 말하고 있다.

18
미자(微子)

【보】이 편은 성현의 출처에 대한 기록이 많다. 또한 도가에서의 은둔의 모습이 세 장에 걸쳐 보이며, 반대로 유가에서의 은둔의 모습을 나란히 열거하여 그 차이를 볼 수 있게 했다. 아울러 공자의 말이 아닌 덕행의 효용으로 악사들이 은거하는 모습과 주공의 말, 주나라의 인재 가운데 팔형제의 이름도 있다. 모두 11장이다.

미자 제1장

微子는 去之하고 箕子는 爲之奴하고 比干은 諫而死하니라. 孔子曰 "殷有三仁焉하니라."

미자는 떠나가고, 기자는 종이 되고, 비간은 간하나가 죽었다. 공자가 말했다.

"은나라에는 세 분의 어진 사람이 있었다."

【보】은나라에 있었던 어진 세 분의 마음을 꿰뚫어 남들이 생
각하지 못했던 부분을 세상에 알리고 있다. 즉 미자가 은나라를
떠난 것은 훗날 종묘사직을 보존하기 위함이며, 기자가 종이 된
것 또한 훗날 홍범구주를 전수하기 위함이며, 비자가 간하다 죽
은 것은 나라를 위한 걱정이다. '삼충(三忠)' 또는 '의사(義士)'라
고 하지 않고 '삼인(三仁)'이라 명명한 것은 모두가 자신을 위한
것이 아닌 나라를 위한 어진 마음이 있었음을 밝히고 있는 것
이다.

'미자(微子)'는 주왕(紂王)의 서형(庶兄)이다. 제기(祭器)를 가지
고 나라를 떠난 것은 훗날의 종묘사직을 보존하기 위함이었다.

'기자(箕子)'는 주왕(紂王)의 숙부이다. 그가 거짓으로 미친 척
을 하며 종살이까지 마다하지 않았으니 역시 나라의 장래를 위
해 자신을 희생한 것이다.

'미'와 '기'는 모두 나라의 이름이며 '자' 자가 작위를 뜻한다.

'비간(比干)'은 주왕의 숙부이다. 주왕의 악행을 간하다가 주
왕이 "내가 들으니 성인은 심장에 구멍이 일곱 개 있다고 하더
라."라고 하며 그의 배를 갈라 심장을 보았다고 한다. 자신의 생
명은 지키지 못했으나 왕의 잘못을 고하여 나라의 앞날을 근심
한 인물이다.

미자 제2장

柳下惠 爲士師하여 三黜이어늘 人曰 "子 未可以去乎아?" 曰 "直道而
事人이면 焉往而不三黜이며 枉道而事人이면 何必去父母之邦이리오"

유하혜가 옥사를 다스리는 사관이 되어 세 번 쫓겨나자, 어떤 사람
이 말했다.

"당신은 아직 떠날 만하지 않습니까?"

유하혜가 말했다.

"도를 곧게 하여 사람을 섬기면 어디를 간들 세 번 쫓겨나지 않겠으며, 도를 굽혀 사람을 섬긴다면 하필 부모님의 나라를 떠나겠습니까."

【보】『맹자』「진심 상」 제28장에 "孟子 曰 "柳下惠 不以三公, 易其介.""라는 말이 보인다. 대개 유하혜에 대해서는 '화(和)'를 언급하지만 그에게도 절개가 있었음을 간파하여 이를 후세에 전하고자 한 것이다.

'사(士)'는 형관(刑官)을, '사(師)'는 그 가운데 일을 처리할 관장(官長)을 말한다.

미자 제3장

齊景公이 待孔子曰 '若季氏則吾不能이어니와 以季孟之間으로 待之호리라.'하고 曰 '吾 老矣라 不能用也라.'한대 孔子 行하시다.

제경공이 공자의 대우를 '계씨와 같은 대우는 내가 불가능하지만 계씨와 맹씨의 중간 정도로 대우하겠다.'고 했으나 '내가 늙었으니 그를 등용하지 못하겠다.'라고 하자, 공자가 떠났다.

【보】제나라 경공은 공자를 등용할 뜻을 가지고 있었다. 그러나 공자는 정치란 위정자의 솔선수범을 강조했기 때문에 신하 가운데 한 사람이 이를 임금에게 전하여 공자를 등용하시 못한 상황이다. 실제 제경공과의 대화가 아닌 제자를 통해 들은 내용이 실려 있다.

'대(待)'는 '등용 이후의 대우'라는 의미로 쓰인 것이다.

'계씨(季氏)'는 노나라 삼경(三卿) 가운데 가장 귀했다.
'맹씨(孟氏)'는 하경(下卿)이 되었다.

미자 제4장

齊人이 歸女樂이어늘 季桓子 受之하고 三日不朝한대 孔子 行하시다.

제나라 사람이 여악을 보내니, 계환자가 그것을 받고 삼 일을 조회하지 않자, 공자가 떠났다.

【보】 공자는 52세에 노나라의 사구(司寇) 벼슬을 했다. 노정공(魯定公)을 도우니 노나라가 강성하게 되었다. 이에 제나라에서 이를 저지하고자 여자 악사를 노나라에 보낸 것이다. 노정공을 말하지 않고 계환자를 말한 것은 당시 실권이 계환자에게 있었음을 의미한다. 결국 여악을 받고 조회를 하지 않자, 공자가 도를 실천할 수 없음을 알고 떠난 것이니 『주역』의 '기미를 보면 일어난다[見幾而作]'는 것이 바로 이것이다.

미자 제5장

楚狂接輿 歌而過孔子曰 "鳳兮鳳兮여 何德之衰오. 往者는 不可諫이어니와 來者는 猶可追니 已而已而어다! 今之從政者 殆而니라." 孔子下하사 欲與之言이러시니 趨而辟_避之하니 不得與之言하시다.

초나라 광인 접여가 공자 앞을 지나며 말했다.

"봉황이여, 봉황이여! 어찌 덕이 쇠하였는가. 지나간 것은 말할 것 없고 오는 것은 오히려 따를 수 있으니 그만두어라, 그만두어라! 오늘날 정사를 따르는 자들은 위태롭다."

공자가 수레에서 내려 접여와 더불어 말하려 했으나 빨리 걸어 공자를 피하기에 더불어 말하지 못했다.

【보】 제5장부터 제7장까지는 도가류의 사람들이 등장하며 공자의 벼슬에 뜻이 있음을 비난함과 동시에 은둔할 것을 권면하고 있다. 상황은 공자가 초나라에서 채나라로 가는 도중이다. 초나라를 중심으로 당시 도가사상이 유행했다.

'접여(接輿)'는 초나라 사람으로 거짓 미친 체하여 세상을 피했다.

'봉(鳳)'은 도가 있으면 나타나고 도가 없으면 숨는 성질을 지녔다. 따라서 접여는 공자를 봉황에 비유하여 덕이 쇠했으니 숨어야 한다며 권면과 기롱을 동시에 하고 있는 것이다.

'이(而)'는 어조사이다.

'더불어 말하지 못했다[不得與之言].'라는 말은 굴원(屈原)의 「어부사(漁父辭)」에서도 "遂去不復與言"이라고 한 것처럼 도가류 성향의 인물들에게서 나타나는 투식이다. 이는 자신을 고상하게 여겨 그렇게 행동한 것이므로 폐단이 없지 않은 것이다.

미자 제6장

長沮桀溺이 耦而耕이어늘 孔子 過之하실새 使子路로 問津焉하신대 長沮曰 "夫執輿者 爲誰오?" 子路曰 "爲孔丘시니라." 曰 "是 魯孔丘與아?" 曰 "是也시니라." 曰 "是 知津矣니라." 問於桀溺한대 桀溺이 曰 "子 爲誰오?" 曰 "爲仲由로라." 曰 "是 魯孔丘之徒與아?" 對曰 "然하

다." 曰 "滔滔者 天下皆是也니 而誰以易(역)之리오. 且而與其從辟(避)人
之士也론 豈若從辟世之士哉리오."하고 耰而不輟하더라. 子路 行하여
以告한대 夫子 憮然曰 "鳥獸는 不可與同群이니 吾 非斯人之徒를 與
요 而誰與리오. 天下 有道면 丘 不與易也니라."

장저와 걸닉이 나란히 밭을 가는데, 공자가 그곳을 지나다 자로를
시켜 나루를 묻게 했다. 나루를 묻자, 장저가 말했다.

"수레 고삐를 잡고 있는 분이 누구입니까?"

자로가 말했다.

"공자입니다."

"이 분이 노나라의 공자입니까?"

"그렇습니다."

"이 분 정도면 나루를 알 것입니다."

걸닉에게 묻자, 걸닉이 말했다.

"당신은 누구입니까?"

"중유입니다."

"그대가 바로 노나라 공자의 무리입니까?"

"그렇습니다."

"도도한 것이 천하가 모두 이러하니 누구와 더불어 바꾸겠습니까.
또 그대는 사람을 피하는 선비를 따르는 것보다는 세상을 피하는 선
비를 따르는 것만 하겠습니까."

이렇게 말하고는 씨앗 덮는 일을 그치지 않았다. 자로가 돌아와서
아뢰니, 부자는 실망한 듯하다가 말했다.

"짐승과 더불어 무리지어 살 수는 없으니, 내가 이 사람의 무리와

더불어 하지 않고 누구와 더불어 하겠는가. 천하에 도가 있으면 내가
더불어 바꾸려 하지 않을 것이다."

【보】 도가류의 사람 장저와 걸닉이 각각 공자와 그의 제자인
자로에게 세상에 뜻이 있음을 꾸짖으며 은둔을 권면하고 있는
장이다.

'우(耦)'는 '짝을 지어[偶]', '나란히[倂]'라는 말이다.

'진(津)'은 물을 건너는 곳을 가리킨다. 오늘날에도 '문진(問津)'
이라고 하면 '길을 묻다'의 뜻으로 쓰이고 있는데 이는 위의 글
에서 연유한 것이다.

'집여(執輿)'는 고삐를 잡고 수레에 있는 것으로, 원래는 자로
가 잡고 있었는데 길을 묻기 위해 내려왔기 때문에 공자가 잠
시 잡고 있는 상황이다.

'도도(滔滔)'는 넘실넘실 크게 흐르는 물을 형용한 것으로 여
기서는 물이 흘러 돌아오지 않는다는 뜻으로 쓰였다.

원문 '而誰以易之'의 '이(以)'는 '더불어[與]'의 뜻으로 쓰였다.

원문 '且而與其從辟人之士也'의 '이(而)'는 '그대[爾]'의 뜻으로
쓰였다.

'피인(辟人)'은 공자를, '피세(辟世)'는 걸닉(桀溺)을 비유했다.

'무연(憮然)'은 자신의 뜻을 깨닫지 못하여 한숨을 쉰 것이다.

미자 제7장

　子路 從而後러니 遇丈人이 以杖荷蓧하여 子路問曰 "子 見夫子乎
아?" 丈人이 曰 "四體를 不勤하며 五穀을 不分하나니 孰爲夫子오?"하
고 植(치)其杖而芸하더라. 子路 拱而立한대 止子路宿하여 殺鷄爲黍而
食之하고 見其二子焉이어늘 明日에 子路 行하여 以告한대 子曰 "隱
者也로다." 하시고 使子路로 反見之러시니 至則行矣러라. 子路曰 "不

仕 無義하니 長幼之節을 不可廢也니 君臣之義를 如之何其廢之리오.
欲潔其身而亂大倫이로다. 君子之仕也는 行其義也니 道之不行은 已知
之矣시니라."

자로가 공자를 따라가다 뒤처져 지팡이로 대바구니를 멘 어른을
만나 자로가 물었다.

"당신은 부자를 보았습니까?"

어른이 답하기를,

"사지를 부지런히 하지 않고 오곡을 분별하지 못하니 누구를 부자
라고 하는가?"

하고는 지팡이를 꽂아놓고 김을 매었다. 자로가 손을 마주잡고 서
있으니 자로를 자신의 집에 머물러 하루 묵게 하고는 닭을 잡고 기장
밥을 지어 먹이고 그의 두 아들을 뵙게 하였다. 다음날 자로가 떠나
와 전 상황을 공자에게 아뢰니, 공자가

"은자이다."

하고 자로로 하여금 돌아가 만나보게 했는데 도착해 보니 떠나가
고 없었다. 자로가 말했다.

"벼슬하지 않는 것은 의로움이 없는 것이다. 어른과 어린아이의 예
절을 폐할 수 없는데 군신의 의를 어찌 폐할 수 있겠는가. 자기 몸을
깨끗하게 하고자 큰 인륜을 어지럽히는 짓이다. 군자가 벼슬하는 것은
그 의를 행하는 것이니 도가 행하여지지 못할 것은 이미 알고 있다."

【보】도가의 은둔이란 자신의 몸을 깨끗하게 하고자 인륜을
어지럽히는 데 있음[潔身亂倫]을 밝힘으로써 그 잘못을 지적하

고 있는 장이다.

'장인(丈人)' 또한 도가류의 학설을 배운 은자이다.

'사지를 부지런히 하지 않다'는 말은 몸소 밭을 갈지 않음을 지적한 말이다. 이에 대해서는 『맹자』「등문공 상」 제4장을 참고하면 된다. 즉 맹자는 도가류의 학설을 배운 자들에게 '노력자(勞力者)'와 '노심자(勞心者)'의 차이를 통해 '성인이 어느 겨를에 밭을 갈고 있겠는가!'라는 변론을 한 바 있다.

'오곡(五穀)'은 벼, 기장, 피, 보리, 콩[稻黍稷麥菽]을 가리킨다.

'치(植)'는 지팡이를 꽂아 세우는 것이다.

'손을 마주잡고 서 있다'는 것은 신분에 관계없이 공손한 모습을 갖춤을 뜻한다.

'지(止)'는 '붙잡다[持]'라는 뜻으로 쓰였다.

은자가 '닭을 잡고 기장밥을 지어 먹이고 그의 두 아들을 뵙게 하였다'는 것은 자로를 최고의 예우로 대접한 것이다. 즉 빈주의 예절을 다 갖추었다는 말이다.

'견(見)'은 '인사를 시키다'라는 말로 쓰였다. 따라서 장인은 장유(長幼)의 예를 폐할 수 없음을 알았던 것이다.

말미의 '자로왈(子路曰)'은 공자가 자로에게 한 말이므로 실제 공자의 말로 보는 것이 온당하다. 이는 『논어』 하권이 제자들의 손에서 나왔다는 설을 뒷받침한다.

원문 '行其義也'에서의 '기(其)'는 군신 간을 가리킨다.

미자 제8장

逸民은 伯夷와 叔齊와 虞仲과 夷逸과 朱張과 柳下惠와 少連이니라. 子曰 "不降其志하며 不辱其身은 伯夷叔齊與인저." 謂柳下惠少連하사되 "降志辱身矣나 言中倫하며 行中慮하니 其斯而已矣니라." 謂虞仲夷逸하시되 "隱居放言하나 身中淸하며 廢中權이니라. 我則異於是하여 無可無不可호라."

일민은 백이와 숙제, 우중과 이일, 주장, 유하혜와 소련이었다. 공자가 말했다.

"그 뜻을 굽히지 않고 그 몸을 욕되게 하지 않는 자는 백이와 숙제이다."

유하혜와 소련에 대해 평했다.

"자신의 뜻을 낮추고 몸을 욕되게 했지만 말이 인륜에 맞고 행동이 생각이 맞으니 이 뿐이다."

우중과 이일에 대해 평했다.

"숨어 살면서 말을 함부로 하였으나 몸은 깨끗하게 했고 벼슬을 하지 않은 것은 권도에 맞았다. 나는 이들과 달라 반드시 해야 하는 것도 없고 반드시 하지 말아야 할 것도 없다."

【보】「미자」제5장부터 제7장까지가 도가의 은둔에 대해 말했다면, 제8장은 유가의 은둔에 대해 말하고 있다. 도가의 은둔이 결신난륜(潔身亂倫)이라면 유가의 은둔은 결신불난륜(潔身不亂倫)이라 할 수 있다.

'일(逸)'은 '유일(遺逸)'이라 하여 벼슬에서 빠진 것으로 벼슬하지 않은 은둔자를 가리킨다.

'민(民)'은 지위가 없는 자의 호칭으로 쓰였다.

'백이(伯夷)'와 '숙제(叔齊)'는 앞「공야장」제22장에서 나왔다.

'강(降)' 자가 여기에서는 '몸을 낮추다'라는 뜻으로 쓰였다.

'유하혜(柳下惠)'에 대해서는「미자」제2장에서 나왔다.

'우중(虞仲)'은 중옹(仲雍)으로 태백(泰伯)의 동생이자 계력(季歷)의 형이다. 태백과 함께 형만(荊蠻)으로 도망쳤다.

'소련(少連)'에 대해서는 자세하지 않지만『예기』를 참고해보면 초상을 예에 맞고 정성스럽게 잘 치른 인물이다. 또 유하혜와 같이 언급된 것을 보면, 모두 자신의 뜻을 낮추고 몸을 더럽힌 인물로 언행이 윤리와 생각에 잘 부합하였음을 알 수 있다. 몸을 낮춘 것은 앞서「미자」제2장에서 세 번이나 내침을 당한 것을 말한다.

'이일(夷逸)'에 대해서는 미상이나 우중과 같이 논해진 것으로 보아 은거하며 말은 방자하게 했어도 몸은 깨끗하게 했으며 왕위를 주기 위해 권도를 실천한 인물임을 유추할 수 있다.

'주장(朱張)과 소련(少連)'에 대해서는 미상이다.

'가한 것도 없고 불가한 것도 없다.'는 말은 '절대 긍정, 절대 부정[無適, 無莫]「이인(里仁)」 제10장)'도 없다는 것으로 일명 시중(時中)의 실천을 뜻한다.

미자 제9장

　大(태)師摯는 適齊하고 亞飯干은 適楚하고 三飯繚는 適蔡하고 四飯缺은 適秦하고 鼓方叔은 入於河하고 播鼗武는 入於漢하고 少師陽과 擊磬襄은 入於海하니라.

태사 지는 제나라로 가고, 아반 간은 초나라로 가고, 삼반 요는 채나라로 가고, 사반 결은 진나라로 가고, 고 방숙은 하내로 들어가고, 파도 무는 한중으로 들어가고, 소사 양과 격경 양은 바닷가 섬으로 들어갔다.

　【보】「미자」제11장과 나란히 봐야 하며 모두 상시지탄(傷時之歎)을 주제로 하고 있다. 특히 이 장에서는 노나라가 어지러운 상황에 공자가 음악을 정비함으로써 미관말직인 악사들이 이에 간탄하여 노나라 대부들을 위해 악기를 연주하지 않고 각기 갈 곳을 찾아 은둔했다는 내용을 담고 있다.

　'태사(大師)'는 악관(樂官) 가운데 우두머리를 지칭하고, '지(摯)'는 그의 이름이다.

'아반(亞飯)'은 두 번째 식사를 할 때 악기를 담당하는 자를 말한다. 이하 '삼반', '사반' 모두 마찬가지이다.

'고(鼓)'는 '북 담당'의 뜻이며 이하 모두 악기 연주자들이다.

'도(鼗)'는 작은 북으로 양옆에 귀가 달려 있어 그 자루를 잡고서 흔들면 연주되는 악기이다.

'소사(少師)'는 악관을 돕는 자이다.

미자 제10장

周公이 謂魯公曰 君子 不施(이)其親하며 不使大臣으로 怨乎不以하며 故舊 無大故則不棄也하며 無求備於一人이니라.

주공이 아들 노공에게 말했다.

"군자는 그 친척을 버리지 않고 대신으로 하여금 등용되지 않음을 원망하지 않게 하며, 오랜 벗이 큰 연고가 없으면 버리지 않고, 한 사람에게 완비함을 구하지 않는다."

【보】 난세에 주공의 가르침을 통해 현재 군자가 나아갈 바를 말하고 있다. 주공의 가르침이란 바로 가까운 이를 더욱 가까이 하고[親親], 어진 이를 더욱 존경하는 것을 말한다[尊賢]. 다시 말해 '君子不施其親'과 '故舊無大故則不棄也'는 친친을 의미하고, '不使大臣怨乎不以'와 '無求備於一人'은 존현을 뜻한다.

'주공(周公)'은 주나라 문왕의 아들이자 무왕의 동생이다. 조카 성왕(成王)을 보필하여 예악과 법도를 제정한 공로가 크다.

'노공(魯公)'은 주공의 아들 백금(伯禽)을 가리킨다.

'이(施)'는 '풀어질 이'로, '버리다[棄]'는 뜻으로 쓰였다.

'이(以)'는 '등용하다[用]'와 같은 뜻이다.

미자 제11장

**周有八士하니 伯達과 伯适과 仲突과 仲忽과 叔夜와 叔夏와 季隨와
季騧니라.**

주나라에는 여덟 선비가 있었으니 백달과 백괄, 중돌과 중홀, 숙야
와 숙하, 계수와 계와이다.

【보】 주나라 당시에 인재가 많았음을 뜻한다. 한 어머니에게
네 번 젖을 물렸으니[一母四乳] 쌍둥이임을 알 수 있다. 또한 백
중숙계(伯仲叔季)로 형제를 표현한 데에서도 이를 알 수 있다.
중요한 것은 한 집의 경사가 아니라 주나라 전체의 영광을 표
현한 것이다.

자장(子張)

【보】 이 편은 '속집' 또는 '부록'의 성격이 있다. 우선 공자의 말이 단 한 마디도 등장하지 않고 모두 제자의 말로 기록되어 있다. 또한 제자의 말도 자장이 세 장, 자하가 일곱 장, 자유가 두 장, 증자가 세 장 등 연이어 등장한다는 특징이 있다. 그리고 제자들 간의 대화에는 시중(時中)을 보이지 않는 대목도 있어 역시 공자의 수준에 오르지 못한 아쉬움도 보이지만, 훗날 학문이 발전한 자공의 말은 학자들에게는 오히려 본보기가 된다고 볼 수 있다. 모두 25장이다.

자장 제1장

子張이 曰 "士 見危致命하며 見得思義하며 祭思敬하며 喪思哀면 其可已矣니라."

자장이 말했다.

"선비가 위태로움을 보면 목숨을 바치고 이득을 보면 의로움을 생각하며 제사를 지냄에 공경을 생각하고 초상에 슬픔을 생각한다면 그것만으로도 괜찮다."

【보】 자장이 유가의 핵심이라 할 수 있는 충(忠), 의(義), 효(孝)를 강조한 장이다. 즉 '見危致命'은 충을, '見得思義'는 의를, '祭思敬 喪思哀'는 효를 각각 가리키며 이를 행동으로 옮긴다면 선비의 자격을 갖추었음을 말하고 있다.
　'사(士)'는 공부하는 사람으로 뜻을 견고히 한 사람을 가리킨다.
　'치(致)'는 '바칠 치'의 뜻으로 쓰였다.
　'기(其)'는 강조의 뜻으로 쓰였다.
　'이(己)'는 '뿐'의 뜻이 아닌 어조사이다.

자장 제2장

　子張이 曰 "執德不弘하며 信道不篤이면 焉能爲有며 焉能爲亡(무)리오."

자장이 말했다.

"덕을 잡음이 넓지 못하며 도를 믿음이 독실하지 못하면, 어찌 있다고 말하며 어찌 없다고 말하겠는가."

【보】 사람이 내적으로는 도량을 크게 갖고, 외적으로는 견고한 의지를 표명해야 함을 말하고 있다.
　'덕(德)'은 내면 세계를, '도(道)'는 외적 의지를 가리킨다.
　'어찌 있다고 말하며 어찌 없다고 말하겠는가.'라는 말은 경중의 가치 평가가 불가하다는 말이니 유무를 논할 필요가 없음을 뜻한다.

자장 제3장

　子夏之門人이 問交於子張한대 子張이 曰 "子夏 云何오?" 對曰 "子夏曰 '可者를 與之하고 其不可者를 拒之라.' 하더이다." 子張이 曰 "異乎吾所聞이로다. 君子는 尊賢而容衆하며 嘉善而矜不能이니 我之大賢與인댄 於人에 何所不容이며 我之不賢與인댄 人將拒我니 如之何其拒人也리오."

자하의 문인이 자장에게 벗 사귐에 대해 묻자, 자장이 말했다.

"자하가 뭐라고 말했는가?"

자하의 문인이 답했다.

"자하께서 '옳은 자를 사귀고 옳지 못한 자를 사귀지 말라.' 하셨습니다."

자장이 말했다.

"내가 들은 바와는 다르다. 군자는 어진 사람을 존경하고 보통사람을 포용하며 재주가 뛰어난 이를 아름답게 여기고 재주 없는 사람을 불쌍히 여긴다. 내가 매우 어질다면 남들에 대해 어찌 용납하지 못하며, 내가 어질지 못하다면 남들이 장차 나를 거절할 것이니 어떻게 남을 거절할 수 있겠는가?"

　【보】 자하의 신중한 사귐[愼交]과 자장의 지나친 포용[過容]에 대해 말하고 있으니 둘 다 지나침이 있다. 즉 자하는 자신에게 손해가 되는 벗은 막아야 함을 말하고, 자장은 어질지 못하건 재주가 없건 그들을 포용해야 한다고 말하고 있으니, 공자의 중용에는 미치지 못한다.

'가자(可者)'는 「계씨」 제4장에서 말한 '익자(益者)'와 같고 '불가자(不可者)'는 '손자(損者)'와 같은 말이다.

'거(拒)'는 절교(絶交)의 뜻이니 「학이」 제8장의 '자기만 못한 자를 벗 삼으려 하지 말고[無友不如己者]'를 지나치게 한 말이다. 자장이 문제로 삼은 것이 바로 이 '거(拒)' 자에 있다.

'중(衆)'은 대중을 지칭하는 것으로 앞서 '현(賢)'의 반대 개념으로 쓰였다.

자장 제4장

子夏曰 "雖小道나 必有可觀者焉이어니와 致遠恐泥라 是以로 君子不爲也니라."

자하가 말했다.

"비록 작은 재주라도 반드시 볼 만한 것이 있지만 원대한 경지에 도달하는 데에는 막힘이 있을까 두렵다. 이 때문에 군자는 작은 재주를 하지 않는다."

【보】'소도(小道)'를 경계하여 '대도(大道)'에 힘쓸 것을 주장하고 있다. '소도'는 작은 재주이니 이를테면 농사, 원예, 의술, 점술과 같은 것들이고, '대도'는 수신으로부터 평천하에 이르는 『대학』의 팔조목(八條目) 같은 것들이다. 따라서 군자는 하나의 작은 기예보다 원대한 평천하의 뜻을 품어야 함을 말하고 있다.

'니(泥)'는 '막히다, 저지당하다'라는 뜻으로 쓰였다.

자장 제5장

子夏曰 "日知其所亡(무)하며 月無忘其所能이면 可謂好學也已矣니라."

자하가 말했다.

"날마다 얻지 못한 것을 알며 달마다 능한 것을 잊지 않으면 학문을 좋아한다고 말할 만하다."

【보】 '호학(好學)'의 개념에 대한 자하의 생각이다. 즉 날마다 자신이 알지 못한 것에 대해 알고, 달마다 자신이 이미 알고 있는 것에 대해 점검하고 잊지 않으려 노력한다면 '호학'이라고 말할 수 있다는 것이다.

'무(亡)'는 자신이 알지 못하여 행하지 못하는 것을 말한다.

'소능(所能)'은 이미 알고 행한 것을 뜻한다.

자장 제6장

子夏曰 "博學而篤志하며 切問而近思하면 仁在其中矣니라."

자하가 말했다.

"배우기를 널리 하고 뜻을 독실하게 하며 절실하게 묻고 가까이 생각하면, 인이 그 가운데 있다."

【보】『대학』의 팔조목(八條目) 가운데 "치지(致知)"와 관련된 말이다. 또한 『중용』의 "博學之, 審問之, 愼思之, 明辨之."와 관

련이 있으니 함께 보면 좋다.

'박학(博學)'은 두루두루 배우는 것을, '독지(篤志)'는 반드시 얻으려는 노력을, '절문(切問)'은 간절하게 배움을 구하고자 묻는 것을, '근사(近思)'는 「위령공」 제11장에 "사람이 먼 생각이 없으면 반드시 가까운 근심이 있을 것이다.[人無遠慮, 必有近憂]"라 한 것처럼 가까운 시간에 닥칠 일에 대해 생각하는 것을 각각 뜻한다.

자장 제7장

子夏曰 "百工이 居肆하여 以成其事하고 君子 學하여 以致其道니라."

자하가 말했다.

"모든 장인들은 작업장에서 그 일을 이루고, 군자는 배워서 그 도를 지극히 한다."

【보】 장인이 작업장에서 일을 완성할 수 있는 것처럼, 군자는 그 작업장이 학문인 것이다.

'사(肆)'는 물건을 만드는 곳이니, 여기에서는 '작업장'이라는 말이다.

자장 제8장

子夏曰 "小人之過也는 必文이니라."

자하가 말했다.

"소인들은 잘못이 있으면 반드시 글을 꾸민다."

【보】 소인은 스스로 속이는 것을 꺼리지 않으니 잘못을 덮으려고 꾸미는 행위를 한다. 이는 잘못을 고치기를 꺼려하는 것으로, 군자가 잘못을 고치려고 하는 행위와는 상반되는 것이다. (「자장」 제21장에 "君子之過也, 如日月之食焉, 過也, 人皆見之, 更也, 人皆仰之."라고 하였다.)

여기서의 '과(過)'는 고의성이 없는 잘못을 가리킨다.

'문(文)'은 잘못을 덮고자 꾸미는 것을 뜻한다.

자장 제9장

子夏曰 "君子 有三變하니 望之儼然하고 卽之也溫하고 聽其言也厲니라."

자하가 말했다.

"군자는 세 가지 변함이 있다. 바라보면 엄숙하고, 그 곁에 나아가면 온화하며, 그 말을 들으면 명확하다."

【보】 군자에게는 훌륭한 덕이 내면에 있기 때문에 이것이 밖으로 드러나는 것이다.

'삼변(三變)'은 세 가지 변함을 말하는데 모두 때에 따라 달라짐을 의미한다.

'엄연(儼然)'은 용모가 씩씩한 것이다.

'온(溫)'은 모습 전체가 아닌 얼굴빛이 온화한 것이다.

'려(厲)'는 말이 확실한 것을 말한다.

자장 제10장

> 子夏曰 "君子 信而後에 勞其民이니 未信則以爲厲己也니라. 信而後에 諫이니 未信則以爲謗己也니라."

자하가 말했다.

"군자는 백성에게 믿음을 얻은 뒤에 그 백성을 부리니 믿음을 얻지 못하고 부리면, 백성은 자기들을 괴롭힌다고 생각한다. 백성은 임금에게 믿음을 얻은 뒤에 간하니 믿음을 얻지 못하고 간하면, 군주는 자기를 비방한다고 생각한다."

【보】 위정자와 백성 사이의 신뢰의 중요성에 대해 말하고 있다. 즉 위정자는 백성에게 신뢰를 얻어야 만이 그들에게 명령을 내릴 수 있는 것이고, 반대로 백성은 임금에게 신뢰를 얻어야 만이 잘못된 임금의 행위에 대해 말해도 들어줄 수 있는 것이다.

원문 '信而後諫' 앞에 '민(民)'이 생략된 형태로 봐야 한다. 즉 '君子~以爲厲己也'는 주체가 위정자이며, '信而後諫~以爲謗己也'의 주체는 백성이 된다.

'군자(君子)'는 위정자를 가리킨다.

'신(信)'은 오랫동안 쌓은 믿음을 말하니 언제나 대의(大義)를 전제로 한다.

'여(厲)'는 윗장과 달리 '해치다'의 뜻으로 쓰였다.

자장 제11장

> 子夏曰 "大德이 不踰閑이면 小德은 出入이라도 可也니라."

자하가 말했다.

"큰 덕이 경계선을 넘지 않으면, 작은 덕은 출입해도 괜찮다."

【보】인륜의 강상윤리에 훼손되지 않는다면 그 이하의 행위에 대해서는 어느 정도 용인될 수 있다는 말이다. 그러나 군자라면 마땅히 작은 일에도 신경을 써야 하기 때문에 다소 지나친 바가 있는 말이다.

'대덕(大德)'은 인륜의 강상윤리를 가리킨다.

'소덕(小德)'은 용모나 말, 음식 등 일상생활의 사소한 모든 일을 가리킨다.

'한(閑)'은 '문지방'이라는 뜻이다. 여기서는 '넘지 말아야 할 경계선' 정도의 의미이다.

자장 제12장

子游曰 "子夏之門人小子 當灑掃應對進退則可矣나 抑末也라 本之則無하니 如之何오." 子夏 聞之하고 曰 "噫라! 言游 過矣로다. 君子之道 孰先傳焉이며 孰後倦焉이리오. 譬諸草木컨대 區以別矣니 君子之道 焉可誣也리오. 有始有卒者는 其惟聖人乎인저."

자유가 말했다.

"자하의 제자들은 물 뿌리고 청소하며 응대하고 나가고 물러서는 예절에 대해서는 괜찮지만 지엽적인 일이기 때문에 근본적인 것은 없으니 어찌하겠는가!"

자하가 듣고서 말했다.

"아! 언(자유)의 말이 지나치다. 군자의 도에 어떤 것이 먼저이기에 전수하며 어떤 것이 뒤이기에 게을리 하겠는가? 초목에 비유하면 구역으로써 구별되는 것과 같으니 군자의 도가 어찌 이처럼 속이겠는가. 처음을 소유하고 끝을 소유한 분은 오직 성인뿐임을."

【보】 자유는 큰 학문[大學]을 지향한 것이며, 자하는 큰 학문을 위해서는 차서가 있기에 소학(小學)을 지향한 것이니, 견해 차가 있을 뿐 최종 종착점은 사실 같다. 즉 자유가 보기에는 자하의 제자들이 소학 공부에 힘쓰고 있어 근본적인 대학의 공부에는 소홀하다고 판단한 것이다. 그러나 자하는 대학의 공부가 물론 좋지만 그것을 위해서는 부득이 소학을 반드시 거쳐야 한다는 말이지 대학을 추구하지 않는 것은 아니다.

'쇄소(灑掃), 응대(應對), 진퇴(進退)'는 소학의 공부를 말한다.

'본(本)'은 대학(大學)의 격물(格物), 치지(致知), 성의(誠意), 정심(正心) 같은 것들을 가리킨다.

'구(區)'는 초목에도 큰 나무 숲과 작은 나무 숲이 있는 것처럼 섞어 키울 수 없는 구획을 가리킨다.

'무(誣)'는 심오한 경지를 낮은 이와 함께 가르칠 수 없음을 뜻하는 글자이다.

원문 '有始有卒'에서 시(始)는 소학을, 졸(卒)은 대학을 각각 지칭한다.

자장 제13장

子夏曰 "仕而優則學하고 學而優則仕니라."

자하가 말했다.

"벼슬을 하고도 남은 힘이 있으면 학문을 하고, 학문을 하고도 남은 힘이 있으면 벼슬을 해야 한다."

【보】 제각기 본분에 따라 최선을 다하며 그렇게 하고도 남은 힘이 있다면, 벼슬하는 이는 배움에 더 정진해야 하고, 학문하는 이는 벼슬을 하는 것도 하나의 도가 됨을 말하고 있다.
'우(優)'는 '남은 힘이 있음'을 뜻한다.

자장 제14장

子游曰 "喪은 致乎哀而止니라."

자유가 말했다.
"상례는 슬픔을 극진히 할 뿐이다."

【보】 예의 근본이 '마음'에 있음은 당연하다. 그러나 그렇다고 하여 문식에 소홀히 해서는 안 되니 자유의 말 또한 지나친 바가 없지 않다.
'이지(而止)'는 '그뿐이다'라는 말이니, 바로 여기에 자유의 말에 문제가 있다.

자장 제15장

子游曰 "吾友張也 爲難能也나 然而未仁이니라."

자유가 말했다.

"나의 벗 자장은 어려운 일을 잘하지만 어질지는 못하다."

【보】 자장의 행동은 높으나 성실하고 간곡한 뜻이 부족함을
지적하고 있다.

자장 제16장

曾子曰 "堂堂乎라 張也여! 難與並爲仁矣로다."

증자가 말했다.

"당당하구나, 자장이여! 그러나 함께 인을 하기는 어렵다."

【보】 벗이란 인을 돕는 자이며 함께 인을 실천하는 동반자인
것이다. 하지만 증자가 생각할 때, 자장은 외모에서 풍기는 모
습은 당당하여 보기 좋지만, 내면의 인이 부족하여 함께 인을
실천하기란 어렵다고 판단했다. 「자로」 제27장에 "강하고 굳세
고 질박하고 어눌한 것들이 인에 가까운 모습이다.[剛毅木訥近
仁]"라는 말이 있으니 외면보다는 내면의 수양이 인에 가깝다고
할 수 있다.
　'당당(堂堂)'은 용모가 훌륭한 것이다. 오늘날 '정정당당(正正
堂堂)'이라는 말의 어원이 여기에 있다.

자장 제17장

曾子曰 "吾 聞諸夫子호니 人未有自致者也나 必也親喪乎인저."

증자가 말했다.

"내가 스승님께 들으니 '사람이 스스로 지극하게 하는 것이 있지는 않지만 반드시 친상에는 지극하게 한다.'라고 하셨다."

【보】 세상 모든 일에 최선을 다할 수는 없지만 반드시 최선을 다해 실천해야 할 일이 있다면, 그것은 부모님께서 돌아가셨을 때 치르는 초상 밖에 없음을 말하고 있다. 대개 세상의 일이 여러 번 있을 수 있지만, 초상은 단 한 번뿐이기에 최선을 다하지 않을 수 없는 것이다.

자장 제18장

曾子曰 "吾 聞諸夫子호니 孟莊子之孝也 其他는 可能也어니와 其不改父之臣과 與父之政이 是 難能也니라."

증자가 말했다.

"내가 스승님께 들으니 '맹장자의 효도가 그 다른 것은 남들도 능히 할 수 있겠지만, 아버지의 신하와 아버지의 정사를 고치지 않은 것은 남들이 능히 하기 어렵다.' 하셨다."

【보】 효도의 큰 것 가운데 하나는 부모님의 뜻을 잘 받드는 데 있음을 밝히고 있다. 즉 자신이 아무리 잘났다 하더라도 부모님만 못하다는 순손(順孫)의 마음으로써 부모님의 뜻을 잘 받드는 일은 결코 아무나 할 수 있는 일이 아니다. 이를 맹장자에게서 발견한 공자의 말을 통해 효의 일부분을 말하고 있다.

'맹장자(孟莊子)'는 노나라 대부이며, 이름은 속(速)이다. 그의 부친은 헌자(獻子)로 이름은 멸(蔑)인데, 그가 등용한 신하와 펼친 정사를 아들인 맹장자가 그대로 이었기에 공자가 이를 칭찬했으며, 이를 증자가 전해 들었던 것이다.

자장 제19장

孟氏 使陽膚로 爲士師라 問於曾子한대 曾子曰 "上失其道하여 民散이 久矣니 如得其情則哀矜而勿喜니라."

맹씨가 양부를 옥사의 사관으로 삼자 증자에게 물으니, 증자가 말했다.

"윗사람이 그 도를 잃어 백성이 흩어진 지 오래 되었습니다. 만일 그 실정을 알았다면 불쌍히 여기고 형벌을 가한 것을 기뻐하지 말아야 합니다."

【보】 이 장은 증자의 애민사상과 더불어, 백성의 잘못이 임금과 위정자에게도 있음을 동시에 말하고 있다. 백성 가운데 법을 어긴 자가 있어 그 실상을 살펴보면 경제가 어려워 부득이 그렇게 한 사람도 있을 것이고, 시비를 따지지 못하는 무지로 인해 그렇게 한 사람도 있을 것이니, 경제를 살피지 못하고 교육을 제대로 하지 못한 책임은 임금과 위정자에게 있는 것이다. 따라서 그들에게 형벌을 가할 때에는 불쌍한 마음을 가져야 하며 결코 기뻐해서는 안 됨을 말했다.

'맹씨(孟氏)'는 춘추시대 노장공(魯莊公)의 서형(庶兄)으로 중경보(仲慶父), 공중(共仲), 맹손씨(孟孫氏) 등으로 불린다. 계손씨(季孫氏), 숙손씨(叔孫氏)와 더불어 삼환(三桓-모두 환공(桓公)의 아들)이라 불린다. 노나라의 공실을 무너뜨리고 정권을 인수하여 분권정치를 실시한 대부들이다.

'양부(陽膚)'는 증자의 제자이다.

'정(情)'은 '실정, 상황'을 뜻한다.

자장 제20장

子貢이 曰 "紂之不善이 不如是之甚也니 是以로 君子惡(오)居下流하나니 天下之惡(악)이 皆歸焉이니라."

자공이 말했다.

"주왕의 불선이 오늘날처럼 심하지는 않았을 것이니 이 때문에 군자는 하류에 거처하는 것을 싫어한다. 천하의 악명이 모두 모여 들기 때문이다."

【보】자공이 현 시대의 관점으로 비춰볼 때 주왕의 불선함은 지금 알려진 것보다 훨씬 심하지 않았다고 봤다. 그러면 오늘날처럼 악명이 왜 심해졌는가를 생각해보면 낮은 지대에 있으면 수많은 물들이 모이는 것처럼 한 번 저지른 악행으로 인하여 모든 악행이 그에게 몰려들었다고 본 것이다. 따라서 군자는 이를 경계해야 함을 말하고 있다.

'주(紂)'는 은나라 말엽 폭군이다.

'하류(下流)'는 지형이 낮아 모든 물이 모여드는 곳을 가리킨다. 이는 사람의 몸에 더럽고 천박한 행실이 있으면 악명이 모여드는 것과 같음을 비유한 것이다.

자장 제21장

子貢이 曰 "君子之過也는 如日月之食焉이라 過也에 人皆見之하고 更(경)也에 人皆仰之니라."

자공이 말했다.

"군자의 잘못은 일식이나 월식과 같기 때문에 잘못이 있으면 사람들 모두 볼 수 있고 잘못을 고치면 사람들이 모두 우러러본다."

【보】 군자가 의도하지 않은 뜻밖의 잘못을 저지르면 그것은 마치 하늘의 일식이나 월식과 같아 그 잘못이 또렷이 보이니, 앞서 소인이 잘못을 하면 그것을 고치기보다 꾸미려고 하는 가식적 행동[小人之過也必文]과는 대조적인 모습을 보인다. 따라서 군자는 잘못을 숨기려하지 않고 고치려 노력하는 데 장점이 있다.

자장 제22장

衛公孫朝問於子貢曰 "仲尼는 焉學고?" 子貢이 曰 "文武之道 未墜於地하여 在人이라 賢者는 識(지)其大者하고 不賢者는 識其小者하여 莫不有文武之道焉하니 夫子 焉不學이시며 而亦何常師之有시리오."

위나라 공손조가 자공에게 물었다.

"중니는 어디에서 누구에게 배웠습니까?"

자공이 말했다.

"문왕과 무왕의 도가 아직 땅에 떨어지지 않아 사람들에게 남아 있습니다. 어진 자는 도의 큰 것을 기억하고, 어질지 못한 자는 도의 작은 것을 기억하여 문왕과 무왕의 도를 소유하지 않음이 없으니 스승님께서 어찌 배우지 않으시며 또 어찌 일정한 스승이 있겠습니까."

【보】 공자의 스승은 세상에 존재하는 모든 사람이다. 어진 사람에게는 큰 도가 있으니 이를 배웠고, 어질지 못한 사람이라 하더라도 작은 도를 소유했으니 이를 배운 것이다. 이른바 공자에게는 일정한 스승이 없다는 '무상사(無常師)'가 이 글에서 나왔다.

'공손조(公孫朝)'는 위나라 대부이다.

'현자(賢者)'는 공자 당시의 어진 사람을 가리키며, '불현자(不賢者)' 역시 공자 당시의 어질지 못한 사람을 가리킨다.

'대(大)'는 문왕과 무왕의 도 가운데 큰 부분을, '소(小)'는 문왕과 무왕의 도 가운데 작은 부분을 뜻한다.

자장 제23장

叔孫武叔이 語大夫於朝曰 "子貢이 賢於仲尼하니라." 子服景伯이 以告子貢한대 子貢이 曰 "譬之宮牆컨댄 賜之牆也는 及肩이라 窺見室家之好어니와 夫子之牆은 數仞이라 不得其門而入이면 不見宗廟之美와 百官之富니 得其門者 或寡矣라 夫子之云이 不亦宜乎아."

숙손무숙이 조정에서 대부들에게 말했다.

"자공이 중니보다 낫습니다."

자복경백이 이 말을 자공에게 일러주자, 자공이 말했다.

"대궐의 담장에 비유하면 나의 담장은 어깨에 이르기 때문에 집안의 좋은 것들을 엿볼 수 있지만, 스승님의 담장은 몇 길에 이르기 때문에 그 문을 열고 들어가지 못하면 종묘의 아름다움과 백관의 풍요로움을 볼 수가 없으니 그 문을 열고 들어간 자가 매우 드뭅니다. 숙손의 말씀 또한 당연하지 않겠습니까."

【보】숙손무숙이 조정에서 대부들에게 자공이 공자보다 낫다고 공언을 하자, 자공이 이러한 얘기를 자복경백에게 듣고서 그렇지 않음을 밝히고 있다. 이 장부터 마지막 제25장까지 자공의 말을 통해 공자의 훌륭한 덕이 드러나고 있으니 『맹자』「공손추 상」제2장에서 "자공은 말을 참 잘한다.[子貢 善爲說辭]"라는 것이 바로 이것이다.

'숙손무숙(叔孫武叔)'은 성(姓)은 희(姬)이며, 씨(氏)가 숙손(叔孫)이다. 대개 천자가 하사하는 것을 성이라고 하며, 제후가 내리는 것을 씨라고 한다. 춘추시대 사람으로 이름은 주구(州仇)이며, 무(武)는 시호이다.

'담장이 어깨에 이른다'는 것은 자공 자신의 수준이 매우 낮음을 비유한 것이다. 따라서 자신의 살림살이를 다른 사람이 모두 들여다 볼 수 있을 정도로 남들에게 간파당하는 낮은 수준임을 말한다. 그래서 말미에 '당연하다'고 한 것이다.

'인(仞)'은 일곱 자[尺]이다. 따라서 '수인(數仞)'은 매우 높음을 비유한 것이니 그 문을 열고 안으로 들어가지 않으면 그 가운데 있는 것을 결코 볼 수 없는 것이다.

'종묘지미(宗廟之美)'와 '백관지부(百官之富)'는 공자 내면의 덕을 비롯하여 학식 등 여러 훌륭한 점을 비유로 쓴 것이다.

'부자(夫子)'는 무숙(武叔)을 가리킨다.

자장 제24장

叔孫武叔이 毁仲尼어늘 子貢이 曰 "無以爲也하라. 仲尼는 不可毁也니 他人之賢者는 丘陵也라 猶可踰也어니와 仲尼는 日月也라 無得而踰焉이니 人雖欲自絶이나 其何傷於日月乎리오 多[祗]見其不知量也로다."

숙손무숙이 중니를 비방하자, 자공이 말했다.

"비방하지 마십시오. 중니는 비방할 수 없습니다. 다른 사람의 어진 점은 언덕과 같아 오히려 넘을 수 있지만, 중니의 어짊은 해와 달과 같아 넘을 수 없습니다. 사람들이 비록 스스로 관계를 끊고자 하여도 그것이 어떻게 해와 달에게 상처를 입힐 수 있겠습니까. 다만 그가 스스로 헤아리지 못함을 볼 뿐입니다."

【보】 숙손무숙이 공자를 비방하자, 자공은 공자의 높은 경지를 해와 달에 비유한 것이다. 즉 아무리 공자를 비방하여 공자와의 관계를 끊으려 하여도 해와 달은 그저 하늘에 떠 있어 끊을 수 없는 것처럼 공자의 학문과 인덕이 늘 빛이 날 것임을 말하고 있다.

'이(以)'는 '용(用)'의 뜻이니 '무이위(無以爲)'는 그러한 행동을 하지 말라는 말이다.

'구릉(丘陵)'은 땅이 높은 것은 구(丘), 큰 언덕은 능(陵)이다.

'자절(自絶)'은 훼방하여 스스로 공자와 관계를 끊음을 말한다.

'다(多)'는 '다만[祗]'이라는 뜻으로 쓰였다.

'부지량(不知量)'은 자신의 분수를 알지 못함을 말한다.

자장 제25장

陳子禽이 謂子貢曰 "子 爲恭也언정 仲尼 豈賢於子乎리오." 子貢이 曰 "君子 一言에 以爲知하며 一言에 以爲不知니 言不可不愼也니라. 夫子之不可及也는 猶天之不可階而升也니라. 夫子之得邦家者인댄 所謂立之斯立하며 道之斯行하며 綏之斯來하며 動之斯和하여 其生也榮하고 其死也哀니 如之何其可及也리오."

진자금이 자공에게 말했다.

"당신이 공손해서 그렇지, 중니가 어찌 당신보다 훌륭합니까?"

자공이 말했다.

"군자는 한 마디 말로써 지혜롭다고 여기고 한 마디 말로써 지혜롭지 않다고 여기니 말을 조심하지 않을 수 없는 것입니다. 스승님의 경지에 도달할 수 없는 것은 마치 하늘을 사다리로 오르지 못하는 것과 같습니다. 만약 스승님께서 나라를 얻으신다면 이른바 세우면 이에 서고 이끌면 이에 행하고 편안히 해주면 이에 오고 움직이면 이에 조화롭게 되니, 스승님께서 살아 계실 때에는 영화롭고 돌아가실 때에는 애도하는 것입니다. 어떻게 스승님의 경지에 도달할 수 있겠습니까."

> 【보】 역시 공자의 경지에 대해 자공이 찬미한 장이다. 처음 부분은 진항이 자공을 공자보다 우위에 두었으니, 자공이 이를 꾸짖고, 이어 공자의 훌륭한 점을 사회질서가 바로 서게 될 때의 효용과 교육이 바로 서게 되었을 때의 효용이라는 관점으로 나누어 구체적으로 말하고 있다.

'진자금(陳子禽)'은 「학이」 제10장과 「계씨」 제10장에 나온 '진항(陳亢)'을 가리킨다. 공자의 제자이다.

'군자(君子)'는 공부하는 사람의 범칭으로 쓰였으나 여기에서는 진항을 꾸짖기 위해 비유를 들었을 뿐이다.

'계(階)'는 사다리를 말하니 공자의 경지는 사다리를 통해 올라갈 수 있는 경지가 결코 아님을 밝히고 있다.

'입지(立之)' 이하 '사화(斯和)'까지 문장 구조가 같다. 즉 '지(之)' 자는 모두 백성을 가리키니 "그들에게~하면~하게 되다."라는 문장구조로 되어 있다.

'도(道)'는 '인도하다[導]'의 뜻이다.

'래(來)'는 자식처럼 찾아옴을 말한다.

'동(動)'은 '진작(振作)'과 같은 말이다.

'기생(其生)'과 '기사(其死)'의 '기(其)'는 모두 공자를 가리킨다.

'여지하(如之何)' 앞에 "위와 같이 공자의 사회질서를 바로 세움과 교육을 바로 세움을"이라는 의미가 생략되어 있다.

20

요왈(堯曰)

【보】이 편의 첫 장은 『서경』 「요전」을 축약한 것이다. 또한 도통(道統)을 살필 수 있는 것으로, 맹자나 한유의 도통설이 이에 근원하고 있다. 『논어』는 첫 편 「학이」의 '삼호(三乎)'로 시작하여 마지막 「요왈」 제3장의 지명(知命), 지례(知禮), 지인(知人) 등 '삼지(三知)'로 끝을 맺고 있다. 모두 3장이다.

요왈 제1장

堯曰 "咨爾舜아 天之曆數 在爾躬하니 允執其中하라. 四海困窮하면 天祿이 永終하리라. 舜이 亦以命禹하시니라. 曰 "予小子履는 敢用玄 牡하여 敢昭告于皇皇后帝하노니 有罪를 不敢赦하며 帝臣不蔽니 簡 在帝心이니이다. 朕躬有罪는 無以萬方이요 萬方有罪는 罪在朕躬하니 라." 周有大賚하신대 善人이 是富하니라. "雖有周親이나 不如仁人이 요 百姓有過 在予一人이니라." 謹權量하며 審法度하며 修廢官하신대 四方之政이 行焉하니라. 興滅國하며 繼絶世하며 擧逸民하신대 天下

之民이 歸心焉하니라. 所重은 民食喪祭러시다. 寬則得衆하고 信則民
任焉하고 敏則有功하고 公則說(열)이니라.

요임금이 말했다.

"아, 너 순아! 하늘의 역수가 자네의 몸에 있으니 진실로 그 중을
잡아라. 사해가 곤궁하면 천록이 영원히 끊어질 것이다."

순임금도 이 말씀을 우임금에게 말씀했다.

(탕왕이) 말했다.

"저 소자 리는 검은 희생을 써서 감히 거룩하신 상제께 아룁니다.
죄가 있는 사람을 제가 감히 용서하지 못하며, 상제의 신하를 제가
감히 가리지 못하겠습니다. 신하를 간택함이 상제의 마음에 있습니
다. 제 몸에 죄가 있음은 만백성 때문이 아니고 만백성에 죄가 있음
은 그 죄가 저의 몸에 있습니다."

주나라에 큰 베풂이 있으니 선인이 이에 부유하게 되었다.

(무왕이 말했다.)

"비록 지극히 가까운 친척이 있지만 어진 사람만 같지 못하고, 백
성의 잘못은 나 한 사람에게 있습니다."

권량을 삼가고 법도를 살피며 폐지된 관직을 다시 설치하니 사방
의 정치가 실행되었다. 멸망한 나라를 일으켜 주고 끊어진 대를 이어
주며 숨겨진 사람을 등용하니 천하의 민심이 돌아왔다. 소중히 여겼
던 것은 백성의 의식주와 상제였다. 너그러우면 대중을 얻고 믿음직
하면 백성이 신임하며 민첩하면 공훈이 있고 공정하면 기뻐한다.

【보】 요임금은 순임금에게, 순임금은 우왕에게 제위를 선양했다. 이후 상나라 중엽 걸왕이 포악한 정치를 하니 탕왕이 일어나 백성을 편안히 해 주었고, 이후 주왕이 포악한 정치를 하니 무왕이 일어나 백성을 편안하게 해 주었다. 이것이 바로 이 장에서 말한 도통설이다.

또한 주나라 사람들은 안으로는 제도를 만들어 도량을 통일시키고 법도를 살피며 반드시 필요했지만 사라진 관직을 설치했다. 밖으로는 망한 나라를 다시 일으켜주고 요임금과 순임금의 후대를 이어주었으며 무도한 세상에 은거했던 현자들을 다시 등용시키니 민심이 좋아진 것이다.

그리고 경제를 살려 의식주를 마련해 주고 상례와 제례를 가르쳐 주었으니[先經濟後道義] 그 덕목은 관신민공(寬信敏公)으로써 하였고, 그 공효는 득중(得衆), 민임(民任), 유공(有功), 열(說)로 나타난 것이다.

'역수(歷數)'는 '책력의 수'라는 말이니 왕이 바뀌면 해도 바뀌므로 '왕위계승'을 뜻하는 말이다.

'사해가 곤궁하면'이라는 말은 '그 중을 잡지 않는다면'이라는 말과 같다.

'여(予)'는 탕왕을 가리킨다. 이름을 '리(履)'로 한 것은, 그의 모친이 길을 가다 큰 발자국을 보고 그 속에 들어갔다 나왔는데 그때 아이를 갖게 되어 그렇게 한 것이다.

'현모(玄牡)'라고 쓴 것은 우임금이 흑색을 숭상했기에 전대를 이어 받았음을 의미한다. 하나라는 흑색을, 은나라는 백색을, 주나라는 적색을 각각 숭상했다고 한다.

'불폐(不蔽)'는 등용한다는 말이니 상을 내린다는 뜻이다.

'간(簡)'은 간열(簡閱)로서 역시 선발의 뜻이다.

'만방(萬方)'은 만백성을 뜻한다.

원문 '雖有周親~在予一人'까지는 무왕의 말이다.

'주(周)'는 '지극한[至]'의 뜻으로 쓰였다.

'권(權)'은 저울대와 저울추를 가리킨다.

'양(量)'은 말[斗]과 섬[斛] 등의 양을 말한다.

'법도(法度)'는 예악과 제도가 모두 해당된다.

'폐관(廢官)'은 반드시 있어야 하는 관직을 없앤 것을 가리킨다.

'절세(絶世)'는 요임금과 순임금의 끊어진 후손을 가리킨다.

'일민(逸民)'은 숨은 인재를 말하니, 은둔지사이다.

'식상제(食喪祭)'는 먹고 사는 경제활동과 상제와 제례를 위한 효도 교육 등을 말한다.

요왈 제2장

子張이 問於孔子曰 "何如라야 斯可以從政矣니잇고?" 子曰 "尊五美하며 屛四惡㈎이면 斯可以從政矣리라." 子張이 曰 "何謂五美니잇고?" 子曰 "君子는 惠而不費하며 勞而不怨하며 欲而不貪하며 泰而不驕하며 威而不猛이니라." 子張이 曰 "何謂惠而不費니잇고?" 子曰 "因民之所利 而利之니 斯不亦惠而不費乎아. 擇可勞而勞之어니 又誰怨이리오. 欲 仁而得仁이어니 又焉貪이리오. 君子 無衆寡하며 無小大히 無敢慢하 나니 斯不亦泰而不驕乎아. 君子 正其衣冠하며 尊其瞻視하여 儼然人 望而畏之하나니 斯不亦威而不猛乎아." 子張이 曰 "何謂四惡이니잇 고?" 子曰 "不敎而殺을 謂之虐이요 不戒視成을 謂之暴요 慢令致期를 謂之賊이요 猶之與人也로되 出納之吝을 謂之有司니라."

자장이 공자께 여쭸다.

"어떻게 해야 정사에 종사할 수 있습니까?"

공자가 말했다.

"다섯 가지 아름다움을 높이고 네 가지 악을 물리치면 정사에 종사 할 수 있다."

"무엇을 다섯 가지 아름다움이라고 합니까?"

"군자는 은혜롭지만 허비하지 않으며, 수고롭지만 원망을 받지 않으며, 하고자 하면서도 탐하지 않으며, 당당하면서도 교만하지 않으며, 위엄이 있지만 사납지 않다."

"무엇을 은혜롭지만 허비하지 않는 것이라 합니까?"

"백성이 이롭게 여기는 것으로 인하여 이롭게 해주니 이 또한 은혜롭지만 허비하지 않는 것이 아니겠는가. 수고롭게 할 만한 일을 선택하여 수고롭게 하니 또 누가 원망하겠는가. 인을 하고자 하여 인을 얻으니 또 무엇을 탐하겠는가. 군자는 백성이 많거나 적거나 나라가 크거나 작거나에 관계없이 감히 교만함이 없으니 이 또한 태연하면서도 교만하지 않은 것이 아니겠는가. 군자는 의관을 바르게 하며 보는 것을 존엄히 하여 엄숙해서 사람들이 바라보고 스스로 두려워하니 이 또한 위엄이 있어 보이면서도 사납지 않은 것이 아니겠는가."

"무엇을 네 가지 악이라고 합니까?"

"미리 가르치지 않고 죽이는 것을 '학'이라 하고, 미리 경계하지 않고 성공을 보는 것을 '포'라 하며, 명령을 태만히 하고 기일을 각박히 하는 것을 '적'이라 하고, 똑같이 남에게 주면서도 출납할 때 인색하게 하는 것을 '유사'라고 한다."

【보】 정치를 하는[爲政] 방법에 대해 네 가지 아름다움을 숭상할 것과, 네 가지 사악한 바를 물리쳐야 한다는 것에 대해 구체적 사례를 들어 설명하고 있다.
　'종정(從政)'은 대부의 역할을 말한 것으로 '위정(爲政)'과 같은 말이다.
　원문 '君子~威而不猛'은 다섯 가지 아름다움에 대한 명제이며, '因民之所利~斯不亦威而不猛乎' 까지가 구체적 시행방법에 대한 설명이다.
　'태(泰)'는 「자로」 제26장의 "君子 泰而不驕, 小人 驕而不泰."

구절과 같은 뜻으로 쓰였다. 즉 구김살이 없는 모습을 가리키는 말로 『대학』 전6장의 "심광체반(心廣體胖)"과 같은 뜻이다.

자장이 "何謂惠而不費?"라고 하나만 질문한 것은 문장의 번거로움을 피하여 나머지 것들에 대해서는 생략한 것이다.

'리(利)'는 '혜(惠)'의 대체 글자로 사용된 것이다.

'중과(衆寡)'는 백성의 수효를, '대소(大小)'는 나라의 크기에 대해 말한 것이다.

군자의 행위 '正其衣冠, 尊其瞻視, 儼然人望'을 한 글자로 나타내면 '위(威)'라고 할 수 있다.

'치기(致期)'는 시기를 다그친다는 말로 늦게 명령하고서는 성과물을 빨리 내놓으라고 압박하는 것이다.

'유(猶)'는 '똑같다[均]'라는 말이다.

'유사(有司)'는 대개 '일을 맡은 사람'을 지칭하지만, 여기에서는 '아전배'처럼 다소 부정적 의미로 쓰였다.

요왈 제3장

子曰 "不知命이면 無以爲君子也요 不知禮면 無以立也요 不知言이면 無以知人也니라."

공자가 말했다.

"천명을 알지 못하면 군자가 될 수 없고, 예를 알지 못하면 설 수 없으며, 말을 알지 못하면 다른 사람을 알 수 없다."

【보】 자신을 수양하고 남을 다스리는[修己治人] 도에 대해 말하고 있으니, 『논어』 첫 장과 일맥상통하는 장이다. 결국 『논어』가 추구하는 것이 바로 이 '수기치인'에 있음을 수미상관법(首尾相關法)을 통해 말하고 있는 것이다.

'명(命)'은 '운명, 천명'을 뜻하니, 자신의 운명을 알지 못한다면[不知命] 그것을 편안하게 받아들이지 못하기 때문에 군자가 될 수 없는 것이다.

 '예를 알지 못하면[不知禮]' 이목을 더할 곳도 없으며 손과 발을 둘 수 없기에 어디에도 설 수 없다고 한 것이다.

 '말을 잘 알면[知言]' 다른 사람의 선악과 시비를 잘 알 수 있기에 '사람을 안다[知人]'고 할 수 있는 것이다.

강동석

고려대학교에서 석사·박사 학위를 수여하였다. 저서는 『맹자』, 『이곡 문학의 종합적 이해』, 『한국한문학의 감상과 이해』가 있으며, 역서로는 『국역 존재집』 권1이 있다. 연구논문으로는 「이색의 자연시 연구」, 「고려 후기 자연관의 변모 양상에 관한 연구」, 「이집 시에 있어서의 고한의 정서와 시은 추구」 외 다수가 있다.

논어역보

초판인쇄 2016년 11월 30일
초판발행 2016년 11월 30일

지은이 강동석
펴낸이 채종준
펴낸곳 한국학술정보㈜
주소 경기도 파주시 회동길 230(문발동)
전화 031) 908-3181(대표)
팩스 031) 908-3189
홈페이지 http://ebook.kstudy.com
전자우편 출판사업부 publish@kstudy.com
등록 제일산-115호(2000. 6. 19)

ISBN 978-89-268-7686-2 03150